Les rapports intergénérationnels en France et au Japon

Logiques Sociales

Collection dirigée par Bruno Péquignot

En réunissant des chercheurs, des praticiens et des essayistes, même si la dominante reste universitaire, la collection *Logiques Sociales* entend favoriser les liens entre la recherche non finalisée et l'action sociale.

En laissant toute liberté théorique aux auteurs, elle cherche à promouvoir les recherches qui partent d'un terrain, d'une enquête ou d'une expérience qui augmentent la connaissance empirique des phénomènes sociaux ou qui proposent une innovation méthodologique ou théorique, voire une réévaluation de méthodes ou de systèmes conceptuels classiques.

Déjà parus

Jean WIDMER, *Langues nationales et identités collectives*, 2004.
R. GUILLON, *Les classes dirigeantes et l'université dans la mondialisation*, 2004.
E. BOGALSKA-MARTIN, *Victimes du présent, victimes du passé. Vers la sociologie des victimes*, 2004.
E. LECLERCQ, *Trajectoires : la construction des dynamiques sociales. Le cas des techniciens du supérieur*, 2004.
Simone BAGLIONI, *Société civile et capital social en Suisse*, 2004.
P. ANSART, A.-M. GUILLEMARD, M. LEGRAND, M. MESSU, K. SASAKI, *Quand la vie s'allonge, France-Japon*, 2004.
Catherine DUTHEIL PESSIN, *La chanson réaliste, Sociologie d'un genre*, 2004.
Olivier COUSIN, *Les cadres. Grandeur et incertitude*, 2004.
Philippe CARDON, *Des femmes et des fermes*, 2004.
Jacqueline FERREIRA, *Soigner les Mal Soignés : Ethnologie d'un centre de soins gratuits de Médecins du Monde*, 2004.

ISBN : 2-7475-7439-3
EAN : 9782747574396

Ouvrage coordonné par
Alain BIHR et Naoko TANASAWA

Les rapports intergénérationnels en France et au Japon

Étude comparative internationale

L'Harmattan
5-7, rue de l'École-Polytechnique
75005 Paris
FRANCE

Harmattan Könyvesbolt
1053 Budapest,
Kossuth L.u. 14-16
HONGRIE

L'Harmattan Italia
Via Degli Artisti, 15
10124 Torino
ITALIE

Remerciements

Le groupe de travail remercie les universités strasbourgeoises Louis-Pasteur, Marc-Bloch et Robert-Schumann ainsi que l'université Toyo de Tokyo pour leur soutien.

Mise en page : Pierre Rœsch, Strasbourg
http://p.ro.online.fr :: pierreroesch@wanadoo.fr

TABLE DES MATIÈRES

LES AUTEURS

Alain Bihr, professeur de sociologie, Laboratoire de Sociologie et d'Anthropologie, Université de Franche-Comté
— 32 rue Mégevand, 25030 Besançon Cedex
alain.bihr@univ-fcomte.fr

Alain Degrémont, maître de conférences en sciences économiques, Institut du Travail, Université Robert-Schuman (Strasbourg III)
— 39 avenue de la Forêt-Noire, 67000 Strasbourg
alain.degremont@urs.u-strasbg.fr

Monique Flasaquier, ingénieur d'études cnrs, beta, Université Louis-Pasteur (Strasbourg I),
— PEGE, 61 avenue de la Forêt-Noire, 67000 Strasbourg
flasaquier@cournot.u-strasbg.fr

Michèle Forte, maître de conférences en sciences économiques, Institut du travail, Université Robert-Schuman (Strasbourg III),
— 39 avenue de la Forêt-Noire, 67000 Strasbourg
Michele.Forte@urs.u-strasbg.fr

Hajime Imamura, professeur d'économie, Department of social economic system, Faculty of economics, Toyo University
— 5-28-20, Hakusan, Bunkyo-ku, Tokyo 112-8606, Japon
hajime.imamura@nifty.com

Kohei Komamura, professeur associé, Faculty of economics, Toyo University
— 5-28-20 Hakusan, Bunkyo-ku, Tokyo 112-8606, Japon
BZR05433@NIFTY.ne.jp

Satoko Nakajima, Société franco-japonaise des études sur les femmes,
— 3-29 Akametsu-cho, Chigasaki-shi, Kanagawa-ken, 253-0013 Japon
na-satoko@jcom.home.ne.jp

Françoise Olivier-Utard, maître de conférences en histoire contemporaine, IRIST – GERSULP, Université Louis-Pasteur (Strasbourg I),
— 7 rue de l'Université, 67000 Strasbourg
francoise.olivier-utard@gersulp.u-strasbg.fr

Roland Pfefferkron, professeur agrégé de sciences sociales, Laboratoire Cultures et Sociétés en Europe, Université Marc-Bloch (Strasbourg II)
— 22 rue Descartes, 67084 Strasbourg Cedex
roland.pfefferkorn@umb.u-strasbg.fr

Marie-Claude Rebeuh, ingénieur d'études CNRS, BETA-CEREQ Alsace, Université Louis-Pasteur (Strasbourg I),
— PEGE, 61 avenue de la Forêt-Noire, 67000 Strasbourg
rebeuh@cournot.u-strasbg.fr

Naoko Tanasawa, professeur de langue et de culture françaises, Faculté d'économie politique, Université Toyo
— 5-28-20 Hakusan, Bunkyo-ku, Tokyo, 112-8606, Japon
naoko.tanasawa@nifty.com

Rieko Yamashita, Professeur de droit civil, Faculté de droit, Université Toyo,
— 5-28-20 Hakusan, Bunkyo-ku, Tokyo, 112-8606, Japon
riekoy@toyonet.toyo.ac.jps

Présentation

En dépit de leurs différences, héritées tant de leur histoire respective que de leur actuelle situation géoéconomique et géopolitique, les sociétés française et japonaise sont actuellement confrontées à une série d'interrogations dont le commun dénominateur est de mettre en jeu, de part et d'autre, les rapports intergénérationnels. Les contributions ici réunies s'en font l'écho, plus ou moins directement. En se limitant aux plus connues d'entre elles, il s'agit, d'une part, du défi que constitue le vieillissement de ces deux sociétés, phénomène mondial mais qui se présente avec une acuité particulière au Japon, mais aussi en France, et qui met directement en cause l'équilibre financier et plus fondamentalement les compromis socio-politiques sur lesquels repose la prise en charge collective des personnes âgées (Degrémont, Imamura, Komamura)[1]. À quoi répond, d'autre part et inversement, la mobilisation grandissante à laquelle sont contraints mais à laquelle se prêtent aussi de plus en plus les seniors pour assurer « l'entrée dans la vie » de leurs grands enfants, que la remise en cause de la configuration fordiste du rapport salarial n'a cessé de rendre plus difficile et plus longue, au Japon aussi bien qu'en France (Forté-Rebeuh, Imamura, Nakajima). Commence aussi à s'exprimer la crainte que le rythme du changement social, qui ne cesse de s'accélérer, ne compromette l'indispensable transmission des savoirs, savoir-faire et savoir-vivre sociaux entre les générations, dans les entreprises (Forté-Rebeuh, Imamura) mais aussi dans les organisations civiles (Olivier-Utard).

1 Les noms entre parenthèses sont ceux des auteurs des contributions de l'ouvrage qui abordent, à un titre ou à un autre, les points mentionnés.

L'incidence théorique immédiate de ces problèmes politiques a été, au cours de la dernière décennie, d'obliger les sciences sociales (notamment l'économie et la sociologie), à élargir la perception du champ des rapports intergénérationnels, traditionnellement limité par elles au seul univers familial. Il est ainsi apparu que ces rapports sociaux ne se limitent pas à l'espace privé mais couvrent l'ensemble de l'espace public. Au demeurant, les transformations subies par les rapports intergénérationnels dans l'espace public, qui viennent d'être évoquées, n'ont pas été sans réagir sur l'inscription de ces mêmes rapports dans l'espace privé, qu'il s'agisse des tensions et arbitrages qu'implique la cohabitation prolongée des parents avec leurs enfants (Komamura, Nakajima), ou de la prise en charge de plus en plus lourde des personnes âgées dépendantes par leur entourage (Bihr-Pfefferkorn). Preuve s'il en fallait de la consistance sinon de la cohérence des rapports sociaux de génération et, finalement, de leur caractère de rapport social.

Les quelques lignes précédentes laissent entendre par elles-mêmes la double ambition de notre travail collectif. Il s'est certes agi, d'une part, d'éclairer quelques-unes des transformations en cours affectant les rapports entre générations en France et au Japon, en pariant sur les potentialités qu'ouvre toute démarche comparative. Mais il s'est aussi agi d'ouvrir la voie à la construction d'un nouveau concept, celui de rapports sociaux de génération, dont on peut légitimement parier que l'importance ira croissante au fur et à mesure où les sciences humaines et sociales auront à rendre compte des précédentes transformations (Bihr, Tanasawa).

Ce travail collectif s'est initié à la demande de nos collègues japonais de l'Université Toyo (Tokyo), dans le cadre d'une convention de coopération qui lie cette dernière aux trois universités (Louis-Pasteur, Marc-Bloch et Robert-Schuman) de Strasbourg. Il s'est étalé sur près de deux ans, les deux temps forts en ayant été un séminaire de travail à Strasbourg (novembre 2001) et un symposium à Tokyo (mars 2003). Entre-temps, de fréquents ateliers de travail ont réuni les participants français autour de quelques collègues japonais de passage à Strasbourg.

Pareil travail collectif se heurte évidemment à différents obstacles. S'agissant d'un travail comparatif, le moindre n'aura pas été la langue ou plutôt les langues et leur traduction. Le recours à l'anglais comme langue médiatrice, s'il a permis d'assurer la communication la plus courante entre nous, s'est aussi présenté comme un obstacle. Car les mots sont vecteurs d'idées et ces dernières sont fonction des expériences historiques, sociales, culturelles des sociétés qui les parlent[2]. Si bien que, sous le même mot, on n'entend bien souvent pas le même sens et on ne renvoie pas obligatoirement aux mêmes pratiques, situations ou expériences. Dès lors multiplier les médiations linguistiques, c'est multiplier les sources de malentendus possibles. L'obstacle a pu en partie être levé grâce à la maîtrise du français de Naoko Tanasawa, professeur de langue et de civilisation françaises à l'Université Toyo. Qu'elle en soit ici remerciée.

2 *Cf.* les remarques de Naoko Tanasawa sur le concept de pouvoir, d'autorité et de droit dans la note 17 de sa contribution.

Une autre des conditions de la réussite de ce type de travail collectif est évidemment que s'institue, entre l'ensemble des membres du groupe, au moins de la sympathie. Cette condition s'est trouvée heureusement remplie. Au-delà même de cette sympathie minimale se sont nouées entre nous de véritables relations de cordialité et même d'amitié. Les occasions de convivialité que nous avons su créer ou nous ménager y ont évidemment contribué : sushi et saké d'un côté, choucroute et riesling de l'autre auront été des ingrédients non négligeables de ce travail. Au lecteur de vérifier notre conviction qu'ils n'ont pas nui, bien au contraire, au sérieux qui y a par ailleurs présidé.

Les contributions ici réunies sont celles qui ont été présentées lors de notre symposium tenu à Tokyo en mars 2003. Elles reflètent certes la diversité des compétences disciplinaires et des orientations de recherche de leurs auteurs. Mais elles ne se répondent pas moins, en donnant naissance à différents points d'intersection, autant de points de rencontre mais aussi de frictions, qui autorisent à les classer en *quatre groupes*, justifiant du même coup l'ordre de leur présentation dans cette publication.

Les deux premières contributions (Bihr, Tanasawa) sont entièrement centrées sur *le concept même de rapports sociaux de génération*. Alain Bihr y plaide la cause de ce concept, qui reste cependant à élaborer. Il en explicite les présupposés, faisant ainsi clairement ressortir les avantages théoriques qu'on peut en escompter, tout comme la dette d'un pareil concept à l'égard de ceux de rapport sociaux de classes, emprunté à la tradition marxiste, et de rapports sociaux de sexes, issu de la tradition féministe. Et, sur cette base, il trace les axes majeurs de la problématique de la recherche collective ici entreprise, qui constituent autant d'éléments que le concept de rapports sociaux de génération se propose d'articuler entre eux.

Sans aucunement remettre en cause la légitimité et la pertinence de ce concept, la contribution de Naoko Tanasawa qui lui fait suite interroge cependant certains des présupposés sur lesquels Alain Bihr propose de le construire. Ainsi est-elle amenée à rappeler que, tout comme les classes sociales, les âges et les générations sont sexués – ce qui la conduit à se focaliser sur la question de la mère, située à l'intersection des rapports de sexe et des rapports de génération dans une position ambivalente de dominante-dominée mais aussi d'ordonnatrice des « *travaux de soin* » envers l'ensemble des membres dépendants de la structure familiale (enfants, malades, infirmes, vieillards) – le terme de soin s'entendant ici au sens fort du souci de l'autre[3]. Et, surtout, elle souligne la profonde originalité des rapports de génération relativement aux rapports de sexe tout comme aux rapports de classes : la non-réversibilité (au moins immédiate) des positions des agents mis en rapport et la présence de la temporalité comme dimension constitutive de ces rapports. En ce sens, toute approche des rapports sociaux de générations exige en même temps une analyse des différentes temporalités sociales qui les traversent.

3 En ce sens, ces travaux ne se limitent pas à la prise en charge matérielle de l'autre mais bien plus largement à entretenir la relation de reconnaissance sans laquelle aucune existence humaine n'est possible.

Le second groupe de contributions (Forté-Rebeuh, Imamura) illustre directement l'idée qu'il est impossible de séparer l'analyse des rapports sociaux de générations de celle des rapports sociaux de sexes – tout comme d'ailleurs des rapports sociaux de classes. Elles montrent en effet en quoi le développement des « *formes atypiques* » d'emploi (travail à temps partiel, travail précaire, « *quasi-emplois* » ou « *emplois aidés* », stages divers), est venu bouleverser les rapports entre générations mais aussi les rapports entre sexes au Japon aussi bien qu'en France, dans les deux cas sur fond d'un taux élevé persistant de chômage et dans le contexte d'une transnationalisation croissante des économies, conduisant à une remise en cause des compromis sociaux de l'après-guerre. La perspective est cependant quelque peu divergente de l'une à l'autre contribution. Michèle Forté et Marie-Claude Rebeuh mettent en évidence l'arbitrage *implicite*, entre sexes ainsi qu'entre classes d'âge, qui s'est opéré en France sur le marché du travail respectivement au détriment des femmes et au bénéfice des hommes, au détriment des jeunes (moins de 30 ans) et des seniors (plus de 50 ans) et au bénéfice des classes d'âge intermédiaires.

Pour sa part, Hajime Imamura explore toutes les implications de la remise en cause du rapport salarial sur la base duquel le Japon est parvenu à se relever après-guerre et à rattraper et même dépasser le niveau de développement économique de la quasi-totalité des États occidentaux, fondé sur le recrutement à vie, un système de rémunération basé sur l'ancienneté, la formation en interne et le syndicat d'entreprise : non seulement en termes de transformation des relations internes aux entreprises (nouvelle politique de recrutement, pyramidage des âges et transmission des savoirs et savoir-faire, implication des travailleurs), mais encore et surtout en termes de transformations des relations entre l'entreprise et la famille japonaise[4]. Car si, comme il le laisse entendre, le système d'emploi qui a prévalu au Japon après-guerre revenait en quelque sorte à « salariser » la famille entière, épouse et enfants compris, la remise en cause du premier ébranle tous les équilibres entre sexes et entre générations à l'intérieur de la seconde. Se trouvent du coup remis en cause aussi bien le traditionnel partage inégal des tâches et des fonctions entre conjoints dans le couple, rendant ainsi à la fois possible et nécessaire l'entrée des femmes sur le marché du travail; que la promesse et la possibilité pour les parents d'assurer à leurs enfants les études nécessaires à la transmission de leur propre statut social. En somme les politiques néo-libérales, qui sont le moyen politique de la soumission des sociétés aux impératifs du capital transnationalisé, produisent au Japon comme en France les mêmes effets : elles tendent à rendre de plus en plus *conflictuels* les rapports entre générations tout comme ceux entre sexes, en France directement sur le marché du travail, au Japon jusqu'au sein même des familles.

Cette perspective doit cependant immédiatement se nuancer et se rectifier par la prise en compte de l'autre pôle des rapports intergénérationnels, celui de *la solidarité* entre les générations. Solidarité qui se matérialise par la multitude des apports, aides, soutiens, etc., de diverses natures (matérielle, relationnelle, affective, intellectuelle, etc.), que les générations s'assurent mutuellement. C'est un pareil renversement de perspective qu'initie le troisième groupe de contributions (Nakajima, Olivier-Utard, Komamura)

4 Sur la remise en cause du rapport salarial en cours dans les entreprises japonaises, *cf.* aussi Susumu WATANABE, « Le modèle japonais et l'avenir du système d'emploi et de rémunération », *Revue internationale du travail*, vol. 139, n° 3, Genève, 2000, p. 347-375.

qui se centrent autour de ce qu'ont pourrait nommer *les flux descendants* : les apports des anciens aux plus jeunes.

La contribution de Satoko Nakajima souligne opportunément combien la pratique de la cohabitation prolongée entre parents et grands enfants est commune à la France et au Japon contemporains. Elle répond dans les deux cas aux contraintes nées d'une prolongation des études mais aussi des difficultés grandissantes rencontrées par les enfants, au terme de ces mêmes études, pour acquérir une autonomie financière et matérielle sous forme d'un premier emploi stable et d'un logement indépendant. Cependant la plus grande fréquence du phénomène au Japon qu'en France s'explique par la persistance de structures et pratiques pré-modernes : moindre nucléarisation de la famille, moindre cohabitation des conjoints avant et hors mariage, moindre développement de la prise en charge des personnes âgées par les systèmes publics de protection sociale. S'y ajoute aussi un coût du logement bien plus important au Japon qu'en France et que la spéculation immobilière de la seconde moitié des années 1980 a rendu proprement prohibitif pour certaines catégories de la population.

Cela suggère directement qu'au Japon au moins, la cohabitation entre les parents et leurs enfants devenus adultes ne répond pas seulement à la nécessité pour les premiers de continuer à prendre en charge les seconds ; prise en charge qui, au quotidien, est essentiellement l'affaire des femmes, en France comme au Japon d'ailleurs. C'est ce que vient directement confirmer la contribution de Kohei Komamura qui montre que les parents arbitrent les transmissions patrimoniales entre leurs enfants en fonction du soutien obtenu d'eux sous forme d'une cohabitation prolongée, et des attentions et soins divers que cette dernière leur vaut. Marchandage implicite là encore qui gagne cependant à être explicité puisque cela permettrait de justifier – tel est du moins la proposition défendue par Kohei Komamura – l'institution d'un prélèvement fiscal sur le patrimoine des personnes âgées prises en charge par les organismes publics. Ce prélèvement permettrait de rendre équivalents (en termes de rapports coûts–bénéfices pour les héritiers) et par conséquent concurrentiels ce mode public de prise en charge avec, d'une part, le mode marchand consistant à recourir à des entreprises prestatrices de services aux personnes âgées et, d'autre part, leur prise en charge directe par leurs propres enfants. Faute de quoi on risque de voir, selon lui, se multiplier les comportements opportunistes d'enfants confiants la prise en charge de leurs parents vieillissants aux organismes publics de protection sociale, sans qu'il ne leur coûte rien; tant du moins que les financements publics seront en mesure de socialiser le coût d'une prise en charge dont une partie tout au moins devrait, toujours selon Kohei Komamura, rester à la charge des enfants.

La contribution de Françoise Olivier-Utard vient rappeler que les flux descendants composant la dimension de solidarité intergénérationnelle ne se limitent pas à l'espace privé de la famille, pas plus qu'à la transmission patrimoniale. Étudiant les rapports intergénérationnels au sein du syndicat CGT des cheminots, elle montre comment la défense du statut spécifique de cette profession, notamment du point de vue de son régime d'assurance vieillesse, constitue le creuset d'une solidarité entre différentes générations de cheminots que tout ou presque par ailleurs peut éloigner les unes des autres : l'expérience socio-historique, les modes de vie et de pensée, l'implication dans les relations conjugales et familiales et jusqu'au rapport à l'organisation syndicale et au syndicalisme comme pratique de lutte. Ce qui nous est ici offert, c'est un regard sur la manière dont se transmet, d'une génération à l'autre, dans une profession et une organisation professionnelle données, une mémoire et une tradition de lutte, dans ses dimensions pratiques comme dans ses référents imaginaires, qui permet de comprendre comment pareille transmission n'est jamais pure répétition mais toujours aussi invention. Autrement dit, combien la tradition est toujours aussi novation.

Le quatrième et dernier groupe de contributions (Bihr-Pfefferkorn, Yamashita, Degrémont) scrutent l'autre versant de la solidarité intergénérationnelle, *les flux ascendants* : les apports des plus jeunes à leurs anciens. Les deux premières contributions de ce groupe abordent un même problème auquel sont d'ores et déjà confrontés et la France et le Japon, mais dont l'importance ira nécessairement en s'accroissant dans les prochaines décennies avec le vieillissement de la population : la prise en charge des personnes âgées dépendantes. La troisième élargit le champ de l'analyse au problème que pose la charge financière de l'entretien de l'ensemble des personnes âgées.

Après avoir rappelé l'ampleur du phénomène des personnes âgées dépendantes en France, que seule une récente enquête statistique a permis d'évaluer à sa juste mesure, la contribution d'Alain Bihr et de Roland Pfefferkorn s'attache essentiellement à souligner l'insuffisance des dispositions et dispositifs prévus dans le cadre des politiques sociales pour assurer la prise en charge de ces personnes, en continuant à parier implicitement sur le fait que celle-ci incombera pour l'essentiel aux familles, c'est-à-dire en fait aux femmes : épouses, filles et belles-filles, voire voisines[5]. Car – et c'est une autre occasion de souligner combien les rapports sociaux de générations et les rapports sociaux de sexe se recoupent – la persistance d'une division sexuelle du travail domestique qui assigne aux femmes l'essentiel de ce dernier et, notamment, tout le « *travail de soins* » (Tanasawa), les place en première ligne en raison de la carence des pouvoirs publics. Carence qui renvoie cependant, au-delà de la crise des finances publiques qui l'explique immédiatement, vers l'aveuglement d'une partie de la sociologie française de la famille à l'égard de la dimension intergénérationnelle de l'univers familial, qui trouve *in fine* sa source dans les postulats individualistes et contractualistes qui préside à son paradigme.

5 Sous ce rapport, la situation n'est pas différente au Japon; cf. Takako SODEI, "Care of elderly : A women's issue" in Kumiko FUJIMURA-FANSELOW and Atsuko KAMEDA (ed.), *Japanese women. New feminist perspectives on the past, present and future*, The Feminist Press at the City University of New York, New York, 1995, p. 213-228.

Que la prise en charge des personnes âgées dépendantes est encore considérée comme relevant essentiellement de la sphère privée, on en aura confirmation à la faveur de la contribution de Rieko Yamashita qui nous présente le nouveau régime japonais de protection juridique des personnes âgées, d'ailleurs largement inspiré du régime français tout en intégrant une disposition majeure du droit britannique. Ce régime relève en effet intégralement du droit civil, donc du droit privé; et sa principale préoccupation est, outre de sauvegarder ce qui peut l'être de l'autonomie de la personne âgée, de préserver les intérêts de ses ayant droits, en l'occurrence les enfants et autres héritiers potentiels. Autrement dit, le souci du législateur a été en l'occurrence, au Japon comme en Occident, de réglementer les rapports intergénérationnels dans l'espace privé, nullement de prendre en compte la dimension publique (et partant politique) du problème qui se trouve posé par la perte d'autonomie d'une partie des personnes âgées.

Cette dimension est par contre au cœur de la dernière contribution, qui clôt l'ouvrage, celle d'Alain Degrémont. En rappelant les principaux termes du débat qui a accompagné la réforme du système des retraites qui a été opérée en France au cours de l'année 2003, en interrogeant notamment la spécieuse notion d'« *équité intergénérationnelle* » qui a servi à la justifier, Alain Degrémont rappelle opportunément que tout système de retraite, qu'il s'effectue par répartition ou capitalisation, est toujours et nécessairement un transfert de richesse entre générations : il revient toujours à ponctionner une partie de la richesse sociale produite par les générations actuellement actives, qui sont par définition les plus jeunes, au profit des générations actuellement inactives, qui sont par définition les plus âgées. La seule différence de l'un à l'autre des deux modes de transfert, répartition ou capitalisation, repose, d'une part, dans le type de droit qui fonde et légitime le transfert (contrat social *versus* droit de propriété); et, d'autre part, dans le type de garantie dont disposent les générations les plus âgées à faire valeur leur droit. C'est une manière de nous rappeler que, comme tout rapport social, les rapports sociaux de générations sont des construits sociaux dont les enjeux sont en définitive politiques : ils engagent des choix quant aux finalités générales de même que quant aux modalités générales d'organisation de la société globale.

En dépit de la diversité de leurs analyses et de la richesse des perspectives qu'elles ouvrent, l'ensemble des contributions précédentes n'ont que partiellement rempli le programme implicite de recherche que constitue l'exposé de la problématique afférente au concept de rapports sociaux de génération tenté par Alain Bihr dans sa contribution initiale. Et cela aussi bien du côté japonais que du côté français. Au demeurant, il était impossible qu'il en aille autrement dans le cadre à la fois des limites institutionnelles de notre recherche et des limites fixées à notre publication.

S'agissant du premier axe de cette problématique, centré sur « *les rapports entre générations familiales* », les contributions de Satoko Nakajima, d'une part, d'Alain Bihr et de Roland Pfefferkorn d'autre part, effectuent sans doute la synthèse des connaissances actuellement disponibles sur les solidarités intergénérationnelles au sein de l'espace familial, respectivement dans le sens descendant pour la première (en ce qui concerne et la France et le Japon) et dans le sens ascendant pour la seconde (pour la France uniquement cependant[6]). Mais, d'une part, de nombreux aspects de ces flux ascendants et descendants nous sont encore assez mal connus : pensons par exemple au fait que l'INSEE a encore bien du mal à évaluer le coût exact pour une famille du soutien matériel et monétaire multiforme apporté à l'un de ses enfants étudiants[7]; de même, ce n'est que récemment que la sociologie de la famille a pris sinon conscience du moins connaissance de l'importance de l'implication des grands-parents (en fait essentiellement des grands-mères) dans la prise en charge de petits-enfants en bas âge, condition du maintien de leurs filles et belles-filles dans l'emploi ou sur le marché du travail[8]. Et surtout, d'autre part, c'est la logique générale de ces rapports intergénétationnels familiaux qui continue à nous échapper, sans doute. Naoko Tanasawa a raison d'émettre des doutes, dans sa contribution, sur la pertinence de la notion de « *solidarité intergénérationnelle* » au sein de la famille, tant celle-ci risque de faire écran à la part de tensions et de conflits qui perdurent entre les générations; tensions et conflits dont d'autres contributions se font d'ailleurs, en partie, l'écho (Bihr-Pfefferkorn, Komamura, Nakajima). L'idée selon laquelle cette logique serait essentiellement faite de dons et de contre-dons ne soulève pas moins son scepticisme, dans la mesure où le propre des échanges intergénérationnels est d'être largement médiatisés dans le temps et, à ce titre, essentiellement frappés au coin de l'incertitude : ceux qui donnent ne sont jamais assurés d'être payés de retour[9]. Au demeurant cette dimension de temporalité et d'échange médiatisé dans et par des temps longs, couvrant la durée d'existences humaines tout entière, est sans doute une des raisons de la crise actuelle de légitimité qui affecte les transferts intergénérationnels, dans l'espace public plus encore que dans l'espace privé, dans une société auquel le capital a inoculé l'impératif d'accélération du temps qui gouverne son propre procès de reproduction.

Des trois questions concernant le second axe de la problématique initiale, centré sur « *les rapports entre générations sociales médiatisés par le marché* », seule la première a été a peu près intégralement traitée : pour ce qui est de la France par la contribution de Michèle Forté et Marie-Claude Rebeuh, pour ce qui du Japon par Hajime Imamura. La contribution de ce dernier n'aborde

6 Pour le Japon, cf. Takako SODEI, "Care of elderly : A women's issue", op. cit.

7 *Cf.* les limites de l'évaluation tentée sur les bases des données du Panel Européen des ménages dans « Revenus et patrimoines des ménages. Édition 1998 », *Synthèses*, n° 19, p.75-81.

8 Cf. Claudine ATTIAS-DONFUT et Martine SEGALEN, *Grands-parents. La famille à travers les générations*, Odile Jacob, 1998; Martine SEGALEN *et alii*, *Jeux de famille : parents, parenté, parentèle*, Éditions du CNRS, 2002.

9 On pourrait cependant lui objecter qu'une partie des échanges intergénérationnels, en particulier ceux de nature affective, présentent un caractère d'immédiateté.

qu'en partie la seconde de ces trois questions, concernant le creusement récent des inégalités de rémunération salariale entre les différentes classes d'âge au Japon, essentiellement sous l'angle de son incidence sur les équilibres intra-familiaux, entre sexes aussi bien qu'entre âges. Mais aucune des contributions ici réunies ne se penchent sur le phénomène en France. Quant à la question de savoir comment ces déséquilibres aggravés entre générations sur le marché du travail peuvent venir perturber l'indispensable transmission des savoirs et des savoir-faire dans et hors les entreprises, les deux contributions précédentes évoquent à peine le problème. Il faut dire que, tant au Japon qu'en France, il y a de ce point de vue une cécité générale à l'égard du problème dont l'acuité sera d'autant plus vive dans les prochaines années, avec le retrait massif des classes d'âge du *baby boom*.

Quant au troisième axe de recherche, centré sur « *les rapports entre générations sociales médiatisés par l'État-providence* », là encore, seule la troisième question concernant l'avenir des systèmes de retraite a été à peu près intégralement traitée pour ce qui concerne la France par la contribution d'Alain Degrémont. On peut regretter qu'une contribution du même ordre ne lui fasse pas pendant concernant le Japon, où le problème risque d'être bien plus grave encore, ainsi que le laisse d'ailleurs entendre Hajime Imamura, avec l'abandon du système d'emploi à vie qui a prévalu dans les grandes entreprises japonaises de la fin de la guerre jusqu'au début des années 1990. Les deux autres questions déclinant cet axe n'ont été abordées qu'en partie, qu'il s'agisse des politiques de l'emploi (Forté-Rebeuh) ou de la politique familiale (Bihr-Pfefferkorn, Yamashita). Il est vrai que cette dernière est d'une telle extension qu'il aurait fallu y consacrer plusieurs autres contributions.

Cf. à ce sujet les travaux de Françoise Bloch et Monique Buisson, « Du don à la dette : la construction du lien social familial, *Revue du Mauss*, n° 11, 1991, p. 54-71; « La circulation du don entre générations, ou comment reçoit-on », *Communications*, n° 59, « Générations et filiations », Seuil, 1994, p. 55-72; « Obligation alimentaire et solidarités familiales », *Droit et société*, n° 31, sous la dir. de L.-H. Choquet et I. Sayn, L.G.D.J., 2000, p. 223-239.

La véritable ambition de notre recherche était cependant de parvenir à *une analyse comparative* des rapports sociaux de génération en France et au Japon. Du point de vue de ce second critère d'évaluation, il nous faut également reconnaître les limites de notre travail collectif. Seule la contribution de Satoko Nakajima se place immédiatement dans une perspective comparatiste. Si les autres font œuvre de comparaison, c'est essentiellement par la médiation de leur regroupement et de leur recoupement thématiques et problématiques. L'ensemble n'en fait pas moins apparaître quelques points de convergence et quelques points de divergence importants entre la France et le Japon, hérités de la dynamique historique longue aussi bien que de transformations sociales plus récentes.

Plusieurs des contributions ici réunies qui se sont penchées sur la structuration des rapports entre générations au sein de l'espace privé (Bihr-Pfefferkorn, Nakajima, Tanasawa) soulignent qu'en France aussi bien qu'au Japon, l'essentiel du « *travail de soins* », qu'il s'exerce au bénéfice des enfants ou des personnes âgées, est le fait, principalement sinon exclusivement, des femmes. Et sa prise en charge par ces dernières reste l'une des principales causes des inégalités entre hommes et femmes dans les deux formations nationales; de même qu'un des principaux points d'articulation entre rapports sociaux de sexe et rapports sociaux de génération.

Plusieurs de ces contributions font également apparaître qu'en France aussi bien qu'au Japon les solidarités familiales jouent le rôle d'amortisseur des tensions dans les rapports entre générations au sein de l'espace public. Tensions qui trouvent leur source dans la mise en œuvre des politiques néo-libérales, que ce soit en termes de précarisation de l'emploi (Forté-Rebeuh, Imamura); ou en termes de compression des dépenses publiques (Bihr-Pfefferkorn, Degrémont, Komamura). Mais cette pression redoublée sur les rapports familiaux ne va pas non plus sans risquer de remettre en cause, à terme, les rapports intergénérationnels au sein même de la famille (Imamura, Nakajima), de même d'ailleurs que les rapports entre sexes.

Ces contributions n'en éclairent pas moins quelques différences majeures entre la France et le Japon contemporain. Certaines nous étaient déjà bien connues, notamment celles concernant le système d'emploi en cours dans les grandes entreprises (Imamura). D'autres pouvaient l'être moins, du moins de la part du grand public; par exemple celles concernant les rapports entre parents et enfants mises en évidence par Satoko Nakajima.

La principale différence semble tenir dans la moindre socialisation (par le marché du travail, par l'État-providence et par la société civile) des rapports intergénérationnels au Japon qu'en France : non seulement ces rapport sont plus centrés sur l'espace privé que sur l'espace public au Japon qu'en France, mais même (et de ce fait) ils portent davantage l'empreinte de leur configuration familiale (leur caractère de rapports personnels réciproques de dépendance) y compris au sein de l'espace public. Que l'équivalent de la protection sociale au sens large (qu'il s'agisse des garanties de pérennité d'emploi salarié ou de l'organisation du système des pensions de retraite) ait eu essentiellement pour cadre et pour agent, d'une part, la grande entreprise paternaliste japonaise, d'autre part, l'État-providence, en est un exemple parmi d'autres possibles. Et les remarques de Hajime Imamura sur la «*salarisation de l'ensemble de la famille japonaise*» dans le cadre du système d'emploi ayant prévalu après la Seconde Guerre mondiale ne peuvent qu'évoquer, pour des économistes, sociologues et historiens français, les politiques paternalistes conduites en France, à partir de la seconde moitié du XIXe siècle, par le patronat à une époque où ce dernier cherchait à légitimer son pouvoir en développant différentes formules d'entreprise-providence faisant de l'entrepreneur l'équivalent symbolique et pratique d'un *pater familias*.

Mais, de ce fait aussi, les auteurs japonais ont une perception plus aiguë de la complexité des rapports intergénérationnels dans l'espace privé et sont plus aptes à y percevoir des dimensions que nous tendons sinon à occulter du moins à négliger. Ainsi en va-t-il par exemple de la dimension *conflictuelle* de ces rapports et plus encore de leur dimension *asymétrique* : le fait qu'ils sont fondamentalement des rapports de *dépendance* entre personnes dont les statuts ne sont pas immédiatement réversibles, ni en droit ni en fait, en deçà même de la logique de don et de contredon qui les régit et de l'apparence de solidarité qu'elle leur imprime. C'est le fond de la réponse critique adressée par Naoko Tanasawa au schéma de construction du concept de rapports de génération esquissé par Alain Bihr dans sa contribution et qui la conduit à suspecter le renforcement des solidarités intergénérationnelles dans l'espace privé. Ce n'est d'ailleurs pas tant la réalité de ce renforcement qui est en question que sa contrepartie inévitable : le renforcement concomitant des relations de dépendance interpersonnelles, qui semble contredire la dynamique longue de l'histoire occidentale moderne et contemporaine tendant à promouvoir l'autonomie des individus. À moins qu'il ne faille y voir une invitation à comprendre autrement cette dynamique et son terme : à ressaisir ce que l'autonomisation des individus doit en définitive autant à la mobilisation des tiers (en l'occurrence familiaux) qu'à celle de chacun pris isolément. En somme, l'autonomie individuelle serait un produit collectif, et d'abord familial, loin de ce que de l'image d'Epinal du *self made man* colporte de valorisation narcissique et de fantasme d'autoréférence et d'auto-engendrement.

Les contributions réunies dans cet ouvrage ne constituent cependant qu'une étape de notre recherche collective. Comme le signalent à plusieurs reprises les lignes précédentes, plusieurs d'entre elles mettent de multiples façons en évidence la nécessité d'articuler rapports de sexe et rapports de générations – sans oublier bien évidemment les rapports de classes qui sont à l'arrière plan aussi bien des précédents que des processus qui sont en train de les bouleverser les uns aussi bien que les autres. C'est particulièrement le cas en ce qui concerne la question des transferts intergénérationnels, dans le cadre par exemple des systèmes de retraite. Car il ne s'agit pas seulement d'assurer des transferts des actifs (plus jeunes) vers des inactifs (plus vieux). C'est aussi la répartition des richesses entre classes sociales, et notamment entre revenu du capital et revenu du travail, qui est ici en jeu.

Ce constat, dressé lors du bilan de deux années de travail, nous a incités à réorienter la suite de notre recherche collective et comparative autour de l'articulation entre ces trois rapports déterminants majeurs des sociétés française et japonaise contemporaines que sont les rapports de classes, les rapports de sexe et les rapports de génération qui les structurent. Ce nouveau travail partira de l'hypothèse que cette articulation est à chercher dans *le rapport salarial*, dont nous proposons une exploration systématique, notamment sous l'angle des importantes transformations qui l'affectent actuellement en France et au Japon. Si la fécondité d'une recherche se mesure aussi au renouvellement de sa problématique et de ses hypothèses directrices, la réorientation précédente signifie que notre travail n'aura pas été totalement vain.

Alain Bihr

Le concept de rapports sociaux de génération : des présupposés à la problématique

La présente recherche collective s'articule autour d'un concept qui reste à construire, sa construction constituant sans doute son enjeu théorique majeur. Ce concept est celui de *rapports sociaux de génération*. L'objet de cette contribution est, d'une part, d'expliciter *quelques-uns des présupposés* de ce concept; d'autre part, d'exposer *la problématique* de cette recherche à travers laquelle nous espérons accumuler les matériaux qui nous permettront de construire ce concept tout en administrant la preuve de sa fécondité théorique.

I LES PRÉSUPPOSÉS

Le concept de rapports sociaux de génération renvoie d'emblée à celui, plus général, de rapport social. C'est donc par l'explicitation des présupposés de ce dernier qu'il faut commencer; avant d'en venir à ceux, plus spécifiques, du concept qui nous intéresse directement ici.

Les présupposés généraux du concept de rapport social

1. Par delà leurs différences de méthode et de doctrine, les sciences sociales (démographie, économie, sociologie, politologie, histoire, anthropologie, etc.) procèdent toutes d'un découpage, plus ou moins arbitraire, d'une même réalité, *la réalité sociale*. Elles sont donc toutes confrontées à cette même question, aussi élémentaire dans sa formulation que délicate dans sa solution : *qu'est ce que la réalité sociale?* La référence au concept de rapport social présuppose non seulement que ce dernier réponde à cette question;

mais qu'il y réponde de manière plus satisfaisante que la plupart des autres concepts avancés à cette fin par les sciences sociales.

Depuis Emmanuel Kant (1723–1803) et Auguste Comte (1798-1857), et bien avant Gaston Bachelard (1884-1962), il est devenu banal de noter qu'au cœur de la démarche fondatrice de toute science se situe l'acte qui consiste à substituer la catégorie de *relation* (ou de *rapport*) à celle de *substance* comme catégorie centrale de la pensée.

- La catégorie de *substance* désigne une réalité existant en elle-même et par elle-même et qui n'a besoin de rien d'autre qu'elle-même pour exister aussi bien, par conséquent, que pour être conçue et expliquée.
- La catégorie de *relation*, au contraire, met l'accent sur le fait que toute réalité se résout *in fine* en un ensemble de *rapports*, tant internes qu'externes; qu'en conséquence aucune réalité ne peut exister ni se concevoir en s'isolant d'autres réalités ou d'autres éléments avec lesquels elle forme réseau, voire système.

En reprenant la terminologie d'Auguste Comte, on pourrait dire que cette substitution est celle qui fait passer la pensée de l'ère métaphysique (ou négative) à l'ère scientifique (ou positive), qui inaugure donc cette dernière au sens propre.

2. Parmi les principaux fondateurs des sciences sociales, notamment de l'économie politique, de la sociologie et de l'histoire, figure l'œuvre de Karl Marx (1818-1883). Œuvre remarquable à plus d'un titre.

En premier lieu, parce qu'elle se situe d'emblée au-delà (bien qu'historiquement située en deçà) de l'éclatement de l'approche de la réalité sociale en un ensemble de disciplines spécialisées, concurrentes et rivales, oscillant toutes entre le repli disciplinaire (qui les conduit à défendre jalousement leur champ et leurs méthodes) et l'impérialisme scientifique (qui les conduit à vouloir annexer l'ensemble de l'analyse de la réalité sociale, en se subordonnant les autres disciplines).

En second lieu – et ceci explique cela – parce que, précisément, elle est la première et restera longtemps la seule à faire du concept de *rapport social* le concept central de l'intelligibilité de la réalité sociale. Tel est et restera l'apport essentiel de Marx aux sciences sociales, bien plus sûrement que le fameux schéma infrastructure/structure/superstructure auquel ont tenté de le réduire un certain antimarxisme… aussi bien qu'un certain marxisme. Ce que les commentateurs ont rarement compris et mis en évidence.

En troisième lieu, parce que toute l'œuvre de Marx peut et doit se comprendre comme une tentative pour développer une analyse méthodique des rapports sociaux structurant la société capitaliste, depuis sa superstructure étatique jusqu'à son infrastructure économique (les rapports capitalistes de production) en passant par sa structure sociale (ses rapports de propriété et de classes).

En quatrième et dernier lieu surtout, et cela a été encore moins souvent compris et souligné par la plupart de ses commentateurs, parce que Marx fournit avec le concept de *fétichisme* un instrument théorique permettant de comprendre pourquoi et comment, alors même que la réalité sociale se résout en une architecture et une dialectique également complexes de rapports sociaux, elle prend pourtant couramment une apparence substantielle : pourquoi et comment elle apparaît à ses propres membres comme composée de réalités semblant exister en elles-même et par elles-mêmes, obscurcissant ainsi leur propre intelligibilité de la réalité dans laquelle ils vivent et qu'ils contribuent à produire par leurs interactions, bien souvent à leur insu même.

3. Le principal intérêt du concept de *rapport social* comme catégorie centrale (ou paradigme) de l'intelligibilité de la réalité sociale est de permettre d'*éviter la plupart des apories communes aux modèles épistémologiques les plus courants* dans le domaine des sciences sociales, notamment en sociologie.

En premier lieu, celles nées de l'opposition entre *cohésion* et *conflit*. Tout rapport social est, par nature, source à la fois de cohésion et de conflit. Non seulement il unit (lie) les agents/acteurs sociaux qu'il médiatise; de même qu'il constitue un des éléments à partir desquels se constitue l'architecture de la société globale. Inversement, selon des formes et des contenus à chaque fois spécifiques, tout rapport social est, au moins potentiellement, source de conflits entre ses agents/acteurs; de même que son articulation avec d'autres rapports sociaux au sein de la totalité sociale est source potentielle de contradictions entre ces derniers.

En second lieu, celles nées de l'opposition entre *individualisme* (au sens de l'individualisme méthodologique) et *holisme*. Contre *l'individualisme*, il s'agit d'affirmer que l'élément (ou, si l'on préfère, l'atome) social, la réalité dernière à laquelle l'analyse doit s'arrêter, ce n'est pas l'individu (ou les individus) pris isolément (qui n'est qu'une abstraction mentale) mais le rapport social (ou les rapports sociaux), les individus devant se concevoir comme les agents/acteurs de ces rapports qui les produisent comme tels dans et par les actes mêmes par lesquels les individus les mettent en œuvre, en accomplissent les injonctions, dispositions, sollicitations et potentialités. C'est en ce sens que Marx a pu dire que *l'individu n'est que la somme de ses rapports sociaux*. Contre *le holisme*, il s'agit de désubstantialiser (défétichiser) la totalité sociale qui n'est jamais donnée comme telle (ni mentalement ni pratiquement), qui n'existe que comme processus de *totalisation, toujours inachevé et contradictoire, de rapports sociaux*, partiellement cohérents et partiellement incohérents – ce qui n'exclut pas l'existence d'« effets de totalité », c'est-à-dire des rétroactions de cette unité inachevée et contradictoire sur les rapports et processus partiels qui lui donnent naissance.

En troisième lieu, celles nées de l'opposition entre *approche subjective* et *approche objective* de la réalité sociale. Par *approche subjective*, j'entends celle qui met l'accent sur les acteurs sociaux et leurs pratiques, dans leur irréductible dimension d'autonomie. Tandis que, par *approche objective*, j'entends celle qui met l'accent sur la part non moins irréductible de déterminisme par laquelle la réalité sociale s'impose aux acteurs en les pliant à ses « logiques ». En sociologie, la démarche compréhensive d'un Max Weber et l'approche positiviste d'un Durkheim illustrent respectivement ces deux orientations opposées, aussi unilatérale l'une que l'autre.

Là encore, il est facile de percevoir combien le concept de rapport social permet de dépasser cette opposition et les unilatéralités réciproques qu'elle entraîne. En m'en tenant ici aux seuls exemples weberien et durkheimien :

- La catégorie weberienne d' *activité sociale* renferme explicitement une référence au concept de rapport social, comme cela apparaît dans la définition suivante qu'il en donne : « *Nous entendons par activité un comportement humain (peu importe (qu'il s'agisse d'un acte intérieur ou intime, d'une omission ou d'une tolérance), quand et pour autant que l'agent ou les agents lui communiquent un sens subjectif. Et par activité sociale, l'activité qui, d'après son sens visé par l'agent ou les agents, se rapporte au comportement d'autrui, par rapport auquel s'oriente son déroulement.* »[1] Pour qu'il y ait activité sociale au sens de Weber, il faut bien et simultanément il suffit que l'activité s'inscrive dans le cadre d'un rapport social, d'une interaction sociale, réelle ou potentielle, pour autant qu'elle soit perçue et vécue par ses acteurs. L'activité sociale, ce n'est en quelque sorte que le rapport social saisi subjectivement, appréhendé dans sa dimension ou sa face subjective (nécessairement réductrice), celle de l'activité qui l'accomplit comme telle.

- La catégorie durkheimienne de *fait social*, par contre, ne laisse pas apparaître immédiatement une telle référence. Rappelons que Durkheim entend par-là « *toute manière de faire, fixée ou non, susceptible d'exercer sur l'individu une contrainte extérieure ; ou bien encore, qui est générale dans l'étendue d'une société donnée tout en ayant une existence propre, indépendante de ses manifestations individuelles.* »[2] Il suffit pourtant d'avoir présent à l'esprit le concept marxien de fétichisme pour reconnaître dans ce que Durkheim nomme un fait social une structure d'action réifiée : un système de rapports sociaux à tel point autonomisés par rapport aux acteurs sociaux que ceux-ci ne les appréhendent plus comme l'œuvre (la résultante) de leurs propres interactions mais comme une structure existant de manière purement extérieure et contraignante à leur égard, de manière substantielle en définitive. En somme, le fait social tel que le définit Durkheim, c'est le rapport social saisi dans sa dimension objective et, plus précisément même, réifiée.

1 *Économie et société*, 1re édition inachevée (1919), traduction française, Paris, Plon, 1971, nouvelle édition collection Pocket, 1995, p.28.

2 *Les règles de la méthode sociologique*, PUF, 14e édition, 1960, p. 14.

4. Ce dernier développement met bien en évidence l'intérêt critique majeur du concept de rapport social. Il permet de *désubstantialiser tous les « objets » sociaux* (individus, groupements, organisations, institutions, États, etc.), de leur arracher leurs apparences de réalités substantielles existant en elles-mêmes et par elles-mêmes, en les réduisant aux rapports sociaux qui les engendrent (y compris dans et avec leur apparence substantielle), par conséquent aux interactions et pratiques sociales à travers lesquelles ces rapports sont accomplis et, par conséquent, ces « objets » sociaux produits.

C'est bien cette vertu critique du concept de rapport social qu'a exploité la critique féministe en promouvant le concept de rapports sociaux de sexe (plutôt que de genres). En effet, c'est grâce à ce concept qu'a pu être défaite l'illusion naturaliste faisant de chaque sexe une donnée naturelle pré-existante, en montrant que les identités sexuelles sont avant tout des constructions sociales.

Les présupposés particuliers du concept de rapports sociaux de génération

1. En premier lieu, parler de rapports sociaux de générations revient à présupposer que les générations, tout comme les sexes, sont des constructions sociales et non pas des données naturelles. Autrement dit, les différents âges de l'existence : enfance, adolescence, âge adulte, maturité, vieillesse, etc. sont des catégories sociales et non pas des catégories naturelles. Plus exactement, ce sont des catégories qui procèdent d'une mise en forme sociale d'un donné naturel; par exemple, d'un découpage de la continuité biologique menant l'individu humain de sa naissance à sa mort, conduisant à lui conférer différents statuts, qui ne doivent leur existence et leur sens (leur contenu) qu'à cette séparation précisément.

Ainsi Philippe Ariès a-t-il mis en évidence que l'enfance n'émerge, en Europe occidentale, comme âge distinctif de l'existence humaine qu'à la Renaissance[3]. De même apparaît-il que l'adolescence se construit comme âge transitoire entre l'enfance et l'adolescence dès lors que, sous le double effet de la diffusion du salariat et de l'allongement d'une formation générale et professionnelle de la force de travail rendu nécessaire par le développement des forces productives de la société sous le capitalisme, s'introduit un écart grandissant entre la maturité physiologique de l'individu et sa maturité sociale, ici défini par l'occupation permanente ou du moins régulière d'un emploi. De même encore la vieillesse émerge-t-elle, toujours au sein des sociétés capitalistes, comme âge spécifique en relation avec l'institution, dans le cadre du compromis fordiste, de système public de protection sociale et, tout particulièrement, de ce qu'on nomme habituellement l'assurance vieillesse.

3 Cf. Philippe Ariès *L'enfant et la vie familiale sous l'Ancien Régime*, Éditions du Seuil, 1973.

2. En second lieu, parler de rapports sociaux de générations revient à considérer que *les générations sont essentiellement ce qu'en font les rapports qu'elles entretiennent entre elles.* Les générations ne peuvent donc pas être conçues et saisies en dehors des rapports qui les lient entre elles.

Autrement dit, ce sont *ces rapports* qu'il s'agit de saisir à la fois dans leur dynamique propre et dans leurs articulations, sans doute complexes, avec d'autres rapports sociaux structurant les sociétés actuelles, notamment les rapports de classe et les rapports de sexe (ou de genre). Ce sera aussi un des enjeux de notre recherche que de parvenir à avancer quelques propositions d'ordre général dans la conception de cette articulation.

3. En troisième lieu, parler de rapports sociaux de générations revient à présupposer que, comme n'importe quel autre rapport social, *les relations entre générations peuvent et doivent s'analyser dans leur double polarité d'unité et de division*, de lien et de fracture, de solidarité et de conflit. Il importe donc de ne pas oublier l'existence de ces deux angles d'attaque et de toujours saisir les rapports sociaux de génération dans la tension, voire la contradiction, de ces deux pôles.

4. En quatrième lieu, enfin, nous présupposerons ici que *les rapports entre générations se nouent et se jouent aussi bien au sein de l'espace public qu'au sein de l'espace privé.* Mais ils ne prennent ni les mêmes formes ni les mêmes contenus dans un cas et dans l'autre.

- *L'espace privé* (que nous assimilerons ici à l'espace familial au sens large) met en jeu des *relations personnelles* (de face à face quotidien, de corps à corps, d'interpénétration psychique même) entre *générations familiales*, liant et opposant à la fois enfants, parents, grands-parents voire arrière-grands-parents (en y incluant les collatéraux). Les générations familiales sont précisément constituées dans et par ces rapports personnels.

  Il s'agit de rapports complexes, rapports de dépendance mutuelle, dont on peut faire l'hypothèse qu'ils sont essentiellement régis par une logique de dons et de contre-dons, souvent fortement médiatisés dans le temps (il est des « *dettes familiales* » contractées en début d'existence qu'on ne « *rembourse* » que fort tard). Cette logique régit tout aussi bien la circulation des flux affectifs et symboliques que celle des biens matériels (y compris sous leur forme immatérielle d'argent); ou que les échanges de services, banals ou exceptionnels.

- *L'espace public* met au contraire en jeu des relations impersonnelles et anonymes qui lient et opposent *des générations sociales.* Ce sont ces relations impersonnelles et anonymes qui définissent précisément ces générations sociales. D'emblée, du fait de la nature différente des rapports qui lient et opposent ici les générations entre elles, la notion même de génération change ici de sens. Elle désigne alors soit de simples classes d'âge ou cohortes démographiques; soit à la rigueur des « générations sociales » au sens de Karl Mannheim : au sens de groupements sociologiques composés d'individus ayant sensiblement le même âge et partageant un vécu socio-historique commun[4].

On gagnera à ne jamais perdre de vue ce changement de sens du terme quand on passe d'un espace à l'autre, de l'espace privé à l'espace public et *vice versa*.

4 Karl Mannheim, *Le problème des générations*, traduction, Nathan, 1990.

II LA PROBLÉMATIQUE

Un rapide survol de l'ample littérature parue ces dernières années en France sur les rapports entre générations semble indiquer une double tendance.

Les enquêtes et analyses menées sur *les rapports entre les générations familiales* dans l'espace privé concluent toutes au maintien voire au renforcement des solidarités entre générations familiales, comme plus largement de la cohésion du réseau familial[5]. Ce qui conduit, du même coup, à nuancer la thèse de la nucléarisation de la structure familiale, présupposé de la quasi-totalité des études actuelles de sociologie de la famille. Ce renforcement des solidarités entre générations familiales se manifeste notamment :

- d'une part, par un surcroît de mobilisation des parents (et grands-parents) pour faire face aux difficultés grandissantes des jeunes à « *entrer dans la vie* », notamment à s'insérer et à se stabiliser sur le marché du travail;
- d'autre part, par une mobilisation grandissante des enfants pour faire face aux problèmes posés par l'allongement de la

5 Cf. en particulier Claudine Attias-Donfut, *Les solidarités entre générations*, Nathan, 1995.

vie de leurs parents, notamment la multiplication des situations de dépendance au dernier âge de l'existence.

Au contraire, les enquêtes et analyses menées sur *les rapports entre générations sociales* au sein de l'espace public tendent à conclure à l'émergence d'un conflit (latent sinon actuel) grandissant entre les générations, que ce soit par marché ou par État-providence interposés :

- *Sur le marché.* Tout semble s'être passé comme si le moindre taux de chômage des 30-50 ans s'était payé du plus fort taux de chômage des moins de 30 ans et des plus de 50 ans. *Idem* en ce qui concerne les salaires : le maintien voire la progression relative des salaires en milieu de carrière se sont payés de la baisse relative voire absolue des salaires en début et fin de carrière[6].
- *Dans le cadre de l'État-providence.* Le débat actuel et le combat potentiel tournent ici autour des transferts de revenus des actifs vers les inactifs retraités, qui auront permis au niveau de vie des seconds de rattraper voire de dépasser celui des premiers . Cet effet de la solidarité intergénérationnelle dans l'espace public semble aujourd'hui rencontrer des limites, non seulement en termes financiers mais encore en termes de consensus (de consentement). Ce qui interfère avec les problèmes soulevés par l'avenir des systèmes de retraite par répartition; et, dans une moindre mesure, par l'avenir de l'assurance maladie (de la prise en charge des soins médicaux par le système public de protection sociale)[7].

Il importe par conséquent de comprendre comment s'articulent exactement ces deux logiques : celle, privée, tendant à un renforcement de la solidarité entre générations familiales; et celle, publique, tendant au contraire à une exacerbation (au moins en apparence) des conflits d'intérêt entre les générations sociales. Ce qui conduit à se poser les questions suivantes que l'on peut articuler autour de trois axes de recherche :

1er axe centré sur les rapports entre générations familiales.

a) Dans quelle mesure ces rapports répondent-ils à une logique de don et de contre-don? Les trois éléments (biens matériels et argent, services, affects) qui y circulent relèvent-ils de cette même

6 Cf. notamment Christian BAUDELOT et Roger ESTABLET, *Avoir 30 ans en 1968 et 1998*, Le Seuil, 2000; et Louis Chauvel, *Le destin des générations. Structure sociale et cohortes en France au XXe siècle*, PUF, 1998.

7 Ce débat tend d'ailleurs à en escamoter un autre autour de la question de la répartition de la richesse sociale entre travail et capital à propos du salaire socialisé et de son importance relative.

logique au même titre ? S'insèrent-ils de la même manière dans la logique de don et de contre-don?

b) Face aux difficultés grandissantes d'un certain nombre de jeunes d'acquérir leur pleine autonomie (notamment sous la forme d'un emploi stable), comment réagit le réseau familial? Y a-t-il un surcroît de mobilisation de la part des aînés? Si oui, sous quelle forme se manifeste-t-il ? Et quelles sont sa portée et son efficacité? En quoi renforce-t-il ou, au contraire, atténue-t-il les inégalités entre catégories sociales mais aussi entre sexes qui caractérisent cet âge particulier d'entrée dans la vie adulte?

c) Face au problème que pose de plus en plus fréquemment l'existence des personnes âgées dépendantes, comment réagit le réseau familial? Le problème est-il pris en charge par le réseau familial? Si oui, comment? Et quelle place relative faut-il ici réserver à la famille par rapport à d'autres formes de prise en charge de ces personnes : services publics, recours aux services marchands, voire services associatifs?

2e axe centré sur les rapports entre générations sociales médiatisés par le marché.

On pourrait aborder l'analyse de ces rapports à partir de trois angles d'attaque (d'autres ne sont évidemment pas exclus) :

a) Dans quelle mesure peut-on attribuer le surchômage des jeunes à une sorte d'arbitrage implicite et déguisé en faveur de l'emploi prioritaire des adultes dans la force de l'âge (les personnes entre 40 et 55 ans) ? Quelle part y ont pris les politiques d'embauche des entreprises et des administrations? Quelle part y ont pris les politiques publiques d'emploi (mesures spécifiques en direction des jeunes, mesures de préretraites, etc.)? Quelles conséquences dans les rapports entre générations sociales et familiales?

b) Dans quelle mesure la baisse constatée du salaire moyen d'embauche des jeunes et, plus largement, des salaires des jeunes résulte-t-elle, là encore, d'une sorte d'arbitrage implicite et déguisé en faveur de la préservation du niveau de salaires des plus âgés, dans un contexte général d'austérité salariale? Là encore, quelle part respective y ont pris les politiques des entreprises (visant par exemple à flexibiliser et précariser un segment particulier de la main-d'œuvre) et les politiques publiques (par exemple les mesures d'abaissement du coût du travail de certaines catégories de jeunes réputés non ou insuffisamment qualifiés)?

c) Comment ce double creusement des inégalités entre les jeunes et les seniors reste-t-il compatible avec l'indispensable transmission des savoir-faire à l'intérieur des entreprises et des administrations (sur les lieux de travail)? C'est là une dimension singulière des rapports intergénérationnels, dans la mesure où elle met en rapport des générations sociales sur le mode de rapports interpersonnels.

3e axe centré sur les rapports entre générations sociales médiatisés par l'État-providence.

Trois aspects de ces rapports peuvent *a priori* nous intéresser ici :

a) *Les politiques de l'emploi* sous l'angle des rapports sociaux de génération, donc sous l'angle des politiques visant les plus jeunes et les plus âgés des actifs; mais aussi sous l'angle des rapports sociaux de classes et de sexe.

b) *La politique familiale* : les multiples formes de soutien matériel apporté par l'État aux familles (en France : le quotient familial de l'impôt sur le revenu, les prestations familiales, la construction de logements sociaux, les aides à l'accession à la propriété, l'imposition des transmissions patrimoniales, etc.). Quelles ont été les inflexions les plus notables de cette politique au cours des dernières décennies? En quoi a-t-elle retenti sur les rapports entre générations dans l'espace public mais aussi dans l'espace privé? Car on se trouve là, une nouvelle fois, à l'intersection du public et du privé, et par conséquent à l'interface des rapports entre générations familiales et des rapports entre générations sociales. Quelles interférences avec les transformations survenues au sein des rapports sociaux de sexe?

c) *L'avenir du système des retraites.* Ce qui est ici essentiellement en jeu, c'est l'éventuelle remise en cause du « contrat » intergénérationnel sur lequel repose notre actuel système de retraite par répartition. Car au-delà de ses aspects purement financiers, le choix entre retraite par répartition et retraite par capitalisation revient à arbitrer entre un contrat explicite régi par la loi et un contrat implicite régi par le marché (financier).

Là encore, il s'agira d'analyser les incidences de l'un et l'autre type de contrat sur les rapports entre générations sociales mais aussi entre générations familiales. En particulier par l'intermédiaire des décisions en matière d'épargne et de constitution de patrimoine (immobilier et mobilier). Et il conviendra là encore de s'interroger sur les interférences de ces projets avec les évolutions survenues au sein des rapports sociaux de classe au sein de la société française au cours des deux dernières décennies.

À titre de synthèse, on pourra enfin se demander ce que nous apprend l'ensemble des analyses précédentes sur les transformations en cours dans les relations existant entre le rapport salarial (hérité de l'époque fordiste), la famille nucléaire et l'État-providence (l'État en tant qu'administrateur de la protection sociale)?

Alain Bihr

BIBLIOGRAPHIE

Ariès (Philippe), *L'enfant et la vie familiale sous l'Ancien Régime*, Paris, Le Seuil, 1973.

Attias-Donfut (Claudine), sld, *Les solidarités entre générations*, Paris, Nathan, 1995.

Baudelot (Christian) et Establet (Roger), *Avoir 30 ans en 1968 et 1998*, Paris, Le Seuil, 2000.

Chauvel (Louis), *Le destin des générations. Structure sociale et cohortes en France au XX*e *siècle*, PUF, 1998.

Durkheim (Emile), *Les règles de la méthode sociologique* (1895), Paris, Presses Universitaires de France, 14e édition, 1960.

Mannheim (Karl), *Le problème des générations* (1930), traduction française, Paris, Nathan, 1990.

Marx (Karl), *Le Capital* (1867-1894), traduction française, Paris, Éditions Sociales, 8 tomes, 1950-1960.

Weber (Max), *Économie et société* (1921), traduction française, Paris, Plon, 1971, nouvelle édition collection Pocket, 1995

Conceptualiser les rapports sociaux de génération : quelle place pour la mère?

INTRODUCTION

Ces transformations socio-démographiques majeures que sont la chute de la natalité tout comme l'augmentation de l'espérance de vie constituent un objet brûlant pour notre époque. Pour envisager et analyser à fond ces phénomènes dans leur ensemble, il nous paraît primordial de créer un nouveau champ d'investigation intitulé : « *rapports sociaux de génération* ». Notre but principal n'est de franchir qu'un premier pas vers la conceptualisation de ces rapports.

Au Japon, le terme de génération est d'usage courant depuis quelques décennies. Alors que les féministes japonaises des années 1980 parlaient, à propos de la nucléarisation des familles entamées dans les années 1960, de naissance de la « *famille moderne* », expression adoptée du livre d'Edward Shorter[1], la plupart des sociologues la désignaient plutôt comme la « *famille de deux générations* » (en japonais : *nisedai kazoku*). En tout cas, aucun chercheur japonais ne la traitait sous le nom de « *famille conjugale* » ou de « *famille centrée sur le couple* ». En France, l'accent dans ce domaine a été mis sur les rapports hommes-femmes; par contre, au Japon, on s'est centré bien davantage sur les rapports intergénérationnels. Jusqu'où peut-on remettre en cause la théorisation des premiers, déjà largement menée en France, en la réexaminant sous l'angle des seconds, historiquement plus apparents dans notre civilisation? Faire surgir, à partir des réalités conçues par la pensée japonaise, ce qui était jusqu'à présent inaperçu ou

1 Edward SHORTER : *The making of the Modern Family*, Basic Books, 1975; traduction française, *Naissance de la famille moderne*, Seuil, Paris, 1977; traduction japonaise, Showado, Tokyo, 1993

occulté par les évidences épistémologiques en France, telle sera aussi et de façon indirecte notre tentative.

I. Caractéristiques des rapports sociaux de génération.

Depuis les années 1980, on assiste en France, parmi les sociologues féministes, à un mouvement de théorisation en termes de rapports sociaux de sexe en lieu et place des *gender studies* en vogue dans le monde anglo-saxon. Les premiers fruits de leurs efforts ont été recueillis dans l'ouvrage collectif intitulé *À propos des rapports sociaux de sexe, parcours épistémologiques*[2]. Ce livre expose les parcours épistémologiques en matière de conceptualisation des rapports sociaux de sexe sur la base des études sur les rapports de classe menées par le marxisme.

Quels sont les points communs entre la classe et le sexe selon ce livre? Ils peuvent se résumer aux trois points suivants.

Premier point : le sexe comme la classe est de toute évidence de nature non pas substantielle mais relationnelle.

Deuxième point : le rapport de sexe n'est pas naturel mais social et historique comme le rapport de classe. Ce livre consacre à peu près un tiers de ses pages à la démonstration du caractère non biologique des rapports hommes – femmes.

Troisième et dernier point : ces rapports se caractérisent tous deux par la force, le pouvoir ou la domination, l'oppression. Les rapports entre hommes et femmes devraient être des rapports entre égaux; mais, en fait, historiquement, ils se sont trouvés pris, comme les rapports de classe, dans l'étau de la relation de dominant à dominé, d'oppresseur à opprimé. D'où la commune approche qui en est menée, qui consiste à relever des inégalités chaque fois qu'elles se manifestent. D'où aussi la même dialectique des contraires entre deux pôles égaux et antagonistes, permettant d'expliquer les transformations sociales concernant ces rapports. Autrement dit, et à notre sens, on peut dire qu'il s'agit d'une approche dialectique qui convient avant toute chose à l'étude des rapports horizontaux.

Or ce traité fait à peine mention des questions intergénérationnelles. Car le terme de génération, comme notion importante, n'apparaît, nous semble-t-il, qu'assez tardivement, soit dans les années 1990 dans le domaine des sciences sociales. Nous

2 Françoise BATTAGLIOLA, Danièle COMBES, Anne-Marie DAUNE-RICHARD, Anne-Marie DEVREUX, Michèle FERRAND, Annette Langevin : *À propos des rapports sociaux de sexe, parcours épistémologiques*, Centre de Sociologie Urbaine, Recherche effectuée dans le cadre de l'ATP du CNRS « Recherches féministes et recherches sur les femmes », Décision d'aide n° 955-260, 1986, réédition 1990

nous permettrons dès lors de chercher les caractéristiques propres à la génération.

Y a-t-il des points communs à la classe, au sexe et à la génération? D'après nous, la réponse doit être : oui et non.

D'abord *oui*, car la génération est, elle aussi, de nature relationnelle. De plus, les rapports intergénérationnels, censés dans la plupart des cas être enfermés jusqu'ici dans le domaine privé, doivent être analysés comme un phénomène social. On retrouve ici le parcours épistémologique des rapports sociaux de sexe. Enfin, les rapports sociaux de génération peuvent être considérés, eux aussi, comme des rapports de force ou de pouvoir.

En effet, à en croire les études récentes sur les rapports intergénérationnels en France, il y aurait « *émergence d'un conflit grandissant entre les générations* »[3] : sur le marché du travail, l'inégalité des taux de chômage ainsi que des salaires entre les 30-50 ans et les moins de 30 ans ou les plus de 50 ans susciteraient un conflit sinon actuel du moins latent entre ces classes d'âge et les générations correspondantes. Et, dans le cadre de l'État-providence, ces transformations socio-démographiques que sont la baisse de la natalité et l'augmentation de l'espérance de vie hypothèqueraient l'avenir des systèmes de retraite par répartition, incitant à « *une exacerbation (au moins en apparence) des conflits d'intérêt entre générations* (...) »[4]. Dans ces conflits d'intérêt interviendraient inévitablement des rapports de force ou de pouvoir.

Cependant il ne faut tout de même pas oublier que, d'après ces études, ces conflits intergénérationnels semblent pour le moment n'apparaître que dans l'espace public. Or, historiquement, en ce qui concerne cette sphère, et en particulier le marché du travail, les jeunes et les moins jeunes, lorsqu'ils y offrent, les uns et les autres, leur force de travail, peuvent et doivent être considérés comme placés sur un pied d'égalité; certains sont, il est vrai, supérieurs aux autres par leur force physique, d'autres par leur capacité intellectuelle, ou bien par leur degré de maîtrise ou par leur esprit innovateur. Mais ils sont tous tenus, non seulement en droit mais aussi en fait, pour capables de travailler *grosso modo* à part égale. C'est pourquoi l'approche qui consiste à démasquer toutes les inégalités, communes aux rapports horizontaux de sexe et de classe, pourrait aussi s'appliquer aux rapports de génération. Ainsi en serait-il pour la dialectique des contraires entre deux pô-

3 Alain BIHR, « Le concept des rapports sociaux de génération : des présupposés à la problématique », *cf. supra*, p. 33.

4 *Ibid.*

les égaux. Mais ceci uniquement dans l'espace public. Que s'est-il alors raconté ces dernières années en France à propos des rapports intergénérationnels dans l'espace privé? Selon nous, c'est seulement dans cette sphère qu'on devrait trouver des caractéristiques propres à la génération permettant de la différencier, de manière radicale, du sexe et de la classe.

L'ample littérature sur ce sujet semble en effet tout à fait muette en matière de conflits lorsqu'il s'agit de l'espace privé. Bien plus, contrairement aux rapports de sexe et de classe, on ne parle jamais à leur propos des inégalités intergénérationnelles. Comme s'il n'y avait plus de dialectique intergénérationnelle de force ou de pouvoir, *a fortiori* de domination ou d'oppression. Comme s'il existait un présupposé tacite pour ne pas aborder le problème de l'égalité entre les générations tant qu'elles sont enfermées dans l'espace familial.

Au contraire, ce qu'on y apercevrait, ce serait, semble-t-il, un certain renforcement de la solidarité entre les générations familiales, qui se manifesterait notamment « *d'une part par un surcroît de mobilisation des parents (…) pour faire face aux difficultés grandissantes des jeunes (…) à s'insérer (…) sur le marché du travail* », et « *d'autre part, par une mobilisation grandissante des enfants pour faire face aux problèmes posés par l'allongement de la vie de leurs parents* »[5]. Nous sommes curieuses de savoir ce qui se dissimule derrière cette notion de solidarité.

5 *Id.*, p.32

Examinons de près ce qu'il faut entendre par rapports solidaires. Toujours selon ces mêmes études, il s'agit des rapports d'aide, « *rapports de dépendance mutuelle* », « *régis par une logique de dons et de contre-dons* ». Cela concerne « *aussi bien la circulation des flux affectifs et symboliques que celle des biens matériels (…) ou (des) échanges de services* »[6]. Néanmoins, cette logique de dons et de contre-dons, surtout ces échanges de services sont « *fortement médiatisés dans le temps* ». Les dons ne seront donc « remboursés » par les contre-dons que « *fort tard* ». C'est dire que cette soi-disant réciprocité intergénérationnelle reste déterminée, peut-on dire, d'abord par une certaine incertitude quant à la « récompense », par une éventuelle obligation de gratuité ensuite, et enfin par une forte interdiction d'attente d'« *être payés de retour* » de la part de ceux qui donnent initialement. À moins que l'attente ne soit ré-

6 *Ibid.*, p.32-33

compensée, s'il s'agit de rapport avec les enfants, par le plaisir de leur transmettre notre héritage culturel.

Il faut donc reconnaître que chaque rapport intergénérationnel que l'on vit au sein de la famille est *dissymétrique*. En particulier, la prise en charge des enfants et des personnes âgées éventuellement dépendantes s'exerce non en double sens mais en sens unique. Autrement dit, la dépendance en apparence mutuelle ne l'est pas dans le vécu, puisque ceux qui offrent des services d'aide peuvent vivre sans les personnes qui dépendent d'elles mais que l'inverse n'est pas vrai : l'aide intergénérationnelle n'est pas de l'entraide, les services n'y sont pas échangeables. C'est ce manque de réciprocité dans l'immédiat et par conséquent cette incertitude de la récompense dans l'avenir qu'occulte quasi-totalement l'idée de solidarité. Dans ces conditions, on peut comprendre le présupposé ici examiné de ne pas traiter du problème de l'égalité intergénérationnelle, car c'est justement sur la base tacite de l'inégalité et de la dépendance non mutuelle que les rapports entre générations doivent d'abord se former dans la sphère privée. Et c'est là une première caractéristique de ces rapports qui les différencient radicalement de ceux horizontaux de sexe et de classe.

Aussi est-il inévitable que la dynamique intergénérationnelle des rapports de force et de pouvoir soit différente de celle des rapports de sexe et de classe. Contrairement à cette dernière dans laquelle les forts exploitent la force de travail des faibles, d'où résulte l'inégalité; dans la première, les forts et les moins faibles donnent leur force et leur pouvoir aux plus faibles pour que le statut de ces derniers puisse se « normaliser », voire s'égaler à celui des premiers, aussi peu que ce soit.

Il est vrai que la temporalité qui détermine le vécu imprime à ces rapports intergénérationnels une certaine mobilité : tous les êtres sont nés dans une complète dépendance à la fois mentale et physique à l'égard de ceux qui les aident; au cours de leur vie, ils acquièrent peu à peu une indépendance qui sera éventuellement réduite avec la vieillesse. Cette mobilité ou ce jeu de la dépendance et de l'indépendance constitue une deuxième caractéristique distinctive de la génération. Et par cette mobilité peut certes être rétablie à la longue une réciprocité « solidaire » entre les générations.

Mais ceci, à nos yeux, jusqu'à un certain point seulement : cette réciprocité ne sera jamais totalement assurée, car il demeurera toujours une certaine incertitude. C'est là l'attribut même de la temporalité, qui est pour nous générateur de l'évolution et du changement, voire, pourquoi pas, de la nouveauté.

Nous voulons donc franchir un pas vers l'éclaircissement de la dynamique de la verticalité temporelle, la troisième et la plus radicale caractéristique des rapports sociaux de génération. Ce sera une tentative pour considérer de près la circulation de la force et du pouvoir dans ces rapports, plus encore pour ouvrir une brèche dans la logique horizontale des dons et des contre-dons, et enfin pour éclairer le mécanisme de la transmission et du changement d'une génération à une autre.

Généralement parlant, au sujet de la génération, on a tendance, en France ainsi qu'au Japon, à faire porter l'accent uniquement sur la transmission. L'archétype en est la transmission du père au fils du « *capital symbolique* », dans le sillage de Bourdieu. Dans ce sens, la transmission n'est pas autre chose, dans la plupart des cas, que la reproduction; et la génération devient synonyme de filiation.

Dans le domaine des études féministes, la génération est aussi considérée assez souvent comme véhicule de la reproduction des inégalités entre hommes et femmes. Dans ce contexte, il n'est pas étonnant que la transmission intergénérationnelle soit régie par le « *principe d'inertie culturelle* »[7] et synonyme de quasi-stagnation.

Cependant, si on veut tenir compte de la temporalité intergénérationnelle dans son intégralité, on ne peut se passer de son autre élément : évolution ou changement. D'ailleurs le mot « génération » lui-même est lourd de signification. Dans le sens courant, il veut certes dire filiation. Dans le domaine sociologique, on y ajoutera surtout cet autre sens : la classe d'âge. Mais le premier sens du mot génération, qu'on oublie presque dans les sciences sociales, est : production, formation, création ou innovation. On pourrait donc entendre par génération l'ensemble des rapports de transmission par la filiation et d'innovation par les êtres quand ils passent au cours de leur vie d'une classe d'âge à l'autre. Françoise Collin a trouvé un mot bien adéquat à la place de celui

7 Alain Bihr et Roland Pfefferkorn, « Le Pouvoir Domestique : sur la configuration actuelle des rapports de pouvoir entre femmes et hommes à l'intérieur de l'espace domestique », in *L'Avenir du couple*, traduction japonaise, ouvrage collectif franco-japonais, Akashi Shoten, Tokyo, 2004 (manuscrit p.7).

d'innovation : novation, que nous voulons utiliser désormais en lui donnant notre total accord[8].

Comment la dynamique verticale fonctionne-t-elle entre les générations? En état de dépendance, l'acceptation de la force qui vient en aide est quasi-totale; d'ailleurs, pour cela même, le don de la génération précédente sera transmis à la suivante en douceur. Mais dans cette passivité pousserait déjà un germe de novation; l'héritage serait, si peu que ce soit, déconstruit et, au fur et à mesure de l'indépendance, la part de novation s'activerait plus, trouvant progressivement sa propre expression.

Autrement dit, concernant la dynamique intergénérationnelle, la novation se fait dans la transmission; la discontinuité ou la nouveauté surviendra au sein même de la continuité; la transmission qui est à la fois novation et la continuité qui est à la fois discontinuité s'opérant dans la temporalité. Ainsi la transmission n'est-elle pas seulement la reproduction; la génération n'est pas forcément la filiation, et les dons ne seront pas nécessairement récompensés par les contre-dons.

Somme toute, la temporalité vue sous l'angle de la génération n'avance, selon nous, de façon ni linéaire ni cyclique (« (...) *la répétition et l'éternité* (...) *cycles, gestation, éternel retour d'un rythme biologique* (...) » aurait dit Julia Kristeva à propos de la génération)[9]. Elle est encore moins stagnante. Elle avance lentement mais surement, vue de près en spirale, mais de loin à la verticale.

Tout compte fait, il faut insister sur la nécessité de créer une tout autre dialectique appropriée aux rapports intergénérationnels sortant de « *la logique des contraires* »[10] égaux et antagonistes. L'éclaircissement de cette autre dialectique, qui se conforme à la dynamique verticale mais en spirale, doit être assuré si l'on veut envisager et analyser à fond les transformations sociales contemporaines dans leur ensemble.

En conclusion, nous voulons retenir trois points tirés de l'analyse des caractéristiques des rapports intergénérationnels.

1. Grâce à cette analyse, nous pensons avoir réussi à mettre en relief la présence des personnes dépendantes enfermées dans la plupart des cas dans la sphère privée et, de ce fait, ignorées ou négligées par les sciences sociales y compris même la sociologie de la famille, sauf pour ce qui relève de l'État-providence qui prétend assurer leur protection. Les sociétés contemporaines, qu'elles

8 Françoise Collin, *L'homme est-il devenu superflu? Hannah Arendt*, Odile Jacob, Paris, 1999, p. 208.

9 Julia Kristeva, « Le temps des femmes », in *Les nouvelles maladies de l'âme*, Fayard, Paris, 1993, p. 303.

10 Françoise Collin, « La raison polyglotte ou Pour sortir de la logique des contraires », in EPHESIA (Ed.) : *La place des femmes : Les enjeux de l'identité et de l'égalité au regard des sciences sociales*, la Découverte, Paris, 1995, p. 669-676.

soient japonaise ou française, sont basées sur leur relégation hors du marché du travail. Le concept moderne de l'individu à l'occidentale a exclu leur existence. « *Les hommes naissent et demeurent libres et égaux en droit.* » En droit, certes; dépendre des autres pour vivre physiquement ou mentalement aliène pourtant en fait ces droits en grande partie, tant pour les personnes dépendantes que pour celles dont elles dépendent.

Pour analyser les rapports intergénérationnels, nous nous proposons expressément de considérer la sphère privée comme **sociale**, dans la mesure où les personnes dépendantes sont censées ne pas exister comme des individus à part entière et sont exclues pour cela de la sphère publique. C'est d'ailleurs pourquoi nous appelons tous les rapports concernant la génération, soit dans le domaine privé, soit dans le domaine public, des rapports sociaux de génération.

2. Ces personnes ont besoin d'aide. Nous voulons donc insister encore plus sur la présence inévitable de celles et ceux qui les aident. Le rapport intergénérationnel consiste, dans une large mesure, dans la dynamique « d'offre et de demande » des services d'aide. Si le rapport de force est régi non pas par l'exploitation mais par la dépendance, cette force est nécessaire pour rétablir, dans la mesure du possible, la situation « correcte » et assurer quelque peu l'égalité des personnes dépendantes. D'où la nécessité d'une autre approche que celle consistant à relever des inégalités dans ces rapports; le point de départ de cette approche serait la reconnaissance de la dépendance et de l'inégalité comme telles dans ces rapports.

3. Cependant, il existe une mobilité de la situation qui entraîne quelquefois le renversement de la circulation de force et de pouvoir dans les rapports intergénérationnels. Tenter une nouvelle dialectique qui corresponde à cette dynamique verticale et en spirale de la génération nous paraît être digne d'intérêt.

II LA PLACE DE LA MÈRE DANS LES RAPPORTS INTERGÉNÉRATIONNELS DE POUVOIR

Dans nos sociétés modernes, la prise en charge des personnes dépendantes a été historiquement assignée aux femmes, celle des enfants aux mères. C'est pourquoi il vaudrait mieux différencier, pour traiter le problème du pouvoir dans les rapports intergénérationnels, la place de la mère de celle du père.

Avant le régime démocratique, il était indéniable que les rapports intergénérationnels, symbolisés par le schéma père – fils, étaient ceux du pouvoir et de la domination. Et même après, le père a gardé en France cette prérogative, protégé par le Code civil jusque dans la deuxième moitié du 20e siècle. Au Japon, la suprématie paternelle a été clairement niée dans le Code civil en 1947 avec l'avènement de la démocratie. Néanmoins, au cours du siècle dernier en France, le pouvoir paternel a été progressivement limité : « *l'autorité paternelle* » a été enfin remplacée en 1970 par « *l'autorité parentale* ». Dès lors, on ne parle plus du problème du pouvoir et de la domination dans les rapports intergénérationnels; tout paraît résolu, du moins sur le plan législatif.

Pourtant, il surgit encore régulièrement des problèmes sociaux autour des enfants : mauvais traitements, violences sexuelles, trafics d'enfants, etc. On dira que ce n'est qu'un abus d'autorité. Certes. Mais il existe donc encore, répliquerons-nous, une autorité dont on peut abuser. Cette autorité-ci n'est-elle pas un autre nom du pouvoir ou de la domination?

L'expression « *autorité parentale* » pourrait dissimuler un autre aspect du problème intergénérationnel : la place distinctive de la mère et son éventuel pouvoir. Si on réussit à centrer l'analyse des relations intergénérationnelles sur les rapports de la mère avec le pouvoir, on comprendra mieux l'articulation des deux rapports sociaux de sexe et de génération. En effet, la place de la mère en est le point d'intersection.

Quelle place pour la mère alors? Contrairement à celle du père, elle nous paraît fort contradictoire : d'un côté, en tant que femme, la mère se trouve encore dans la position exploitée par la société à prééminence masculine; de l'autre, elle peut prendre une place de « fort » vis-à-vis des enfants « faibles », surtout lorsqu'ils sont tout petits et dépendants. Etre mère n'est pas, à nos yeux, autre chose que vivre ce double rapport de forces opposées, du sexe et de la génération. Afin d'éclaircir notre propos, nous allons d'abord nous arrêter un moment sur les travaux domestiques effectués principalement par les femmes.

L'analyse du travail domestique a été un des enjeux les plus importants du Mouvement de Libération des Femmes dès les années 1970. Toutefois, puisqu'elles le considéraient comme un procès de production, en adoptant purement et simplement le cadre théorique du marxisme, les études féministes se sont toujours focalisées sur la question de l'exploitation économique de la femme par son mari; l'accord se faisait sur ce point que tous les travaux domestiques sont exploités par le plus fort, en l'occurrence le chef de famille, l'accusation étant portée contre le système patriarcal. Dans ces conditions, il était hors de question qu'on distingue le travail pour le mari de celui pour les enfants; on ne prenait en compte les travaux domestiques que dans les rapports de force hommes – femmes, et jamais dans les rapports intergénérationnels. Même de nos jours, en France et au Japon, il n'y a pas, pour autant que nous le sachions, d'études sur les travaux domestiques centrées sur les rapports de force mère – enfants.

11 Naoko TANASAWA, « Ni glorifier, ni dénier : Quand la mère ose prendre la parole » (en japonais), *New Feminism Review*, Gakuyo Shobo, Tokyo, Vol. 1995, p. 245-253. Cet article est précurseur de l'analyse du « travail de soin » : par le néologisme *sewa-rodo* (travail des soins), il présente une première ébauche analytique sur ce sujet.

Soit dit en passant, il y avait, dans les années 1980 au Japon, un courant féministe qui prétendait axer le travail domestique autour du concept de la « reproduction » (en japonais : *sai-seisan*). Cette étude présentait pourtant deux défauts majeurs.

Le premier est la non-distinction à l'occidentale entre reproduction (procréation) des enfants et celle de la force de travail du mari pour le lendemain. Or, à notre avis, le travail féminin pour le mari est le plus superflu du monde : contrairement aux enfants, il n'y a aucune nécessité de l'aider; il peut absolument vivre par lui-même. Autrement dit, à la différence du travail pour les enfants, celui pour le mari n'a pas de sens en dehors du système patriarcal. On aurait dû s'interroger sur cette différence.

Le second défaut tient à son cadre théorique fortement influencé par le marxisme : le concept de « reproduction » n'était que l'équivalent de « re-production »; comme si l'enfantement et la prise en charge des nouveau-nés qui le suit n'avaient qu'une valeur : celle de former la capacité productive de la génération suivante. On peut judicieusement se demander si celle (celui) qui soigne les enfants le fait uniquement pour assurer la capacité productive prometteuse de la génération suivante. Nous ne le croyons pas. D'après nous, on soigne tout simplement une personne qui est là devant soi et qui a besoin d'aide pour vivre; surtout à notre époque où l'on considère comme individus à part entière des

12 Parmi nos cultes traditionnels et populaires des ancêtres, on compte celui des enfants avortés (en japonais : *mizuko shinkou*); on peut trouver partout au Japon leurs statues soit

personnes en l'occurrence peu productives. Cette prise de conscience est désormais un point de départ pour analyser le travail en faveur des personnes dépendantes.

Sortant d'abord du cadre de la famille et ensuite du carcan de la question de (re)production, nous voulons dès lors situer le travail maternel et intergénérationnel dans l'ensemble des travaux que nous appelons, faute de mieux « *travaux de soin* »[11] : d'un côté, les personnes qui soignent : mères, pères, nourrices, aides maternelles, aides soignantes, infirmières, infirmiers etc.; de l'autre, les personnes qui doivent être soignées : nouveaux-nés, petits enfants, personnes âgées dépendantes, malades, handicapés etc. Nous devons insister surtout sur l'existence de plus en plus nombreuse dans les sociétés actuelles des personnes âgées atteintes par la maladie d'Alzheimer ou des graves handicapés mentaux qui ne peuvent constituer les forces productives pour l'avenir et pourtant qui ont pleinement droit à vivre; et en fait, pour exercer ce droit, ils ont besoin des autres qui les soignent.

Ce travail de soins a été, nous semble-t-il, « toujours déjà là », quelquefois avec un certain pouvoir accordé aux personnes qui s'en chargeaient. Ainsi, dans plusieurs régions de l'ancien Japon, les femmes (mais aussi les hommes) l'exécutaient sous forme d'avortement, infanticide, abandon des vieillards (*cf. La Balade de Narayama* de Kohei Imamura) etc., lorsqu'elles jugeaient bon de le faire pour maintenir l'équilibre entre production et consommation d'une communauté entière; il s'agissait alors de sa survie[12]. Nous admettons dans ce cas que la question de la production entrait effectivement dans ce jeu « d'offre et de demande » du travail de soins.

Mais, depuis l'avènement du principe des Droits de l'Homme, on ne peut plus exercer, sinon secrètement dans le privé, ce pouvoir de supprimer les « faibles », quelle que soit leur faible productivité. Il est significatif de constater qu'au Japon, lorsqu'on a adopté le concept des Droits humains dès 1868, le premier qu'on a conçu était le « droit à vivre » pour « tous » les êtres humains, y compris le fœtus[13]! On parlait très peu en France de ce droit, *a fortiori* de celui du fœtus. En tout cas, il est évident que dans l'avenir la nécessité de ce travail de soin s'accroîtra encore plus avec le prolongement de la longévité.

dans l'enceinte des temples, soit aux carrefours. D'ailleurs notre mythologie, *Kojiki*, commence par la description de l'accouchement d'un enfant mal formé. Au Japon on ne distinguait pas bien l'enfant avorté avant la naissance de celui ayant survécu jusqu'à la naissance. L'enfant avorté était et est encore considéré comme un être humain décédé. Dans ce contexte, le concept occidental de l'Homme ne paraît qu'une pure idéologie.

13 Mitsu TANAKA, *J'ose dire : l'avortement libre est-il un droit déjà acquis?*, tract du Centre Lib.-Shinjuku, octobre 1972 (en japonais) in *Documents : L'histoire du Mouvement de Libération des Femmes*, Women's Book Store Shokado, Kyoto, Tome II, p.61-64.ø

Le travail de soin est encore assez invisible; tous les êtres humains travaillent en principe pour eux-mêmes, et en même temps pour les autres. Et si ces autres leur paraissent plus forts, ils se sentent exploités. Mais s'il s'agit des autres plus faibles et dépendants, le travail se fait sentir difficilement comme tel.

Il faut ici penser quelque peu à la philanthropie (noblesse oblige!); ou à l'œuvre de charité. À une différence près toutefois: après avoir bien exploité la classe inférieure, la philanthropie se conçoit comme une toute petite réduction de cette exploitation, pour apaiser l'hostilité des exploités dans l'immédiat, faire naître progressivement entre les classes opposées un certain échange affectif, et enfin maintenir le plus longtemps possible les inégalités sociales. Pour le travail de soins, il n'y a pas ce présupposé d'exploitation économique.

Alors ce travail ne ressemble-t-il pas plutôt au dévouement ou, tout simplement, aux actes mutuels, affectifs et affectueux (« *le plaisir d'apprendre quelque chose tous les jours avec ma fille handicapée* », etc.)? Justement tant que ce travail s'effectue quasi exclusivement par les femmes et au sein de la famille, il restera invisible et ingrat, sous le couvert de l'amour et de la générosité désintéressée ; à tel point qu'on ne peut espérer le cas échéant aucun plaisir de transmettre notre héritage culturel et de le voir rénover.

Ainsi donc, la mère, qui a suffisamment de « force » par rapport aux enfants pour leur offrir le travail de soin, se trouve classée, dans nos sociétés, parmi les « faibles » et les exploitées, précisément puisqu'elle remplit quotidiennement cette tâche. À part dans les établissements pour les enfants, leur prise en charge devrait être normalement accomplie par les deux parents; en fait, les femmes assument, en grande partie, seules ces charges. Bien plus, à notre époque, au fur et à mesure que diminue le « dévouement » superflu à leur mari, les soins des vieux parents éventuellement dépendants pèsent, cette fois, de plus en plus lourd sur leurs épaules.

Nous croyons que la principale cause des inégalités entre hommes et femmes se manifeste, à l'époque actuelle, non pas par le travail patriarcal pour le mari mais par ces tâches intergénérationnelles, indispensables et pourtant gratuites, qu'assument tous les jours dans une large mesure les femmes. La place de la mère est bel et bien le point d'intersection des deux rapports, de sexe et de génération. Jusqu'aux années 1960 au moins, les femmes n'avaient qu'un choix : ou bien devenir un individu à part entière égal aux plus forts que sont les Hommes (en majuscule), en ne mettant pas d'enfants au monde ; ou bien voir leur statut social s'affaiblir jusqu'au niveau des enfants dépendants d'elles, en n'exerçant pas d'activité professionnelle et, par conséquent, en dépendant économiquement de leur conjoint.

Quel avenir pour le travail de soins? La participation à part égale du père, voire des hommes, soulagera considérablement les tâches intergénérationnelles jusqu'alors « féminines ». Les établissements pour les enfants et pour les personnes âgées (ex : *day care center* au Japon), les chiens pour les aveugles, et, pourquoi pas, les robots électroniques pour les tâches quotidiennes, tout cela méritera de se développer. Qu'est ce qui ne sera pas remplacé alors dans le travail intergénérationnel de soin? Selon nous, ce sera cette partie de travail qui se trouve dans le registre mental, moral et intellectuel, lié à l'éducation et à la transmission de notre mémoire culturelle. Garantir à la fois cette transmission et la novation de la génération suivante, ce sera là, pour nous, une raison d'être essentielle de l'autorité parentale.

En fin de compte, les mères peuvent se trouver potentiellement dans une position de dominante-dominée ou d'oppresseuse-opprimée. Pour mieux comprendre leur double position contradictoire, nous devons finalement nous efforcer de *repenser le droit à l'interruption volontaire de grossesse* sous l'angle du problème de pouvoir générationnel d'abord et intergénérationnel ensuite.

Il nous semble exister maintenant parmi les féministes françaises un consensus sur l'importance de l'année 1975 : celle de la réalisation de l'autodétermination de l'avortement de la part des femmes. Cette revendication du droit de disposer de leur propre corps était avant tout l'expression de la dénonciation d'une société fondée sur le rapport homme/dominant – femme/dominée.

Or, à cette époque, il était quasi impossible de penser, faute de réflexion sur les rapports intergénérationnels, que ce droit concerne non seulement les hommes mais aussi et inévitablement les futurs enfants. « *Un enfant si je veux quand je veux* » [slogan de l'époque] signifie que l'enfantement n'est jamais mise au monde d'« *un enfant si lui veut quand lui veut* » : cet acte doit être le résultat de la décision des femmes sous leur entière responsabilité (mais partagée bien sûr avec leur partenaire). En d'autres termes, les femmes ont revendiqué vis-à-vis des futurs enfants un pouvoir potentiellement énorme jusqu'à la position dominante ou oppressive, car « *l'enfant meurt par ma décision* » : à l'époque, une Japonaise militant pour la cause de l'avortement libre a osé le dire, en dénonçant en même temps la société « *qui me force à cet acte* » [14]. En tout cas, l'enfantement à terme lui-même nous paraît, comme l'avortement, un exercice de pouvoir de la part des parents dans la mesure où ces deux actes se font sans consentement, *a fortiori* sans sollicitation des enfants. La violence s'exerce chaque fois que la mère choisit (avec ou sans consentement du père) de donner ou ne pas donner la vie[15].

Ce droit d'exercer le pouvoir dépasse largement le problème de savoir à quel moment le fœtus peut être considéré comme un être humain à part entière. Car la mère revendique, dans tous les cas, l'avortement libre si elle le veut. Il dépasse également le problème du droit de la femme à préserver sa vie, car même si la vie de la mère n'était pas mise en danger par la grossesse, elle pourrait en revendiquer le droit.

Soit dit en passant, au Japon l'avortement a été officiellement interdit en 1907 par le code pénal. Mais il est autorisé depuis 1953 jusqu'à la vingt–huitième semaine de la grossesse (durée raccourcie à six semaines en 1990) avec une condition : que la mère se trouve en état de détresse « physique ou économique ». Et ceci à la suite d'une loi promulguée, celle de la « *protection eugénique* ». La revendication du Mouvement de Libération des Femmes a donc été centrée au Japon sur l'abolition de ce code pénal et de cette loi créés tous deux à l'époque moderne. C'est afin de pouvoir exercer comme avant leur libre arbitre sans condition imposée formellement par l'État.

Sur quel fondement repose-t-elle alors cette revendication du droit à l'interruption volontaire de grossesse? C'est sur le fait que la grossesse se développe uniquement au sein d'un corps féminin; c'est donc un droit individuel.

Mais ce corps a une caractéristique qu'on ne pouvait imaginer au moment de la création des Droits de l'Homme : il contient un autre corps individuel à l'état naissant. Et entre ces deux corps s'opère le rapport de force écrasant : le droit de disposer de son corps devient d'emblée pour l'autre un pur exercice de

14 *Id.*; et, en bibliographie, la référence I.3.

15 Cf. Naoko Tanasawa, « L'Accouchement tardif : de l'expérience personnelle » (en japonais), in *Bulletin de rencontre amicale au sujet de la condition des femmes au Japon*, n° 46, numéro spécial : *choisir ou ne pas choisir l'accouchement avec la technologie reproductive*, Tokyo, 1987, p. 11-20

pouvoir, pouvant éventuellement aller jusqu'à la suppression de son existence.

Dans l'ancien Japon, on ne distinguait pas bien l'infanticide de l'avortement. Ces phénomènes ne sont pourtant pas l'apanage du Japon; on en rencontre déjà dans la mythologie grecque, surtout dans l'histoire d'Œdipe, connue en Occident par la reformulation de Freud comme itinéraire inévitable de la formation d'un individu. Or Freud ne s'est aucunement intéressé à l'exercice du pouvoir parental avant et après la naissance de l'enfant : à la tentative d'infanticide décrite dans cette histoire; comme si la formation d'un individu ne débutait pour Freud qu'après la naissance. Ce mythe d'Œdipe ne pourrait-il pas être reconsidéré comme l'histoire du rapport de force intergénérationnel mobile? Une histoire de tentative d'infanticide avant celle du parricide?

De nos jours, l'avortement doit se différencier de l'infanticide, car l'enfant a pleinement droit à vivre après, et uniquement après, la naissance en tant qu'un individu à part entière.

C'est pour cela que nous considérons l'I.V.G non pas comme l'équivalent de l'infanticide volontaire, mais comme l'exercice du droit, c'est-à-dire du pouvoir légitime, d'un individu qui se met déjà, au sein de son propre corps, aux « *travaux de soin* », nécessaires pour former un autre individu. S'ils débordent les capacités de cet individu-là, il a le droit de ne pas les assumer. Car ces travaux doivent s'effectuer sur la longue durée; même après la naissance, la vie du bébé, quoi qu'il soit un individu à part entière, dépendra encore totalement de la bonne volonté de celle (celui) qui le soigne. Assumer longtemps la responsabilité de la vie d'un autre dépendant est un énorme travail digne d'être repensé à fond. Les rapports générationnel et intergénérationnel s'imbriquent l'un dans l'autre.

C'est là une différence de position de la mère d'avec celle du père vis-à-vis de l'avortement. Il est vrai que la conception est un acte parental. Mais la grossesse ou les travaux de soin au sein du corps n'appartiennent qu'à la mère. C'est pourquoi l'I.V.G est d'abord une question de droit individuel féminin.

Dans ce sens-là, l'apparition du bébé-éprouvette ou du bébé-clone, ou bien encore celle des mères porteuses, ne change pas grand-chose, d'autant que la mère assume, après la naissance de l'enfant, au moins la moitié des travaux de soins, soit physiques soit mentaux – la vigilance permanente etc. – sous son entière responsabilité.

III LA CITOYENNETÉ SOUS L'ANGLE DES RAPPORTS SOCIAUX DE GÉNÉRATION

Après la réflexion sur l'articulation du pouvoir avec la dépendance à travers l'analyse de la place de la mère, nous voulons maintenant élucider quelques nouveaux éléments constituants de la citoyenneté dans son ensemble.

1. *La nécessité de conceptualiser un nouvel individu en partant du corps féminin pendant la grossesse.* C'est en même temps celle de repenser l'altérité d'un corps naissant au sein d'un autre corps. Nous croyons que c'est là l'origine des rapports de pouvoir et de dépendance entre les deux individus. Et sur ces rapports, qui proviennent d'abord de cette structure constitutionnelle, se formerait, peut-on dire, la subjectivité infantile et mythique du «*fantasme de la toute puissance maternelle*»[16].

2. *La nécessité de conceptualiser les «travaux de soin».* Ces travaux ne concernent pas forcément la question de la (re)production et de l'exploitation économique; le besoin de ces travaux résulte directement de la dépendance dans la relation humaine. Ils sont nécessaires pour faire vivre les personnes dépendantes, éventuellement en vue de les former et les éduquer. Il est vrai qu'on peut recourir autant que possible aux établissements spécialisés, etc., pour ne pas consommer trop de temps dans la vie quotidienne. Mais nous voulons insister surtout sur l'aspect mental, moral et intellectuel de ces tâches : la vigilance permanente de longue durée sous l'entière responsabilité (partagée bien sûr entre les parents). Cette responsabilité exige de nous identifier à ces personnes pour comprendre leurs désirs, tout en gardant notre propre individualité pour les juger avec du recul. Et ceci, le cas échéant, sans aucun plaisir de leur transmettre notre héritage culturel. Cet exercice de responsabilité vis-à-vis des autres entraînerait inévitablement un autre exercice : celui du pouvoir[17].

16 Alain Bihr et Roland Pfefferkorn : «Hommes-Femmes, l'introuvable égalité, la place contradictoire des femmes dans la société française» in *Recherches et Prévision*, n° 61, septembre 2000, p.27. L'expression «*fantasme de la toute-puissance maternelle*» reprise par cet article, se trouve dans Françoise Hurstel, «Paradoxes et fragilités de la paternité : les pères dans l'union libre», in *Revue des sciences sociales de la France de l'Est*, Strasbourg, 1996. *Cf.* Julia Kristeva, *op.cit.*, p.322 : «*Si l'archétype de la croyance dans une substance bonne et saine propre aux utopies est la croyance dans la toute-puissance d'une mère archaïque, pleine, totale, englobante, sans frustration, sans séparation, sans coupure productrice de symbolisme (sans*

3. *La nécessité de conceptualiser le pouvoir exercé autour de la dépendance au sein des rapports intergénérationnels.* Ce pouvoir pourrait s'entrevoir dans sa pure forme entre la génération présente et la génération à venir. Car celle-ci n'a aucun pouvoir vis-à-vis de celle-là. Nous pensons entre autres au problème de la protection environnementale qui pèsera à l'échelon planétaire sur la future génération. L'avenir dans ce domaine dépend totalement de la responsabilité de la génération présente. Aussi faudrait-il repenser l'articulation du pouvoir avec la responsabilité. Comment peut-on limiter et délimiter l'exercice du pouvoir lorsqu'on a une entière responsabilité vis-à-vis des autres? Où est la différence entre l'exercice du pouvoir et l'abus de celui-ci? Quels sont les critères pour la juger?

Ces questions concernent naturellement celles (ceux) qui prennent en charge des personnes dépendantes. À cet égard, nous croyons que ce fameux «*fantasme de toute puissance maternelle*» ne disparaîtra pas si facilement même si le père partage pleinement la responsabilité vis-à-vis des enfants, tant que cette responsabilité, dont la mère a sa part, entraîne inévitablement le pouvoir. Repenser ce pouvoir entre le droit et la responsabilité sera un enjeu majeur pour reformuler la citoyenneté en partant des rapports générationnels et intergénérationnels. Et ceci aussi pour une meilleure novation au sein de la transmission intergénérationnelle.

4. *La nécessité de conceptualiser une nouvelle égalité par l'analyse des rapports intergénérationnels.* De nos jours, au moins dans les pays développés, l'espérance de vie s'accroît de plus en plus. Au Japon elle s'est allongée de plus de trente ans au cours de ces cent dernières années. Ce fait met en relief l'inégalité dans les rapports intergénérationnels, du moins du point de vue physique. Si la longévité est en moyenne (hommes et femmes confondus) au-dessus de quatre-vingts ans comme actuellement au Japon, le rapport d'égal à égal sans dépendance entre les générations ne durera peut-être qu'à peine la moitié de la vie. Et si on n'est pas égaux non pas en droit mais en fait à cause de la dépendance, quelle perspective peut-on avoir pour l'égalisation?

Simone de Beauvoir nomme la femme «*le deuxième sexe*»; en effet les femmes étaient classées comme individus de «seconde zone». Mais ce classement est, comme on le sait, un produit histo-

castration), on comprend qu'il est impossible de désamorcer les violences mobilisées sans mettre en cause précisément ce mythe de la mère archaïque.»

17 Des lecteurs français pourraient penser qu'il y a dans notre article une confusion quant à des concepts importants comme pouvoir, droit, autorité, etc. Nous voulons exprimer notre pensée de la manière suivante : la réalité pas encore conceptualisée est confuse, désordonnée, bref chaotique. Il se produit par conséquent un écart non négligeable entre des concepts équivalents, assez arbitraires par rapport à la réalité mais assez fidèles à chaque système linguistique (français, japonais etc.). Ainsi, en japonais, le pouvoir peut se traduire par le mot «*ken-ryoku*», le droit par «*ken-ri*»,

rique. C'est la raison pour laquelle dans les études sur les femmes on a deux théories de l'égalité comme l'envers et l'endroit de ce résultat historique : l'une basée sur la dénonciation de l'inégalité et l'autre sur la revendication de la spécificité féminine comme égale à la spécificité masculine. Mais s'il s'agissait d'individus de seconde zone qui possèdent en eux une part de dépendance indélébile, on ne pourrait se contenter ni de la dénonciation de l'inégalité, ni de la revendication de leur spécificité.

Il faudrait donc une refonte de la théorie de l'égalité et de l'égalisation à la mesure des rapports intergénérationnels en partant non pas du droit mais du fait de la dépendance indélébile.

5. *La nécessité de repenser enfin la rupture entre le privé et le public.* Nous croyons avoir démontré à quel point le privé contient des éléments constituants de la citoyenneté. Pourquoi ne pouvait-on pas les élucider jusqu'alors? Nous pensons que le découpage des sciences sociales et humaines faisait obstacle pour penser la citoyenneté transversale entre le privé et le public. À la place de la sociologie de la famille par exemple, ne peut-on pas faire l'investigation dans ce nouveau domaine des rapports sociaux de génération comme celui des rapports sociaux de sexe? Afin d'acquérir la transversalité entre le privé et le public?

En tout cas, reste à reconstruire la citoyenneté à partir de ce qui se passe dans le privé. C'est pour obtenir le droit à vivre ensemble, en particulier avec les personnes dépendantes.

Ces éléments que nous venons de citer seront en même temps une base pour créer une nouvelle approche et une nouvelle dialectique qui correspondent à l'analyse des rapports verticaux de génération.

CONCLUSION

Notre tentative de conceptualisation des rapports sociaux de génération et surtout l'analyse de la place de la mère dans ces rapports nous amènent aux remarques suivantes :

1. Les études sur les femmes doivent se faire au moins sur les deux axes : les rapports sociaux de sexe et ceux de génération. Dans ce

l'autorité par « *ken-i* » ; on y trouve un dénominateur commun « *ken* » qui possède en lui-même un sens: « force légitime ». *Ken-ryoku* serait donc pour les Japonais à peu près « force légitime-capacité », *ken-ri* « force légitime-intérêt »et *ken-i* « force légitime-dignité ». Lorsque l'on a recours à un concept soit en français soit en japonais, il entraîne à son insu et inévitablement d'autres significations (d'autres découpages) de la réalité chaotique qui ne sont même pas (ou pas encore) les connotations de ce concept. C'est donc en partant de l'observation de cet écart que l'on peut trouver ce qui est inaperçu ou occulté dans la pensée d'une culture différente. Nous espérons que sous cette apparente confusion on découvrira en même temps des deux côtés (franco-

sens, les « *gender studies* » ne sont que le « *vol d'un bimoteur raté* », si l'on nous permet ici d'employer une expression japonaise.

2. Le nœud de ces deux rapports est la place de la mère distincte de celle du père. Elle occupe une double position contradictoire : position encore dominée dans les rapports de sexe et position potentiellement dominante dans les rapports de génération. Et cette dernière ne serait jamais élucidée par les *gender studies* et, si nous osons dire, par la pensée épistémologique moderne en France qui mettait l'accent sur l'égalité et la liberté, voire sur l'horizontalité des rapports humains.

Cela nous conduit finalement à donner un très bref aperçu de l'histoire du Japon, limité au cadre de notre article, en utilisant les études toutes récentes sur ce sujet[18] Il permettra d'éclairer certains aspects des développements antérieurs.

Il nous faut d'abord constater la temporalité de notre histoire qui a un rythme beaucoup plus lent par rapport à celle de la France. Alors que la notion de progrès s'est imposée en France, au Japon la culture et le savoir de l'époque ancienne (du 6e au 12e siècle) exercent encore une influence considérable sur la mentalité actuelle. Ce rythme est donc la version japonaise de la temporalité verticale et spirale.

De cette époque ancienne, nous avons hérité l'existence d'un système à la fois matrilinéaire et matrilocal qui a coexisté de façon très complexe avec le système patrilinéaire. Au cours du Moyen Age (du 13e au 16e siècle), bien que le premier soit graduellement remplacé par le système patriarcal (c'est-à-dire patrilinéaire et enfin patrilocal), la coexistence des formes anciennes avec les formes nouvelles était assez répandue un peu partout au Japon. Même encore au 20e siècle, on observe ces survivances tenaces dans les villages isolés.

La survivance de la matrilinéarité et de la matrilocalité, aspect peu connu des Occidentaux, a longtemps permis aux femmes de partager les pouvoirs politiques avec les hommes au niveau national et régional. Ce mode de partage des pouvoirs entre les sexes s'est écroulé avec la généralisation du patriarcat à partir de l'époque pré-moderne (du 17e au 19e siècle) : les femmes sont exclues de l'espace politique et perdent officiellement la plupart de leurs prérogatives. Alors s'est développée l'idée d'une instrumentalisation reproductrice des femmes. Cette situation est d'autant

japonais) des germes de rénovation conceptuelle et culturelle.

18 Cf. en bibliographie les *références II*; voir aussi Toshio Araki, « Le pouvoir politique et les femmes à l'époque ancienne au Japon »; Sanae Fukuto, « La place des Japonaises et son évolution (10e siècle~10e siècle) »; Kaoru Tachi, « La monarchie impériale moderne et les représentations féminines »; Mikiyo Kano, « La femme-"base arrière" et le colonialisme ». Ces différents articles ont été publiés dans *Actes des Recherches collectives franco-japonaises : Pour la comparaison franco-japonaise des études sur les femme ; sur la nécessité des nouvelles méthodologies comparatives*, Société franco-japonaise des études sur les femmes, Tokyo, 2002, p. 35-47 (version japonaise), p. 87-106 (version française).

plus sévère pour elles que leur emprise mentale et leur pouvoir réel au sein de la famille sont forts dans les couches populaires.

À partir de 1868, le Japon se modernise en adoptant la monarchie constitutionnelle. Cette modernisation légale va de pair, surtout dans la première moitié du 20e siècle , avec la militarisation et la tentative de concurrencer le colonialisme occidental en Asie. C'est à cette époque que le gouvernement répand, en publiant un traité intitulé *L'Essence du Japon*[19], l'image de « *la Grande Mère - Amaterasu* » et de « *la Grande Nation - Famille* » pour mobiliser tout le peuple et le mener jusqu'à la victoire dans la Deuxième Guerre Mondiale. On peut y observer que l'autorité est calquée sur le modèle du rapport mère - enfant comme le rapport de l'empereur avec Amaterasu, déesse solaire qui était depuis la fin du VIIe siècle l'Etre suprême du Panthéon japonais, devenue enfin le Symbole même du Japon moderne.

Ainsi pour les femmes japonaises, la dite « *modernité occidentale* » qui crée un écart immense entre image et pouvoir, leur enlève encore plus de leurs pouvoirs réels.

Aujourd'hui nous avons deux courants féministes : l'un basé sur les théories occidentales via l'anglophonie et absorbé quasi totalement par leur universalisme (dont ladite théorie des travaux domestiques de la reproduction n'est qu'une version à la japonaise); et l'autre, issue du Mouvement de Libération des Femmes né au Japon qui a cherché sa propre perspective en tenant compte de cette Histoire des Japonaises, et auquel nous-sommes quelque peu liées.

Dans le cadre de cette recherche franco-japonaise, nous voudrions poursuivre prochainement notre investigation sur la question des rapports de classe, en les repensant entre la transmission et la novation intergénérationnelles.

Naoko TANASAWA

19 Ministère de l'Éducation, *L'Essence du Japon* (en japonais), Tokyo, 1937 ; Tosaku MIUR, *Commentaire de l'Essence du Japon* (en japonais), Toyo Tosho, Tokyo, 1937 ; ministère de l'Éducation, *La Voie vers la condition de Sujets de l'Empereur* (en japonais), Tokyo, 1941 ; Naoko TANASAWA, « Universalité occidentale et Particularité japonaise en partant de la lecture de l'*Essence du Japon* » in *Actes des Recherches collectives franco-japonaises* , *op. cit.*, p. 18-22 (version japonaise), p. 70-74 (version française).

RÉFÉRENCES BIBLIOGRAPHIQUES

- **Références I**

ATTIAS-DONFUT (Claudine) (sld), *Les solidarités entre générations, Vieillesse, familles, État*, , Nathan, 1995.

COLLIN (Françoise), « Les trans-parents », in *Empan*, n° 50, Erès, juin 2003, p. 4-23.

COLLIN (Françoise), « Mettre au Monde », in KNIBIEHLER (Yvonne) (sld), *Maternité, affaire privée, affaire publique*, préface de Françoise Héritier, Bayard, Paris, 2001, p.171-187.

TANASAWA (Naoko), « Les rapports sociaux de génération : une nouvelle conception? », in DELPHY (Christine) et CHAPERON (Sylvie) (sld), *Le Cinquantenaire du Deuxième Sexe*, Nouvelles Questions féministes, Syllepse, Paris, 2002, p.254-258.

THÉRY (Irène), « Mixté et maternité », in *Maternité*, Knibiehler (Yvonne) (sld), *op. cit.*, p. 251-270.

Nous remercions très amicalement Mme Françoise Collin : combien de fois « nous sommes parties », nous aussi, « d'un mot » ou d'une phrase de ses écrits. Nous exprimons également nos remerciements aux membres de la Société franco-japonaise des Études sur les Femmes et surtout aux celles qui s'occupent de son bulletin *Espace des Femmes*. L'existence de cette Société depuis plus de 20 ans nous encourage toujours.

- **Références II (sur l'Histoire des Japonaises en japonais)**

Société des Études sur l'Histoire des Femmes (Kyoto), *Histoire de la vie quotidienne des Japonaises*, vol.1-5, Presse Universitaire de Tokyo, Tokyo, 1990.

Société des Études sur l'Histoire des Femmes (Tokyo), *Histoire de la famille japonaise*, vol.1-13, Yoshikawa Kobunkan, Tokyo, 2002~ (vol.1-8 déjà parus).

Société des Études sur l'Histoire des Femmes (Kyoto), *Histoire des Japonaises*, vol.1-5, Presse Universitaire de Tokyo, Tokyo, 1982.

Société des Études sur l'Histoire des Femmes (Kyoto), *Josei Shigaku (The Annals of Women's History)*, annuel depuis 1991.

Takamure (Itsue), *Œuvres complètes* vol.1-10, Rironsha, Tokyo, notamment *Études sur le système matrilinéaire au Japon*, 1966 ; *Études sur le système matrilocal (Shoseikon)*, 1966; *Histoire mondiale des Femmes*, 1966; *Histoire du système matrimonial au Japon*, 1967.

Wakita (H.) et Hanley (S.B.) (ed.), *Histoire du Genre au Japon*, vol.1-2, Presse Universitaire de Tokyo, Tokyo, 1994. Il en existe une version anglaise mais sous forme d'extraits: Wakita (H.), Bouchy (A.) et Ueno (C.) (ed.), *Gender and Japanese History*, vol.1-2, Osaka University Press, Osaka, 1999.

Wakita (Haruko) (ed.), *Evolution de la maternité au cours de l'Histoire du Japon*, vol.1-2, Jinbun Shoin, Kyoto, 1985.

Il existe encore de nombreuses autres études sur l'Histoire des Japonaises, soit monographiques, soit centrées sur une époque donnée. Si on devait tenir compte de toutes ces recherches jusqu'aux articles, leur nombre serait proprement astronomique.

Relations intergénérationnelles et genres dans les politiques de l'emploi

L'ANALYSE des relations intergénérationnelles dans la sphère publique[1] a fait l'objet depuis une dizaine d'années d'une littérature abondante. Ces travaux, pour différents qu'ils soient quant à leur démarche, leurs objectifs et leurs méthodes d'investigation, ont en commun de conclure à l'existence d'un « modèle français » de partage de l'activité entre les générations[2] (Elbaum, Marchand, 1993; Brondel, Guillemot, Marioni, 1996). Cette formulation suggère l'idée de concurrence, voire de conflits entre générations, que nombre d'articles opposent aux solidarités intergénérationnelles qui prévaudraient dans la sphère familiale ou privée et à la solidarité publique qui est au cœur de la protection sociale.

Cette grille de lecture constitue un outil particulièrement fécond pour analyser les transformations en cours dans la population active. Mais elle n'offre, nous semble-t-il, qu'une portée limitée pour saisir l'ensemble des enjeux économiques et sociaux relatifs à cette question. L'hypothèse de départ de cet article est que l'on ne peut avoir qu'une appréhension incomplète de l'ensemble de ces phénomènes si l'on n'articule pas dans l'analyse les variables d'âge avec celles de genre. Comme le rappelle C. Attias-Donfut (1991)[3], les générations sont sexuées, et c'est tout particulièrement vrai pour tout ce qui a trait au monde du travail. Ce croisement des rapports sociaux de genre et des rapports sociaux de générations permettra de mettre en évidence des disparités inter et intra générationnelles, mais aussi un certain nombre de proximités, par exemple entre les conditions de travail des jeunes et celles des femmes.

1 Par opposition à la sphère privée ou familiale.

2 Nous entendrons ici génération au sens de cohorte, c'est-à-dire un ensemble d'individus nés lors d'une même période.

3 Citée par Louis CHAUVEL (1997, p.290).

L'explication de ces différents phénomènes emprunte généralement deux voies distinctes. Dans la majorité des publications, la transformation de la population active s'explique pour l'essentiel par des évolutions démographiques globales et par un changement des comportements d'activité. Mais pour comprendre le développement de ce modèle, une voie d'accès complémentaire consiste à explorer le rôle des politiques de l'emploi (politiques publiques de l'emploi et politiques de management des entreprises), en examinant l'action des pouvoirs publics dans le domaine de l'emploi, mais également les stratégies de management des entreprises.

Cette contribution vise précisément à explorer cette seconde voie d'accès en tentant de montrer que le développement du modèle de partage de l'activité à la française résulte certes d'un certain nombre d'éléments démographiques et sociaux, mais qu'il tient aussi à des orientations et des stratégies des pouvoirs publics et des entreprises.

Afin de mieux saisir la portée et les enjeux des relations intergénérationnelles dans l'activité, nous présenterons d'abord, à grands traits, les éléments du diagnostic sur les transformations de la population et de la population active. Puis nous examinerons les effets des politiques d'emploi et de lutte contre le chômage sur les rapports intergénérationnels et sur les rapports sociaux de genre. Enfin, nous mettrons en évidence la place et le rôle de l'âge et du genre dans les politiques d'emploi des entreprises.

La conclusion discutera des positions relatives de l'âge et du genre dans les politiques de l'emploi en insistant, d'une part, sur la « *tolérance sociale* » (Ephesia, Torns, 1995) à l'égard de la précarité de l'emploi féminin et du chômage des femmes; et, d'autre part, sur les contradictions entre les orientations de la politique publique de l'emploi et la réalité de la gestion de la main d'œuvre par les entreprises.

I GÉNÉRATIONS ET GENRES DANS L'ACTIVITÉ : UN ÉTAT DES LIEUX

Il existe depuis de nombreuses années des données statistiques, des études et des rapports qui permettent de dresser un état des lieux des rapports intergénérationnels dans l'activité. Mais ce n'est que depuis le milieu des années quatre-vingt-dix que l'on dispose de données et d'écrits qui permettent de saisir dans un même mouvement structurel les deux variables d'âge et de genre vis à vis de l'activité. Même si on ne dispose pas encore de toutes les données par genre, cette évolution témoigne de l'intégration par l'appareil statistique de l'état de fait que constitue l'importance croissante de l'activité des femmes.

Cette partie propose un bref aperçu de la place des âges et des genres dans l'activité, à partir des données et des rapports les plus récents[4]. Elle n'a pas pour objectif de prétendre à un examen exhaustif de la littérature sur ce thème, en raison du volume de documents disponibles, mais aussi du cœur même de notre propos qui concerne plus particulièrement les politiques de l'emploi.

Avant d'aborder la question des rapports intergénérationnels et la place des genres dans l'activité, l'emploi et le chômage, il importe dans un premier temps de rappeler les grandes tendances démographiques qui jouent un rôle essentiel dans l'évolution de la population active.

1. Evolutions démographiques et transformations de la structure de la population

La population française vieillit…

En 1999, date du dernier recensement, la France métropolitaine comptait 58,5 millions habitants, dont 30 millions de femmes et 28,5 millions d'hommes. Si entre 20 et 59 ans la proportion d'hommes et de femmes est quasiment la même, les différences sont plus marquées pour les plus jeunes, et surtout pour les plus anciens : avant 20 ans, les garçons sont légèrement plus nombreux que les filles (51 % de garçons), mais les femmes représentent près de 60 % des 60 ans et plus (2/3 des 75 ans et plus).

Depuis 1990, la population augmenté de 1,9 million de personnes (soit une hausse de 3,4 %). Cet accroissement est moins marqué qu'entre les recensements de 1982 et 1990, période pendant laquelle la population avait augmenté de 4,3 %, soit de 2,3 millions de personnes. Ces chiffres témoignent de la persistance de la croissance de la population, mais aussi du ralentissement de ce mouvement. Cette évolution globale masque une transformation profonde de la structure par âges de la population et de manière centrale son vieillissement. En 1999, les plus de 60 ans

4 Cf. les statistiques issues du recensement de la population réalisé par l'INSEE en 1999, les rapports du Conseil Économique et Social (2001), et du Commissariat Général du Plan (novembre et décembre 2002), les résultats de l'Enquête sur l'emploi du 1er trimestre 2003 (Bigot, Goux, 2003).

représentent 21,3 % de la population française contre 19,9 % en 1990, alors que la part des moins de 20 ans ne s'élève plus qu'à 24,6 % contre 26,5 % en 1990. L'âge médian de la population est ainsi passé de 35 à 37 ans entre 1990 et 1999.

La stabilisation des taux de fécondité depuis une dizaine d'années et l'augmentation constatée depuis environ cinq ans ne semble pas pouvoir contrecarrer ce phénomène qui tient à la fois aux progrès de la médecine, à l'amélioration du niveau général de la santé de la population la plus âgée et à l'augmentation du niveau de vie de cette population (CES, 2001).

…même si ce vieillissement n'est que relatif pour l'instant…

Pour autant il ne faut pas surestimer la place de la population dite âgée[5] (60 ans et plus) dans la population totale. Il convient de souligner en premier lieu que les générations les plus nombreuses et de loin restent celles qui sont nées entre 1940 et 1973, soit les 20-59 ans et que leur poids ne cesse d'augmenter même si le rythme de cette progression ralentit. Et parmi ces générations, l'augmentation résulte exclusivement de la classe d'âge 40–59 ans qui représente 26 % de la population de la France métropolitaine, contre 23,3 % en 1990 et 22 % en 1982[6]. L'importance de cette classe d'âge s'explique par l'arrivée à ces âges des générations nombreuses du baby-boom (Courson, Madinier, 2000). On peut relever en second lieu que le vieillissement n'est que relatif parce qu'une part importante des 60 ans et plus appartiennent aux générations peu nombreuses nées entre les deux guerres.

…mais les projections de population prévoient cependant un vieillissement plus marqué

Selon les projections de population réalisées par l'INSEE sur la base des résultats du recensement de 1999 (Brutel, 2001), le vieillissement de la population est inéluctable. Quels que soient les scénarios considérés et les hypothèses de travail, la proportion des personnes âgées de 60 ans et plus continuera à augmenter et celle des moins de 20 ans à diminuer. Selon le scénario central, la population française serait de l'ordre de 61 millions d'habitants en 2010. La part des 60 ans et plus se situerait autour de 23 % en 2010, celle des moins de 20 ans à 25,5 %. C'est en 2020 que les personnes âgées de 60 ans et plus deviendraient plus nombreuses que celles âgées de moins de 20 ans. Parallèlement, la population des 20 à 59 ans, qui représente la plus grande partie de la

5 Sur la notion d'âge et les représentations de la vieillesse …et de la jeunesse, se référer à l'annexe 2.

6 À l'inverse la part des 20-39 ans est passée de 30,3% en 1990 à 28,1% en 1999.

population en âge de travailler, commencerait à diminuer à partir de 2007, pour s'établir à 53 % en 2010 et 50 % en 2020 (Brutel et Omalek, 2002; CGP, novembre et décembre 2002).

2. Population active, âges et genres : des mutations majeures

Une augmentation continue de la population active liée pour l'essentiel aux évolutions démographiques

En France, la population active[7] continue d'augmenter (+300 000 personnes entre 2002 et 2003), mais à un rythme qui se ralentit (0,5 % depuis 1990, contre 0,8 % entre 1982 et 1990). Cette croissance devrait se poursuivre jusqu'en 2006, date à partir de laquelle la tendance devrait s'inverser en raison de l'arrivée à l'âge de la retraite des générations nombreuses issues du « baby boom ».

7 La population active comprend l'ensemble des personnes de 15 ans et plus qui ont un emploi ou sont au chômage.

Cette évolution résulte de deux facteurs : un facteur démographique (croissance de la population en âge de travailler) et un facteur tenant aux comportements d'activité. Depuis le début des années soixante-dix, l'effet du premier facteur a été massif, alors que celui du second a été très faible. Mais cette observation d'ensemble masque la transformation profonde de la structure de la population active liée aux modifications des comportements d'activité des femmes, des jeunes et des seniors[8].

8 Par seniors, on entend les travailleurs âgés de plus de 50 ans.

Des changements massifs dans la structure de la population active

Deux mouvements équivalents, mais en sens inverse, ont radicalement modifié la composition de la population active en France : l'augmentation continue de l'activité des femmes et la chute des taux d'activité des jeunes et des seniors. Ils se traduisent par une mutation de la structure par genre et par âge de la population active.

La mutation de la structure par genre : les femmes de plus en plus actives

L'activité féminine n'a cessé de progresser depuis le début des années soixante, alors que celle des hommes est restée stable. La France compte aujourd'hui près de 12,5 millions d'actives (contre 11 millions en 1990 et 8 millions en 1975), et un peu plus de 14,6 millions d'actifs (contre 14 millions en 1990 et 1975). Les femmes représentent aujourd'hui plus de 46 % de la population active, contre 37 % en 1975. Ce mouvement, qui tient pour l'essentiel à la progression des scolarités féminines et à la continuité des trajectoires professionnelles des femmes, se traduit par une augmentation du taux d'activité global des femmes de 15 à 64 ans (48 % au 1er trimestre 2003, contre 42 % en mars 1975).

Globalement le taux d'activité des femmes reste inférieur à celui des hommes (48 % contre 62 %), mais leur courbe d'activité a désormais quasiment le même profil : on y observe de moins en moins d'interruptions.

La mutation de la structure par âge : une concentration de l'activité sur les âges intermédiaires (30–49 ans), des jeunes moins actifs, une fin de vie active plus précoce.

Le modèle français d'activité se caractérise par la concentration de l'activité aux âges intermédiaires : depuis 1975, et alors que le taux d'activité global est resté stable à 55 %, la part des actifs âgés de 30 à 49 ans est passée de 77 % à près de 89 %, celle des jeunes de 15 à 29 ans a chuté de plus de 61 % à 47 % et celle des plus de 50 ans a diminué de 35 % à 32 %.[9]

La chute du taux d'activité des jeunes résulte de l'allongement de la durée des études, celle des seniors de l'existence de dispositifs de cessation anticipée d'activité (préretraite et dispenses de recherche d'emploi). Par ailleurs, la faiblesse des taux d'activité des jeunes et des seniors est due pour beaucoup à la situation difficile sur le marché du travail pour ces deux tranches d'âge.

9 Depuis 2 ans, on remarque une très légère hausse du taux d'activité des plus de 50 ans liée à un rajeunissement de cette tranche d'âge et au recul des entrées en préretraite.

3. Une différenciation marquée des âges et des genres dans l'emploi et dans le chômage

Les emplois des jeunes et des femmes présentent des caractéristiques et des spécificités communes : ils sont concentrés dans un petit nombre de secteurs, ceux où la rotation de la main d'œuvre est rapide, les conditions de travail peu favorables et les perspectives professionnelles faibles; ainsi que dans les catégories socioprofessionnelles les moins qualifiées. Cette analogie s'observe également dans les conditions d'emploi. Dans l'ensemble, les emplois des jeunes et des femmes sont plus précaires et plus souvent à temps partiel que ceux de la moyenne des salariés. De ce fait, ils sont également plus présents dans les bas et les très bas salaires.

Femmes et jeunes : des emplois très typés[10]*...*

Le constat de la concentration persistante des emplois féminins dans un nombre limité de secteurs, dans des professions majoritairement exercées par des femmes n'exigeant souvent qu'un niveau moyen de formation, et dans des positions professionnelles peu valorisées est désormais bien connue (Huet (1983), Maruani (1999), Silvera (1999). 60 % des femmes exercent leur activité professionnelle dans seulement 6 catégories socio-professionnelles sur les 39 existantes[11]; 80 % d'entre elles appartiennent aux groupes de catégories Ouvriers et Employés et 70 % des Employés sont des femmes. La situation n'est cependant pas figée comme en témoigne par exemple la proportion croissante de femmes parmi les cadres (34 %) et les professions intellectuelles supérieures (24 %)[12]. Et ce mouvement contribue à rapprocher un tant soit peu la situation des hommes et des femmes tout en creusant les inégalités entre femmes.

De la même façon, les emplois des jeunes sont concentrés dans des secteurs et des activités spécifiques (services aux particuliers, commerce de détail, hôtellerie et restauration, services aux entreprises). Ils sont peu qualifiés puisque 75 % d'entre eux appartiennent aux CSP Ouvriers et Employés (contre 55 % chez les plus de 30 ans), alors même que les jeunes sont plus diplômés que leurs aînés.

...et des statuts d'emploi caractéristiques

Les femmes et les jeunes sont sur-représentés dans les formes particulières d'emploi (emplois temporaires et travail à temps partiel). Les jeunes sont très concernés par les différentes formes d'emplois précaires (contrats à durée déterminée, intérim, apprentissage et emplois aidés) : un tiers des emplois occupés par les 15-29 ans sont des emplois précaires (6 % pour les plus de 30 ans). Ce phénomène est moins marqué chez les femmes, mais plus de 10 % d'entre elles occupent un emploi précaire, alors que 8 % des hommes sont dans ce cas. Le travail à temps partiel, qui peut constituer une autre forme de précarité, concerne très massivement les femmes : plus de 80 % des salariés ayant ce statut sont des femmes et plus de 30 % d'entre elles sont à temps partiel. Cette forme particulière d'emploi touche davantage les jeunes que les adultes (20 % des 15-29 ans contre 16 % des 30 ans et plus). Elle s'est développée plus rapidement dans cette tranche d'âge que dans

10 Pour reprendre l'expression de José Rose (1998, p 33).

11 Il s'agit des Instituteurs et assimilés; des Professions intermédiaires santé et travail social; des Employés civils, agents de service de la Fonction publique; des Employés administratifs d'entreprise; des Employés de commerce et des Personnels de service aux particuliers.

12 Source : Enquête sur l'emploi 2003

les autres depuis une dizaine d'années (Lefresne, 2003), en raison de la progression du temps partiel chez les jeunes hommes[13].

Des inégalités salariales marquées selon le genre et l'âge

Ces disparités et ces discriminations se retrouvent bien évidemment au niveau des écarts de salaire. Entre les hommes et les femmes, ils atteignent globalement 25 %, et tendent à nouveau à se creuser alors que la distance se réduisait depuis le milieu des années soixante-dix. Entre les jeunes et les adultes, l'écart ne cesse d'augmenter, les salaires mensuels nets des 15-29 ans étant aujourd'hui inférieurs de 30 % à ceux des 30-49 ans, contre 15 % en 1975. Et cette baisse du salaire relatif des jeunes contribue à creuser les inégalités intergénérationnelles comme le soulignent Baudelot et Gollac (1997).

Un phénomène de « sur-chômage » chez les jeunes et les femmes

En matière de chômage enfin, les inégalités sont également très importantes. Entre les hommes et les femmes, elles constituent un phénomène structurel qui subsiste depuis le milieu des années soixante dix. Le sur-chômage féminin est particulièrement marqué entre 30 et 40 ans, âge où les femmes font face aux responsabilités familiales les plus lourdes (Bigot et Goux, 2003). De manière différente, les écarts de chômage entre les jeunes et les adultes sont apparemment très importants : le taux de chômage atteint 17 % pour les 15-29 ans contre moins de 9 % pour les 30-49 ans. Certes la part du chômage chez les jeunes (8 %) est comparable à celle des autres tranches d'âge, mais les définitions, extensive de l'emploi et restrictive du chômage, conduisent à une sous-estimation du chômage des jeunes (Lefresne, 2003).

Ce bref état des lieux ne saurait déboucher sur un constat figé des relations inter et intragénérationnelles dans l'activité. En la matière, les choses évoluent vite, comme en témoignent par exemple l'augmentation récente des taux d'activité des 50 ans et plus et celle des moins de 30 ans; ou, à l'inverse, la baisse des taux d'activité des mères de deux enfants dont un a moins de trois ans, et la réflexion prospective peut s'avérer périlleuse.

Quelques traits saillants méritent cependant d'être évoqués :

Les femmes jouent un rôle majeur dans le processus de construction et de transformation de la population active, quelle que

13 11 % des jeunes hommes travaillaient à temps partiel en 1999, 7 % en 1990.

soit la situation considérée, emploi ou chômage, et quel que soit l'âge.

Les données disponibles permettent d'identifier, un certain nombre de « *fractures* » selon l'expression de Louis Chauvel (2001) :

- des fractures intergénérationnelles dans l'activité;
- des fractures intergénérationnelles dans l'emploi et les conditions d'emploi (formes précaires d'emploi et temps partiel), dans la structure professionnelle, et dans les salaires;
- des fractures intra-générationnelles liées pour l'essentiel aux inégalités entre les hommes et les femmes sur le marché du travail, mais aussi aux différenciations entre femmes et entre hommes.

De ce fait, on peut relever des proximités entre la situation des jeunes et celles des femmes, en matière d'emploi, de conditions d'emploi et de travail, de salaires et de chômage.

Face à ce constat d'ensemble, il s'agit maintenant d'examiner la manière dont les rapports de genre et les relations intergénérationnelles ont été modifiés et affectés par les politiques publiques de l'emploi menées dans les vingt dernières années en France (II); et par les politiques de gestion de la main d'œuvre des entreprises (III).

II L'ACTION PUBLIQUE EN MATIÈRE D'EMPLOI ET DE LUTTE CONTRE LE CHÔMAGE

Pour analyser la place des âges et des genres dans la politique publique de l'emploi, on s'attachera d'abord à présenter les différentes catégories de mesures et leurs objectifs avant d'examiner les caractéristiques des bénéficiaires. Un éclairage sur la politique européenne de l'emploi permettra enfin une mise en perspective de la politique française.

1. Les dispositifs de la politique de l'emploi

La politique de l'emploi au sens strict[14] réunit « *l'ensemble des dispositifs mis en œuvre pour corriger les déséquilibres observés sur les marchés du travail ou en réduire le coût social* » (Freyssinet, 2004). Elle comprend trois grandes catégories de dispositifs et de mesures : des dispositifs spécifiques (qui constituent la dépense

14 Au sens large, la politique de l'emploi, désigne l'ensemble des interventions publiques visant à agir sur le niveau ou la qualité de l'emploi, autrement dit la « *politique pour l'emploi* » (Freyssinet, 2004).

pour l'emploi[15] ou la politique spécifique de l'emploi), les dispositifs d'abaissement du coût du travail par des mesures générales et la réduction collective du temps de travail.

La dépense pour l'emploi a fortement progressé depuis une trentaine d'années, parallèlement à la croissance du chômage; elle est ainsi passée de 0,9 % à 3,8 % du produit intérieur brut entre 1973 et 2001, soit de 1,6 à près de 52 milliards d'euros.

Cette dépense est traditionnellement répartie entre dépenses « passives » et dépenses « actives »[16]. Les premières, qui correspondent à des revenus de substitution, comprennent l'indemnisation du chômage et l'incitation au retrait d'activité; les secondes, qui visent à favoriser l'insertion professionnelle des chômeurs incluent notamment la formation professionnelle et les dispositifs ciblés d'abaissement du coût du travail. Jusqu'en 1994, les dépenses « passives » étaient plus importantes que les dépenses « actives »; la tendance s'est inversée à partir de 1995 en raison du freinage des dépenses d'indemnisation.

Une mise en perspective de la politique de l'emploi[17]

La politique de l'emploi comprend un grand nombre de mesures qui se sont accumulées, voire superposées, depuis le milieu des années soixante-dix. En effet, si les différents dispositifs ont été introduits successivement, un grand nombre d'entre eux coexistent aujourd'hui. Une mise en perspective présente l'intérêt de montrer les différentes inflexions de la politique de l'emploi, d'en saisir les objectifs, et de pointer les priorités.

Les mesures ciblées

L'intervention publique en matière d'emploi et de lutte contre le chômage s'est développée à l'origine en ciblant les mesures sur des publics particuliers, les personnes les plus en difficulté, pour tenter de lever la défaveur que connaissent ces catégories sur le marché du travail et/ou pour favoriser la diminution des ressources en main d'œuvre.

Les salariés dits âgés ont constitué dès le milieu des années soixante la première cible de l'intervention publique. L'action des pouvoirs publics et des partenaires sociaux a ainsi consisté à mettre en place des mesures d'incitation au retrait d'activité, dans une logique marchande de gestion des restructurations, mais aussi dans une logique sociale d'abaissement de l'âge de sortie d'activité. Cette politique a connu un succès certain en contribuant

15 La Dépense pour l'emploi regroupe tous les efforts financiers consentis par la collectivité dans la lutte pour l'emploi et contre le chômage. Recensée chaque année par la DARES, cette dépense n'inclut par convention ni les mesures d'abaissement général du coût du travail, ni les aides à l'aménagement et à la réduction du temps de travail qui sont considérées comme des mesures de nature macroéconomique.(DARES, 2004, p.26-27).

16 Cette distinction est commode mais suscite débats et contestations, (DARES 2003)

17 Cette partie s'appuie pour l'essentiel sur les développements proposés par Tuchszirer (1999, 2002)

largement à contenir le chômage. Elle n'est pas totalement abandonnée aujourd'hui, mais elle est largement tombée en disgrâce pour deux raisons majeures. En premier lieu, parce que les pouvoirs publics estiment que son coût est trop élevé au regard de ses effets; en second lieu parce que sa finalité est contradictoire avec l'objectif majeur que constitue désormais l'augmentation des taux d'activité des plus de 50 ans.

À la fin des années soixante-dix, la cible est constituée par les jeunes, et notamment ceux ayant un faible niveau de qualification. Dès cette époque en effet, les jeunes étaient confrontés à un problème d'insertion sur le marché du travail, lié à l'insuffisance de l'offre d'emplois, à des changements de mode de gestion de la main d'œuvre et à des problèmes de formation. Différents dispositifs ont été imaginés dans ce cadre, les uns alliant formation et réduction du coût salarial (contrats de formation en alternance par exemple), les autres s'appuyant exclusivement sur une exonération des charges sociales patronales (aide au premier emploi des jeunes).

Au milieu des années 1980, un nouveau public cible apparaît : les chômeurs de longue durée, avec des dispositifs comme les contrats initiative emploi (CIE) et les contrats emploi solidarité (CES).

Ces deux dernières catégories de dispositifs sont marquées par une même logique économique libérale qui lie les créations d'emplois à l'allègement du coût du travail. Ils ont fait l'objet de nombreuses critiques qui portent tant sur le risque de stigmatisation des publics concernés que sur le risque d'effet d'aubaine ou la mauvaise qualité des emplois créés.

Les mesures générales d'abaissement du coût du travail

Ces nouveaux instruments de la politique de l'emploi voient le jour au début des années 1990. Ils s'inscrivent dans la même logique économique que les instruments précédents; mais s'en distinguent par deux caractéristiques majeures. En premier lieu, ils ne s'adressent pas seulement à des demandeurs d'emploi mais également à des salariés déjà employés; en second lieu, ces mesures ont a priori un caractère général, au sens où elles ne tiennent pas compte des caractéristiques individuelles des salariés concernés (Freyssinet, 2004).

Le premier dispositif entrant dans ce cadre a été celui qui instaurait une exonération de charges sociales pour le temps partiel en 1992. Aménagé en 2002, il a largement contribué au développement du travail à temps partiel en France, le nombre de salariés ayant ce statut passant de 1,6 à 3,5 millions sur la période. Le second dispositif majeur, qui a été introduit en 1993, instaure un abaissement du taux de cotisations sociales pour les salariés ayant des rémunérations proches du salaire minimum. Toujours en vigueur, il a conduit à inverser la tendance à la baisse des emplois non qualifiés et contribué à créer plus d"emplois de ce type.

Le bilan de ces mesures est, comme celui des précédentes, très controversé. Elles ont certes permis de créer un certain nombre d'emplois, mais leur effet net est très limité. Par ailleurs, elles ont engendré une pression à la baisse sur les salaires. Enfin, elles ont surtout concerné les jeunes et les femmes et contribué à la dégradation de leur situation en matière d'emploi, alors qu'a priori elles n'avaient pas de caractère ciblé.

La réduction collective du temps de travail

Le dispositif de réduction collective du temps de travail encadré par les deux lois de 1998 et 2000 sur les 35 heures constitue la troisième catégorie d'instruments mobilisés pour favoriser la création d'emplois et lutter contre le chômage. Non ciblé sur un public spécifique, il a pour objectif d'inciter les entreprises à embaucher en offrant aux employeurs des exonérations importantes de charges sociales. Ce dispositif s'inscrit en apparence dans la logique des mesures générales d'abaissement du coût du travail. Mais dans sa première version (loi dite Aubry I), il comportait une différence majeure avec ces dernières du fait que l'allègement du coût du travail avait obligatoirement comme contrepartie des embauches supplémentaires (Tuchszirer, 2002).

Les différents bilans des effets des politiques de l'emploi (Boulard et Lerais, 2002; DARES, 2004) permettent de dire que la réduction collective du temps de travail a été dans la période récente l'instrument le plus efficace de la politique de l'emploi; il a en effet contribué à l'essentiel des créations nettes d'emplois et de la baisse du chômage. A contrario, les dispositifs ciblés et les mesures générales d'abaissement du coût du travail ont eu des effets beaucoup plus limités sur l'emploi et le chômage bien qu'a priori ils auraient dû être favorables aux publics les plus en difficulté. En termes quantitatifs, le bilan est mitigé parce que ces dispositifs ont favorisé les effets d'aubaine pour les employeurs; en termes qualitatifs, le résultat est dans l'ensemble négatif avec le développement d'emplois précaires, à temps partiel et de mauvaise qualité.

2. Âges et genres des bénéficiaires de la politique de l'emploi

Après avoir montré dans la première partie (I) que les femmes et les jeunes étaient sur-représentés dans le chômage, nous allons maintenant voir si leur place dans les politiques de l'emploi correspond à leur « *défaveur particulière au regard du chômage* » (Barbier et Rack, 1998).

Sur représentation des jeunes et sous représentation des femmes dans les mesures

Les données les plus récentes (Boulard, Even, Lerais, 2003) font apparaître que 46 % des bénéficiaires des dispositifs de la politique de l'emploi sont des jeunes de moins de 26 ans, 44 % des personnes de 26 à 49 ans et 10 % des plus de 50 ans. Cette répartition a légèrement évolué dans les années récentes en faveur des jeunes et des plus de 50 ans.

Une analyse plus précise montre que les jeunes sont sur-représentés dans les emplois aidés du secteur marchand (66 % de mois de 26 ans dans ces dispositifs). Ce phénomène s'explique logiquement par le poids des dispositifs en alternance, qui ne concernent que les jeunes dans cette catégorie. À l'inverse, les personnes de 26 à 49 ans représentent plus de 60 % des bénéficiaires des dispositifs du secteur non marchand et les plus de 50 ans sont proportionnellement plus nombreux dans cette catégorie en raison du recentrage de la politique de l'emploi sur les chômeurs de plus de 50 ans.

Globalement, la part des femmes dans les dispositifs spécifiques dépasse très légèrement celle des hommes. Ce phénomène est très récent, puisqu'en 1999 cette proportion n'était que de 47,5 %. Cette progression coïncide avec le mouvement de baisses des entrées dans la politique spécifique de l'emploi qui a particulièrement concerné les hommes.

Les hommes sont très nettement majoritaires (60 %) dans l'emploi aidé du secteur marchand, qui est aussi celui qui est le moins éloigné de l'emploi classique. Ils ne sont sous-représentés

(33 %) que dans les emplois qui bénéficiaient d'un abattement pour temps partiel. À l'inverse, les femmes représentent plus de 60 % des bénéficiaires de l'emploi aidé du secteur non marchand qui est beaucoup plus loin de l'emploi classique.(Smyk, 2001).

Au total, la part des femmes dans l'ensemble des mesures spécifiques de l'emploi (50,3 %), reste inférieure en 2001 à leur part dans le chômage (56 %) et dans l'emploi salarié (46 %). A contrario, le poids des jeunes dans ces dispositifs est nettement supérieur à leur présence dans l'emploi salarié et dans les demandeurs d'emploi. Enfin, les plus de 50 ans sont sur représentés dans la politique de l'emploi au regard de ces mêmes critères.

Quels enseignements?

Les développements précédents permettent de dire que la question de l'âge a été au cœur des développements de la politique de l'emploi en France depuis l'apparition du chômage de masse au milieu des années soixante-dix. Quelle que soit la période considérée, « l'orientation normative » en faveur de l'intégration de la variable âge dans les dispositifs a conduit les pouvoirs publics à développer des actions spécifiques qui s'adressent en priorité à un groupe d'âge particulier.

À l'inverse, le genre n'est pas un critère d'éligibilité aux dispositifs ciblés de la politique de l'emploi malgré les inégalités d'emploi et de chômage entre les hommes et les femmes. À de très rares exceptions près, il n'existe pas de dispositifs spécifiques aux femmes. Il y a cependant un ciblage implicite sur les femmes dans les dispositifs d'abattement de cotisations sociales pour les emplois à temps partiel et les emplois dont la rémunération est proche du salaire minimum. Mais s'ils ont contribué à favoriser la croissance de l'emploi féminin, ils ont surtout participé à la dégradation des conditions de travail et d'emploi des femmes.

Deux pistes d'explication peuvent être invoquées pour éclairer cette « neutralité » de la politique de l'emploi. La première hypothèse que l'on peut avancer est que cette neutralité résulterait de la politique d'égalité de traitement entre les hommes et les femmes. Cette hypothèse semble peu vraisemblable étant donné la logique même de construction de la politique de l'emploi en France. Par ailleurs, une recherche récente (Barbier et Rack, 1998) a montré que les politiques publiques de l'emploi en France ignorent la préoccupation de l'égalité.

« *L'invisibilité sociale* » (Maruani, 1998) des difficultés des femmes dans l'emploi et le chômage constitue la seconde piste d'explication possible, et la plus vraisemblable. Elle est par essence même difficile à vérifier, même si elle est évoquée par de plus en plus de chercheurs (et surtout de chercheuses). Elle a pourtant une portée extrêmement forte puisqu'elle signifierait que les problèmes d'emploi et de chômage des femmes ne seraient pas un « problème social » ou pour le moins ni un problème central, ni un problème pertinent.

3. Ages et genres dans la politique de l'emploi de l'Union européenne

L'attention de l'Union européenne est focalisée depuis le début des années 2000 sur l'augmentation des taux d'emploi. Lors du Sommet de Lisbonne des 23 et 24 mars 2000, le Conseil européen[18] a fixé l'objectif de porter le taux d'emploi de l'Union européenne au niveau de 70 % d'ici 2010, alors qu'il dépasse à peine 60 % aujourd'hui. Pour atteindre cet objectif, l'accent est mis notamment sur l'augmentation du taux d'emploi des femmes qui devrait passer de 51 % en moyenne à plus de 60 % d'ici à 2010. Cette décision s'inscrivait dans le cadre de la coordination au niveau européen des politiques de lutte contre le chômage et l'exclusion. Pour faire face au « défi démographique », le Sommet de Stockholm des 23 et 24 mars 2001 a modifié l'objectif précédent en proposant de porter le taux d'emploi global à 67 % d'ici à 2005, et celui des femmes à 57 %. Il a également fixé un nouvel objectif, à savoir porter le taux d'emploi des plus de 55 ans à 50 % minimum d'ici 2010.

Ces orientations générales devraient signifier que l'intervention publique en matière d'emploi a deux cibles majeures, les salariés dits âgés et les femmes sur lesquelles doivent se concentrer de manière équilibrée des actions spécifiques de grande ampleur. L'analyse des lignes directrices pour l'emploi 2002 et des mesures proposées ou mises en œuvre en France révèle une réalité très différente qui renforce l'idée que les femmes ne constituent pas la cible privilégiée de l'emploi typique.

L'objectif de prolongation de la vie active

La stratégie de prolongation de la vie active résulte pour l'essentiel des projections démographiques réalisées régulièrement depuis une dizaine d'années qui montrent que la part des per-

18 Le Conseil européen est composé des chefs d'États et de gouvernement des pays membres de l'Union européenne et du président de la Commission européenne. Il fixe les grandes orientations politiques et donne les impulsions sur les sujets importants relatifs à l'Union européenne. Il se réunit dans le cadre d'un sommet européen au moins deux fois par an.

sonnes âgées de 60 ans et plus dans la population totale ne va cesser de croître dans tous les pays de l'Union européenne alors que le nombre de personnes d'âge actif, entre 15 et 64 ans commencera à diminuer à l'horizon 2010, d'abord légèrement puis beaucoup plus rapidement à partir de 2020. Le vieillissement de la population conjuguée à la baisse de la population active pose deux questions majeures : celui du financement des retraites qui serait d'autant plus difficile que l'augmentation de l'espérance de vie se traduit aussi par un allongement de la durée des retraites; celui du risque de pénuries de main-d'œuvre lié au déséquilibre entre le nombre d'emplois offerts par les entreprises et la quantité de main-d'œuvre susceptible d'occuper ces emplois. Ce scénario, qui suscite des contestations de plus en plus nombreuses (Pfefferkorn, 2001), se traduit au niveau communautaire, par la mise au point d'une politique visant à prolonger la vie active qui doit s'appuyer pour l'essentiel sur une réforme des systèmes d'allocation et d'imposition (ligne directrice 2 pour l'emploi 2002) et une amélioration de la capacité des travailleurs âgés (ligne directrice 3), qui passe notamment par l'encouragement de l'éducation et de la formation tout au long de la vie (ligne directrice 15). En France, le gouvernement a fixé plusieurs axes d'orientation (Conseil d'orientation des retraites, 2002, p.183) : une plus grande maîtrise des dispositifs de sortie d'activité anticipée, une limitation des licenciements de salariés âgés, une réorganisation du travail accompagnant le processus de réduction du temps de travail et concourant à faire plus de place aux travailleurs âgés, le développement des projets en matière de formation professionnelle pour augmenter l'employabilité des salariés âgés, la mise en place d'incitations au retour à l'emploi des salariés âgés. Ces dispositions consacrent le changement d'orientation des politiques mises en œuvre en direction des salariés âgés qui remonte au début des années 1990 qui sera très probablement encore renforcé dans le cadre de la réforme du système de retraite[19]. Elles mettent également à jour le fait que le maintien dans l'emploi des travailleurs âgés constitue un objectif stratégique pour les pouvoirs publics français.

La stratégie d'augmentation des taux d'emploi des femmes.

Au niveau communautaire, l'amélioration de l'accès et de la participation des femmes au marché du travail s'inscrit dans la

19 Cf. G. Tchibozo (2002) qui rappelle les différentes mesures mises en place pour concourir à l'allongement de la vie active : la contribution Delalande en 1987, la réforme de 1993, portant à 40 années la durée des cotisations donnant accès à la retraite à taux plein pour les salariés du secteur privé, l'usage plus parcimonieux depuis 2000 des préretraites.

problématique de l'égalité des chances entre les hommes et les femmes. Depuis 1996, la promotion de l'égalité des chances est intégrée dans la définition et dans la mise en œuvre de toutes les décisions et actions politiques (*mainstreaming*).

L'objectif d'augmentation des taux d'emploi des femmes est prise en compte dans les lignes directrices de l'emploi, à travers la lutte contre la discrimination (ligne directrice 17) et l'amélioration de l'articulation vie professionnelle et vie familiale (ligne directrice 18). Il n'existe pas à proprement parler de stratégie pour atteindre ce but. Au niveau national, la conciliation travail/famille est certes encouragée par différentes dispositions de la politique familiale mais dans le cadre d'un modèle qui renforce le fait que la charge de la conciliation repose essentiellement sur les mères. Par ailleurs, la politique de l'emploi encourage la flexibilisation croissante des conditions d'emploi et de travail des femmes. Dans ces conditions, il est difficile de prétendre que l'augmentation des taux d'emploi des femmes constitue un objectif stratégique pour les pouvoirs publics. Il semblerait plus juste de dire que l'objectif est d'accroître le taux d'emploi hors norme.

III ÂGES ET GENRES DANS LES POLITIQUES DE MANAGEMENT DES ENTREPRISES

Pour appréhender la place des âges et des genres dans les politiques de management des entreprises, nous dresserons en premier lieu un panorama rapide de la répartition des salariés dans l'emploi, selon l'âge et le genre et selon le secteur d'activité; nous examinerons ensuite la place des âges et des genres dans l'accès à l'emploi, puis dans la formation continue et enfin dans les sorties d'activité.

1. La répartition des salariés dans l'emploi

La répartition de la population active occupée par genre et âge au dernier recensement de la population en 1999, montre que sur les 23 millions d'actifs occupés, 60 % ont entre 30 et 49 ans, 20 % ont moins de 30 ans et 20 % 50 ans et plus. Les femmes représentent 45 % des actifs occupés et le partage entre ces trois classes d'âge est identique pour les hommes et pour les femmes.

Les femmes s'insèrent plus tardivement sur le marché du travail (elles font des études plus longues) que les hommes et sont un peu moins présentes (29,5 %) chez les jeunes de 15 à 19 ans. Cependant, les femmes sont un peu plus représentées dans les deux tranches d'âges les plus élevées (près de 50 % des 60 à 64 ans et 47 % des 65 ans et plus). Les femmes de ces générations n'ont pas eu des parcours professionnels continus et travaillent jusqu'à des âges plus élevés que les hommes.

Depuis le début des années quatre-vingt-dix, les jeunes, de classes d'âges moins nombreuses, allongent la durée de leurs études ; ils ont aussi de plus grandes difficultés sur le marché du travail et la part des 15 à 29 ans dans la population active occupée a tendance à baisser. Par contre, la part des plus de 50 ans, qui appartiennent à des générations plus nombreuses, est restée relativement stable, parce que les entreprises les ont écarté du monde du travail. Mais depuis 1996, on observe une croissance de la proportion des salariés de plus de 50 ans, et notamment celle des 50–54 ans dans la population active occupée du fait de l'arrivée à la cinquantaine des générations du baby boom nées à partir de 1946. Ce phénomène se traduit par un vieillissement des effectifs dans les entreprises, un mouvement qui est appelé à se poursuivre dans les prochaines années. Si le thème du vieillissement est de plus en plus présent dans le débat public, il semble encore peu préoccuper les entreprises (Adjerad, 2003). Moins de 20 % d'entre elles (principalement les grandes) gèrent de façon anticipée leur pyramide des âges, alors que dès 2005, elles auront à faire face à de nombreux départs à la retraite.

La pyramide des âges des entreprises reflète, au moins en partie, les modes de gestion de la main-d'œuvre. Une enquête de 2001 du ministère de l'Emploi et de la Solidarité (Enquête des Salariés Selon l'Âge-ESSA) auprès d'un échantillon de 3 000 établissements de 10 salariés ou plus permet de mieux cerner la structure par âge des salariés et d'analyser en quoi l'âge constitue un critère de gestion des ressources humaines (Minni et Topiol-Bensaid, 2002). Cette enquête aborde peu la dimension genre, mais nous l'intégrerons dans l'analyse chaque fois que cela sera possible.

Les structures par âges diffèrent beaucoup selon les établissements. En effet, si en moyenne près de 20 % des salariés ont 50 ans et plus; dans un établissement sur quatre cette proportion atteint 25 %, alors qu'à l'opposé, elle n'est que de 5 % dans un établissement sur cinq.

Les pyramides des âges des salariés varient principalement selon le secteur d'activité. Globalement, l'industrie et surtout le bâtiment, dont la main-d'œuvre est très masculine emploient relativement peu de salariés de moins de 30 ans (environ 20 %) mais plus de salariés âgés. À l'inverse, le tertiaire, particulièrement féminisé, se caractérise par une part élevée de jeunes (27 %) et peu de salariés âgés (16 %).

L'enquête montre encore que les pyramides d'âges dépendent également de la taille des établissements mais aussi et surtout des différents modes de gestion de l'emploi. Les moyens et grands établissements de l'industrie, des activités financières et immobilières, mais aussi les petits et moyens établissements du bâtiment et du tertiaire ayant dû faire face à des évolutions technologiques et à des réorganisations du travail, se caractérisent par une relative stabilité de leur effectif; les embauches sont peu nombreuses, le recours aux contrats à durée déterminée (CDD) ou aux dispositifs d'aides est faible, les sorties limitées. Ils emploient beaucoup de salariés seniors et peu de jeunes et ont de ce fait une population vieillissante; ils s'appuient beaucoup sur une gestion à l'ancienneté privilégiant la promotion interne mais n'ont pas forcément recours à la formation continue. Un certain nombre ont mis en place une gestion prévisionnelle de la pyramide des âges surtout en recrutant des jeunes, en formant le personnel en place mais aussi en organisant des départs à la retraite anticipés voire des plans sociaux. Le fait d'avoir dû repenser l'organisation dans l'entreprise suscite une réflexion en termes de compétences mais aussi en termes d'âge. Mais il n'y a pas apparemment de réflexion en terme de genre.

La majorité des établissements de moyenne et grande taille du commerce, du transport et des industries agroalimentaires ainsi que des plus petits établissements de la construction et des services (hôtellerie-restauration, santé social, etc.) emploient par contre beaucoup de jeunes même si certains peuvent aussi avoir une part importante de seniors. Ce sont souvent des établissements récents et en fort développement. Les recrutements peuvent être massifs et très féminisés. Ces établissements se caractérisent par une forte rotation de la main-d'œuvre, surtout pour les postes non qualifiés, avec un recours fréquent aux contrats temporaires, aux dispositifs d'aides et aux temps partiels, les salariés concernés étant principalement des jeunes, mais aussi des travailleurs plus âgés. La structure par âge peut être déséquilibrée, mais elle n'est pas vieillissante. Ces établissements font rarement une gestion prévisionnelle des âges et peuvent être confrontés à des difficultés de recrutement.

2. L'âge, un critère déterminant à l'embauche

Le critère d'âge est essentiellement pris en compte lors des recrutements (Brunet et Richet-Mastain, 2002). Les jeunes sont aussi nombreux que les plus âgés à travailler mais ils sont prédominants dans les recrutements. Parmi les établissements de l'enquête ESSA qui ont embauché en 2000, 90 % ont recruté un jeune de moins de 30 ans et seulement 25 % un salarié de 50 ans et plus. Selon les enquêtes sur les mouvements de main-d'œuvre, plus de 38 % des embauches en 2000 ont concerné des moins de 25 ans contre moins de 6 % les 50 ans et plus. Ce phénomène s'accentue en période de bonne conjoncture.

La part importante des jeunes dans les embauches tient sans nul doute à la « qualité » des emplois qui leur sont offerts; ce sont en effet majoritairement des emplois sur contrats à durée déterminée (trois embauches sur quatre pour les moins de 25 ans contre une sur deux pour les plus de 50 ans) ou des contrats d'intérim, outils largement utilisés par les entreprises pour répondre à leurs besoins de flexibilité. Le commerce, les services aux particuliers préfèrent embaucher des jeunes et très souvent des femmes compte tenu des emplois qu'ils proposent (peu qualifiés, souvent à temps partiel); les activités financières et l'industrie recherchent plus les jeunes pour rajeunir leur personnel. L'éducation, la santé, l'action sociale embauchent majoritairement des femmes et les transports des hommes mais ces secteurs offrent relativement plus d'emplois aux travailleurs âgés.

Si les jeunes sont favorisés dans les recrutements en termes quantitatifs, ce n'est pas le cas en termes qualitatifs; leurs emplois sont très souvent précaires (CDD plutôt dans le tertiaire, intérim plutôt dans l'industrie, contrats en alternance (apprentissage, contrats de qualification) ou autres dispositifs d'aides à l'emploi) et de ce fait sont soumis à une forte rotation. Ces emplois leur sont rarement accessibles directement en contrat à durée indéterminée. Les entreprises utilisent de plus en plus l'intérim et ou le CDD comme période d'essai afin de tester les individus, et ne transforment le poste en CDI qu'en cas de besoins durables et de satisfaction du « candidat » Par ailleurs, les jeunes sont souvent déqualifiés et occupent des postes ne correspondant pas à leur niveau de formation.

La situation des jeunes femmes à l'embauche est encore moins favorable que celle des hommes. Elles accèdent moins à des contrats de qualification (55 % d'hommes pour 45 % de femmes) et surtout à des contrats d'apprentissage (trois hommes pour une femme) que les jeunes hommes alors que ces formations en alternance permettent beaucoup plus d'accéder à un emploi que les autres dispositifs. Elles sont plus représentées dans les CES (contrat emploi solidarité) ou les SIFE (stage d'insertion et de formation à l'emploi) avec 60 % de femmes. D'autre part, les emplois offerts aux femmes sont peu qualifiés et surtout très souvent à temps partiel.

Quelques éléments semblent jouer en faveur des salariés plus âgés; la taille des établissements a un impact sur l'âge des personnes recrutées : plus un établissement est grand, plus sa main d'œuvre est mobile, plus il recrute et plus il peut recruter un salarié de plus de 50 ans. Enfin, plus un établissement a de cadres, plus les travailleurs âgés ont des chances d'être recherchés pour ces postes d'encadrement.

Des critères d'embauches qui favorisent les jeunes

Certaines attitudes et pratiques reposent sur le postulat d'une relation négative entre l'âge et l'efficacité au travail Il est en général alimenté par des stéréotypes. « *Les effets du vieillissement font rarement l'objet d'une analyse attentive et cohérente C'est pourquoi, quand des pratiques différenciées selon des critères d'âge sont mises en place, elles sont en général peu justifiées, ce qui autorise le recours au terme de discrimination* » (Volkoff, Molinier, Jolivet, 2000). Plusieurs études sur les représentations des employeurs indiquent l'existence de stéréotypes dans le domaine de l'âge portant sur les caractéristiques supposées de salariés vieillissants relativement à celles des salariés jeunes (Rosen et Jerdee, 1977). Le salarié âgé serait plus rigide dans son attitude au travail et plus résistant au changement et à une formation; il aurait également moins de capacités créatives. Il s'adapterait moins aux nouvelles méthodes et technologies et serait facteur de baisse de la productivité. Cependant les salariés âgés auraient pour eux l'expérience, la stabilité et la conscience professionnelle. Mais les représentations dépendent aussi fortement de la taille de l'entreprise, de la part des salariés âgés dans l'effectif ou même de l'âge des individus interrogés.

Lors des recrutements, les entreprises reconnaissent certaines spécificités aux personnes en fonction de l'âge (Enquête ESSA). Les entreprises recrutent les jeunes malgré leur manque d'expérience, dans la mesure où ils se présentent en grand nombre sur le marché du travail, qu'ils sont souvent formés, et présupposés avoir une plus grande adaptabilité aux changements. Sont aussi attribuées aux jeunes, aptitude physique et mobilité.

Les entreprises préfèrent un salarié plus âgé lorsqu'ils recherchent des compétences spécifiques, une connaissance du monde du travail, une expérience. Malgré ces qualités essentielles des seniors, leurs embauches restent faibles puisque 60 % des établissements n'ont pas recruté de salariés âgés. Les facteurs d'adaptation priment, et sont un atout pour les plus jeunes ou pour les classes d'âges intermédiaires mais une difficulté voire un obstacle pour les plus âgés. D'autre part, le coût salarial à l'embauche supérieur pour un senior est aussi un frein à l'embauche. L'âge semble être un élément favorable lors des recrutements de postes d'encadrement.

Même en cas de difficultés de recrutement, les entreprises ne modifient pas beaucoup leurs critères d'embauche. Un établissement sur deux n'envisage pas dans ce cas de se tourner vers des salariés âgés. Et si un établissement sur trois assouplit ses critères, c'est principalement en révisant à la baisse le niveau de qualification exigé, ou en recourant à des formations adaptées, mais en s'appuyant beaucoup plus souvent sur des jeunes que des seniors.

3. L'âge et le genre, critères déterminants dans la formation ?

Les plus âgés et les femmes moins formés

D'après l'enquête « Formation 2000 », près de 36 % des salariés ont bénéficié d'au moins une formation. Tous métiers confondus, le taux d'accès à la formation continue a été légèrement plus élevé pour les jeunes (38 % d'entre eux) que pour les 30-49 ans (36 %) ; mais seuls 20 % des plus de 50 ans ont bénéficié d'une formation. Ce résultat confirme le fait que, dans le contexte général de déficit en matière de formation continue des entreprises, qui touche tout particulièrement les femmes, la possibilité de se former reste très limitée, passé un certain seuil d'âge. Dès l'âge de 45 ans l'accès à la formation diminue. Globalement, 26 % des stages de formation ont été suivis par des salariés de plus de 45 ans, alors que ces derniers représentent 35 % des actifs. Ce décalage résulte pour l'essentiel de la faiblesse du taux d'accès à la formation des femmes de ces âges (8 % à peine des stagiaires âgés de plus de 45 ans sont des femmes alors que cette catégorie représente près de 16% des actifs).

En réalité, il existe des différences importantes selon les emplois occupés : le taux d'accès à la formation est d'autant plus élevé que les salariés appartiennent à une catégorie socioprofessionnelle élevée : il est de 50 % pour les professions intermédiaires et même de 55 % pour les cadres, mais de 32 % pour les employés et seulement de 21 % pour les ouvriers. Cependant l'âge reste un critère particulièrement discriminant pour les catégories socioprofessionnelles les moins qualifiées : 26 % des ouvriers de 25 à 35 ans accèdent à une formation, mais moins de 10 % des salariés de cette catégorie ayant entre 55 et 59 ans, 62 % des cadres de 30 à 35 ans en bénéficient, et encore 38 % de ceux de 55 à 59 ans.

Les générations anciennes, qui ont des niveaux de formation initiaux beaucoup plus faibles que ceux des plus jeunes, ne sont pas considérées comme des populations pour lesquelles la formation serait un investissement rentable. En mars 2000, 43 % des actifs de 50 à 59 ans et 35 % des 40 à 49 ans ont au plus le brevet (ils étaient respectivement 62 % et 44 % en 1990). Même si le niveau de formation de la population augmente régulièrement, il reste un pourcentage important (38 %) de personnes sans qualification scolaire de base. Ce déficit de formation est d'autant plus dommageable que les qualifications de ces salariés sont souvent, sinon obsolètes, du moins inadaptées aux exigences actuelles des processus de travail. Et cette situation contribue à dégrader leur situation sur le marché du travail et à augmenter l'écart entre eux et les générations plus jeunes.

André Gauron, dans un rapport pour le Conseil d'analyse économique (Gauron, 2000), dénonce la véritable césure qui existe entre les salariés plus âgés sortis très tôt du système éducatif et ceux sortis plus récemment avec le bac voire un diplôme supérieur. Les plus anciens, nés avant la politique de généralisation de l'enseignement secondaire, ont un véritable handicap et un risque accru d'exclusion. Il estime ainsi que « *l'évolution des personnels vers les nouveaux métiers nécessite l'accès à des modes de raisonnement conceptuels que les plus âgés n'ont pas acquis, ni lors de leur formation initiale - trop faible et trop ancienne- ni toujours au cours de leur expérience professionnelle* ». Ce phénomène constitue une des raisons pour lesquelles les entreprises se séparent d'autant plus facilement des plus anciens.

Ce déficit de formation touche également les femmes de moins de 45 ans, qui ont moins accès à la formation que les hommes de ces âges; les femmes de 25 à 45 ans représentent en effet 27 % des actifs mais seulement 23 % des formés alors que les hommes du même âge représentent 31 % des actifs mais 42 % des formés. Ce décalage est lié au fait que les femmes sont principalement employées, groupe dont le taux d'accès à la formation est beaucoup plus faible que celui des cadres, catégorie où les femmes sont nettement moins représentées.

Le poids de contraintes personnelles comme l'éloignement du lieu de la formation, des enfants en bas âge pour les jeunes femmes, des raisons de santé pour les plus âgés, une diminution de la motivation lorsque les perspectives d'évolution sont réduites ou même un moindre investissement des travailleurs proches de la retraite, sont autant de raisons qui peuvent avoir un effet négatif sur l'accès à la formation.

Il semble donc que si l'âge n'est pas neutre dans l'accès à la formation continue et qu'il pénalise les plus anciens, ce sont surtout les catégories socioprofessionnelles qui déterminent le taux d'accès à la formation. De ce fait, les femmes se trouvent particulièrement défavorisées, et ce d'autant plus qu'elles sont âgées, compte tenu des emplois qu'elles occupent.

4. L'âge, critère déterminant des sorties d'activité

Alors que l'âge légal de la retraite est fixé à 60 ans, la France est un des pays européens où la baisse des taux d'activité des plus de 55 ans a été la plus forte. Les entreprises ont une pratique ancienne d'éviction des travailleurs âgés. Les entreprises ont usé, voire abusé, depuis près de quarante ans, de politiques de sortie du marché du travail pour leurs salariés « âgés » largement aidés en cela par des dispositifs incitatifs, et il s'avère aujourd'hui difficile de faire évoluer ces pratiques (Adjerad, 2003).

Un rappel historique permet de rendre compte de l'évolution de ce phénomène. Dès les années soixante, les entreprises réduisent leurs effectifs parmi les plus de 57 ans (l'âge de la retraite était alors fixé à 65 ans à l'époque) en utilisant les dispositifs de préretraites, afin de faciliter la modernisation et la reconversion d'industries en crise. Les entreprises passent des conventions avec l'État pour un retrait anticipé du marché du travail et les ex-salariés ont une allocation spécifique, largement prise en charge par l'État, jusqu'à la liquidation de leur retraite. À l'époque, ni le chômage, ni le financement des retraites ne posaient problème.

La crise économique des années soixante-dix engendre des restructurations dans de nombreuses entreprises ; celles-ci se séparent de leurs salariés âgés jugés inaptes aux changements. Salariés et syndicats se mobilisent pour obtenir des préretraites plutôt que des licenciements secs. Mais pour les salariés, cet arrêt brutal d'activité est un traumatisme social. Jusqu'au milieu des années quatre-vingt, les entreprises vont largement user des dispositifs de cessation anticipée d'activité et ainsi restructurer leur pyramide des âges. Ces préretraites ont surtout concerné des hommes, beaucoup plus nombreux dans les tranches d'âges concernées et dans les secteurs d'activité touchés (sidérurgie, chimie, textile).

Parallèlement, il s'agissait de lutter contre le chômage des jeunes en nette augmentation en évitant ainsi la concurrence entre jeunes et plus âgés. L'idée généralement admise était qu'il valait mieux « *un inactif âgé plutôt qu'un jeune chômeur* ». Si pour l'État, ces mesures constituaient un moyen de lutter contre le chômage, elles représentaient pour l'entreprise un outil de gestion facile d'un coût modeste, et pour le salarié âgé, un moyen d'accéder à une retraite anticipée méritée (beaucoup travaillaient depuis l'âge de 14 ans soit depuis plus de quarante années dans des conditions qui avaient pu être pénibles) à des conditions financières convenables. Tous avaient le sentiment que ce mouvement ne faisait que contribuer à la cohésion sociale.

Dès 1993, la prise de conscience des évolutions démographiques mais aussi des coûts non seulement financiers mais aussi sociaux de ces exclusions va inciter l'État à favoriser le maintien des personnes âgées en activité en diminuant fortement les conventionnements de préretraite totale qui vont passer de 56 000 à 6 700 entre 1993 et 2001. Les entreprises, confortées par les demandes des salariés et des syndicats qui continuaient à revendiquer un départ précoce, vont alors se tourner vers un dispositif créé en 1985 qui n'avait été jusque là que peu utilisé, la préretraite progressive. Ce dispositif (qui passe de 4 500 entrées annuelles en 1992 à 27 000 en 1995) vise à maintenir à temps partiel (50 %) les salariés dès 55 ans avec une allocation compensatrice jusqu'à l'âge de la retraite. Il oblige les entreprises à compenser la diminution du volume global d'heures du salarié âgé par des embauches qui depuis 1997 doivent comporter 50 % de publics prioritaires (demandeurs d'emploi) dont deux tiers de jeunes. En 1995, le dispositif ARPE (Allocation de remplacement pour l'emploi) permet à certains salariés de partir en préretraite totale mais avec pour l'entreprise obligation de maintien du volume d'heures travaillées compensées par une ou plusieurs embauches. Dès 1996, ce dispositif a un franc succès auprès des entreprises mais aussi des salariés éligibles avec plus de 50 000 bénéficiaires puis entre 35 000 et 45 000 entrées annuelles. En perte de vitesse depuis 2001, dans la mesure où les personnes éligibles diminuent, il est supprimé en 2003 du fait de son coût présumé.

On a ainsi pendant les années quatre-vingt-dix plusieurs dispositifs qui se superposent, voire se concurrencent. Dans son rapport déjà cité, le Conseil économique et social parle de « *cannibalisme* » à leur sujet. En effet, lorsque coexistent des mesures de préretraite totale et de préretraite progressive, les entreprises privilégient largement les préretraites totales. Tant que les dispositifs permettent aux entreprises d'exclure les salariés âgés en leur accordant des subventions, elles le font. Ce sont pour elles des outils faciles de gestion d'exclusion sans se préoccuper de gérer leur pyramide des âges. Quels que soient les objectifs visés (réduction d'effectifs ou de la masse salariale, nouveaux processus de production, etc.), l'essentiel est de se débarrasser de la main-d'œuvre âgée.

Depuis quelques années, le maintien des salariés âgés est jugé officiellement, souhaitable, et le vieillissement de la population et ses conséquences font l'objet de débats publics. Dans le même temps, ces dispositifs sont maintenus, sous couvert de lutte contre le chômage, avec cependant une réorientation en faveur des salariés ayant connu des conditions de travail difficiles. Cela favorise ainsi le maintien d'une culture de départs anticipés.

Depuis 1998, les préretraites diminuent (200400 personnes en 2001 pour 239 000 en 1997 soit près de 20 % des actifs de 55 à 55 ans) du fait principalement de la forte régression des préretraites totales d'activité. Globalement les préretraites concernaient en 2001 deux fois plus les hommes que les femmes (de 65 à 72 % selon les dispositifs) mais la part des femmes a tendance à augmenter. En effet, si pendant longtemps les préretraites ont été majoritairement mises en œuvre dans l'industrie, et massivement pour les ouvriers, elles tendent à augmenter dans le tertiaire, pour les employés et les professions intermédiaires, catégories dans lesquelles les femmes sont largement majoritaires. Et ce mouvement est loin d'être terminé.

Dans l'ensemble, il apparaît que peu d'entreprises gèrent de façon anticipée la pyramide des âges de leurs salariés. En fait, elles cherchent surtout à la rajeunir en avançant le départ des plus âgés et elles n'adoptent que très rarement des mesures destinées à maintenir dans l'emploi les personnes en fin de carrière. Dès 45 ans les salariés perdraient leur capacité d'apprendre et les préjugés contribuent au déficit de formation des plus âgés alors qu'elle leur permettrait de rester « rentables » pour l'entreprise; par ailleurs, il n'existe que très peu de modes opératoires où des aménagements de postes sont prévus pour compenser les effets de l'âge.

A contrario, un certain nombre d'enquêtes révèlent que les entreprises semblent se préoccuper des problèmes posés par la transmission des savoirs et savoir-faire; elles commenceraient à craindre, avec les départs massifs prévisibles en retraite, un appauvrissement important en compétences. Cette inquiétude, qui est contradictoire avec la politique de flexibilisation du travail et de l'emploi mise en œuvre dans les entreprises semble en réalité liée à une évolution majeure : le passage d'une situation où les entreprises choisissent les personnes qu'elles souhaitent écarter (comme dans le cas des préretraites ou des licenciements) à une configuration où elles subiront des départs, dont certains non souhaités. Cette évolution appelle une véritable gestion des âges, mais aussi des genres, pour éviter des ruptures majeures dans les entreprises.

CONCLUSION

Différents types d'enseignement peuvent être tirés des développements précédents. En premier lieu, les différentes caractéristiques d'activité qui ont été décrites permettent de mettre en évidence des «*conventions de genre*» (Letablier et Lurol, 2000), c'est à dire «*des relations implicites ou institutionnalisées entre les hommes et les femmes*». Ce premier résultat n'est pas nouveau en soi et il a été relevé sous une terminologie différente par différents auteurs (Fouquet 1993, Maruani 1996 et 1998). Mais elles mettent également en lumière ce que nous appellerons des «*conventions de générations*», dont le mode de partage de l'activité constitue l'illustration la plus marquée dans la sphère publique. Ces relations font référence à toute une série de phénomènes mais elles renvoient aussi et surtout à la manière dont les pouvoirs publics prennent en considération la question de l'emploi et du chômage des différentes générations : «*tolérance sociale*» (Torns 1995) vis-à-vis de l'inactivité ou du chômage des plus anciens, ambivalence des attitudes vis-à-vis des jeunes qui sont à la fois une cible privilégiée des politiques publiques de l'emploi mais aussi de la précarité et du temps partiel. Ces conventions de générations sont sexuées dans la mesure où s'observe également une «*tolérance sociale*» vis-à-vis de la précarisation des conditions d'emploi et de travail des femmes et du chômage féminin. Ces relations renvoient également à la manière dont les entreprises privées appréhendent la question des âges, en pratiquant plus «*un ajustement par les âges qu'une véritable gestion des âges*» (CES, 2001), et en utilisant le travail à temps partiel, qui est dédié pour l'essentiel aux femmes et aux jeunes, comme un outil de flexibilité.

Il apparaît en second lieu que les femmes comme les jeunes occupent une place centrale dans le processus de recomposition de la norme d'emploi de par leur poids dans les formes précaires d'emploi et le temps partiel. Cela les désigne comme agents de mutation «*structurels*» de l'économie pour reprendre l'expression de Chantal Nicole-Drancourt (1990). Mais autant la question de l'emploi (et du chômage) des jeunes constitue un problème social et politique majeur, autant celle des femmes n'a pas de réelle visibilité sociale ou politique. Quant aux plus anciens, l'actualité démographique les désigne dans le débat public comme étant au cœur des enjeux économiques et sociaux contemporains, alors que leur éviction du monde du travail reste un outil de gestion du personnel pour les entreprises;

Par ailleurs, l'augmentation des taux d'emploi des femmes et des seniors est au centre des préoccupations des pouvoirs publics français depuis le Sommet européen de Lisbonne et l'intégration européenne de «*l'alarmisme démographique*». Pour les femmes, la politique des pouvoirs publics se résume pour l'instant à peu de choses, si ce n'est l'encouragement du travail à temps partiel, conçu comme un mode privilégié de conciliation de la vie familiale et de la vie professionnelle, et le développement d'aides familiales. La promotion de l'égalité des chances entre hommes et femmes n'a pas eu jusqu'à présent d'effets concrets et se place toujours dans une perspective qui tend à faire reposer sur les femmes cette fameuse conciliation. L'encouragement du travail des seniors fait l'objet d'une série de dispositions et de recommandations. Dans la période récente, la légère augmentation des taux d'emploi des 55 ans et plus, a été liée au moindre accès aux préretraites et à l'allongement de la durée des cotisations pour le droit à une retraite à taux plein. Mais il est prévu toute une série de dispositions pour atteindre cet objectif.

Il existe ensuite, une contradiction forte entre la volonté politique d'augmenter le taux d'emploi des plus de 55 ans et la réalité de la gestion de la main-d'œuvre des entreprises. Non seulement elles se préoccupent relativement peu de la question démographique, mais elles utilisent au mieux les dispositifs existants pour favoriser le départ des plus anciens pour à la fois alléger leur masse salariale et flexibiliser les conditions de travail et d'emploi. Cette orientation va également à l'encontre de l'aspiration des salariés concernés qui souhaitent dans l'ensemble quitter le plus tôt possible le monde du travail. Quand bien même cette orientation publique se traduirait dans les faits, elle soulèverait deux types de problèmes massifs : en premier lieu elle conduirait dans la pratique à une remise en cause de l'âge de la retraite; par ailleurs elle poserait des problèmes de santé aux générations aujourd'hui concernées, qui, entrées précocement dans la vie active, ont été exposées durablement à des conditions physiques de travail pénibles, mais aussi aux générations concernées dans le futur, parce qu'elles auront été soumises tout au long de leur vie active à des contraintes intenses de rythmes de travail et de stress.

Finalement, il apparaît que les politiques publiques de l'emploi et les modes de gestion du personnel dans les entreprises ont largement contribué à façonner le partage de l'activité entre générations. Il s'agirait maintenant de voir quelles sont les voies de réforme possible de ce modèle en explorant les autres manières de « déconcentrer » l'activité[20]; et en cherchant comment augmenter le taux d'emploi des jeunes et des femmes autrement qu'à travers la croissance de l'emploi précaire ou à temps partiel.

20 Autre que l'augmentation des taux d'emploi des plus anciens.

En guise de conclusion, on soulignera que le traitement des rapports entre générations au sein de l'espace public sous l'angle du genre permet de mettre en évidence des tensions et des fractures, mais aussi des liens et des proximités. Ce résultat pourrait signifier que les rapports de génération sont des rapports sociaux, au même titre que les rapports de genre ou les rapports de classe. Mais, comme le souligne Alain Bihr, ce concept de rapports sociaux de génération reste encore à construire, sa construction constituant sans doute son enjeu théorique majeur[21].

21 Alain Bihr, « Le concept de rapports sociaux de génération : des présupposés à la problématique », cf. supra p.25.

Michèle Forté et Marie-Claude Rebeuh

BIBLIOGRAPHIE

Adjerad S. (2003), « Politique publique de l'emploi : le défi des seniors », *Premières Informations, Premières Synthèses*, n° 40.2, DARES, avril.

Aerts A.T. et Bigot J.F. (2002), « Enquête sur l'emploi de mars 2002. Chômage et emploi en hausse », *INSEE Première* n° 857.

Attias-Donfut C. (1991), *Générations et âges de la vie*, P.U.F.

Barbier J.C. et Rack C. (1998), « Egalité des chances entre les hommes et les femmes : les politiques de l'emploi françaises à la lumière des politiques européennes », *Revue française des affaires sociales*, n° 4, octobre-décembre.

BAUDELOT C. ET GOLLAC M. (1997), « Le salaire des trentenaires : question d'âge ou de génération? », *Économie et Statistique*, n° 304-305, INSEE.

BIGOT J.F. ET GOUX D. (2003), « Enquête sur l'emploi du premier trimestre 2003 », *INSEE Première*, n° 909, juillet.

BLONDEL B. et alii (1996), « La population active : facteurs d'évolution et perspectives », *Données Sociales*.

BOULARD N. ET LERAIS F. (2002), « La politique de l'emploi en 2000 », *Premières Informations, Premières Synthèses*, n° 9.2, DARES, février.

BOURLÈS L. ET COURSON J.P. (2000), « 2,2 millions d'actives et 14,3 millions d'actifs », *INSEE Première* n° 699.

BRUNET F. ET RICHET-MASTAIN L. (2002), « L'âge des salariés joue surtout à l'embauche », *Premières Informations, Premières Synthèses*, n° 15-3, DARES, avril.

BRUNET F. (2002), « Comment les entreprises anticipent-elles le vieillissement de l'emploi? », *Données Sociales*, INSEE, p. 193-198.

BRUTEL C. (2001), « Projections de population à l'horizon 2050 : un vieillissement inéluctable », *INSEE Première*, n° 762.

BRUTEL C. ET OMALEK L. (2002), « Projections démographiques pour la France, ses régions et ses départements à l'horizon 2020 », *Données Sociales*, INSEE, p. 19-30.

CHALEIX M. (2001), « 7,4 millions de personnes vivent seules en 1999 », *INSEE Première*, n° 788.

CHAUVEL L. (1997), « *Evolution du système de stratification sociale et succession des cohortes* », thèse.

CHAUVEL L. (2001), « La responsabilité des générations », *Projet*, n° 266, p. 14-22.

Commissariat Général du Plan (2002), *Avenirs des métiers*, Rapport du groupe « Prospective des métiers et qualifications », décembre.

Commissariat Général du Plan (2002), *2005 : le choc démographique, défi pour les professions, les branches et les territoires*, La Documentation française, collection « Qualifications et prospectives ».

Conseil d'Analyse Economique (1999) : *Egalité entre femmes et hommes : aspects économiques*, La Documentation française.

Conseil Economique et Social (2001) : *Ages et emploi à l'horizon 2010*, Les éditions des Journaux officiels.

Conseil d'Orentation des Retraites (2002) : *Retraites : renouveler le Contrat social ente les générations, Premier rapport*, La Documentation française.

COURSON J.P. ET MADINIER C. (2000), « La France continue de vieillir », *Données Sociales*, INSEE, p. 31-38.

DARES (2003), *Les politiques de l'emploi et du marché du travail*, La Découverte, Repères.

DARES (1996) : *40 ans de politique de l'emploi*, La Documentation française.

DJIDER Z. (2002), « Femmes et hommes : les inégalités qui subsistent », *INSEE Première*, n° 834.

FLIPO A. ET RÉGNIER-LOILIER A. (2002), « Articuler vie familiale et vie professionnelle en France : un choix complexe », *Données Sociales*, INSEE, p. 39-48.

FREYSSINET J. (2004), « Quelques enseignements de l'expérience », *Projet*, n° 278, p. 53–59.

GALTIER B. (1999), « Les caractéristiques familiales des salariés à temps partiel dans le secteur privé », *INSEE Première*, n° 626.

GAURON A. (2000), *Formation tout au long de la vie*, CAE, La Documentation française.

GRCIC S. et MORER N. (2002), « L'activité féminine », *Données Sociales*, INSEE, p. 199- 206.

HOLCBLATT N., MARIONI P. et ROGUET B. (1999), « Les politiques de l'emploi depuis 1973 », *Données Sociales*, INSEE, p. 108-116.

INSEE (1998) : *Séries longues du marché du travail.*

INSEE Première : *Générations et emploi*, n° 326

INSEE (2001) : *Données du recensement 1999.*

Labarthe G. (2002), « Les structures familiales », *Données Sociales*, INSEE, p. 31-38.

Lefresne F. (2003), *Les jeunes et l'emploi*, La Découverte, Repères.

Letablier M.T. et Lurol M. (2000), « Les femmes entre travail et famille dans les pays de l'Union européenne », *La Lettre 63*, Centre d'études de l'emploi.

Marchand O. (1999), « Population active, emploi et chômage au cours des années quatre-vingt-dix », *Données Sociales*, INSEE, p. 100-107.

Marchand O. et Salzberg L. (1996) : « La gestion des âges à la française, un handicap pour l'avenir? », *Données Sociales, INSEE.*

Marquié J.C. et alii (1995) : «*Le travail au fil de l'âge*, Octares éditions.

Maruani M. (1996), « L'emploi féminin à l'ombre du chômage », *Actes de la recherche en sciences sociales*, décembre.

Maruani M. (1998), *Les nouvelles frontières de l'inégalité. Hommes et femmes sur le marché du travail*, La Découverte.

Meda D. (1999) : *Activité, emploi, travail*, Cahiers français, n° 291.

Meda D. (2000), « Les femmes peuvent-elles changer la place du travail dans la vie? », *Droit Social*, n° 5.

Minni C. (2000) : *Les métamorphoses de l'emploi depuis un quart de siècle*, L'État de la France, La Découverte.

Minni C. et Topiol-Bensaid A. (2002), « Les entreprises se préoccupent peu du vieillissement démographique », *Premières Synthèses*, n° 15-1, DARES, avril.

Molinié A.F. (2001), « Parcours de travail et fins de vie active dans différentes générations », *CEE, 4 pages.*

Nicole-Drancourt C. (1990), « Organisation du travail des femmes et flexibilité de l'emploi », *Sociologie du travail,* n° 2.

Pfefferkorn R. (2001), « Menaces sur les systèmes de retraites français », Symposium « Les transformations des relations intergénérationnelles en France et au Japon », PEGE, Strasbourg.

Piot F. (1998), « Quelle place pour les femmes dans les dispositifs de la politique de l'emploi entre 1992 et 1996? », *DARES, Documents d'études* n° 22.

Rose J. (1998), « *Les jeunes face à l'emploi* », Desclée de Brouwer, Paris.

Smyk A. (2001), « Les femmes dans les dispositifs ciblés de la politique de l'emploi », *Premières Synthèses*, n° 48.2, novembre 2001

Tchibozo G. (2002), « Les politiques publiques d'allongement de la vie active dans l'Union européenne », *Bulletin de l'Observatoire politiques économiques en Europe*, n° 6, été 2002, p. 6–9

Tomasini M. (1994), « Hommes et femmes sur le marché du travail 1973-1993 », *INSEE Première*, n° 324.

Torns T. (1995), Chômage, in *Ephesia, La place des femmes. Les enjeux de l'identité et de l'égalité au regard des sciences sociales,* La Découverte, p.529-533.

Tuchszirer C. (2002), « La politique de l'emploi mise en perspective. Des inflexions ambivalentes », *L'État de la France*, La Découverte.

Volkoff S., Molinié A.F., Jolivet A. (2000), « Efficace à tout âge? L'analyse de quelques stéréotypes », *Problèmes économiques,* n° 2 690, 29 novembre.

ANNEXES

Annexe 1 Les catégories en usage pour la mesure des situations d'activité

La population active comprend la population active occupée (ayant un emploi) et les chômeurs. Sa définition s'appuie sur une résolution adoptée par le Bureau international du travail (BIT) en 1983 soit les personnes d'âge actif résidant en France métropolitaine qui ont un emploi ou sont au chômage.

La population active occupée est mesurée chaque année par l'enquête Emploi réalisée par l'INSEE qui a lieu chaque année au mois de mars. Elle comprend toutes les personnes ayant dépassé un âge spécifié – fixé à 15 ans, au travail au cours de la semaine de référence de l'enquête, qu'elles soient salariées, à leur compte ou qu'elles aident un membre de leur famille dans son travail. Elle comprend également les personnes qui, ayant déjà travaillé dans leur emploi actuel, sont absentes durant la période de référence pour un motif tel que maladie de moins d'un an, congé payé, conflit du travail, formation...

Dans la pratique, la notion de travail effectué durant la semaine de référence est interprétée par le BIT comme étant un travail d'une durée d'une heure au moins.

Les chômeurs au sens du BIT comprennent toutes les personnes ayant dépassé un âge spécifié (15 ans), qui au cours de la période de référence répondent simultanément aux trois conditions suivantes :

- être sans emploi, c'est à dire ne pas avoir travaillé, ne serait ce qu'une heure, durant la période de référence.
- être disponible pour prendre un emploi dans les 15 jours.
- chercher activement un emploi ou en avoir trouvé un qui commence ultérieurement.

Le taux d'activité mesure la proportion de personnes actives dans la population totale correspondante.

Le taux d'emploi mesure la proportion de personnes en emploi dans la population totale correspondante.

Le taux de chômage mesure la proportion de chômeurs dans la population active.

La part du chômage mesure la proportion de chômeurs dans la population totale.

Annexe 2 Construction sociale des âges et stigmatisation des salariés vieillissants (Ages et emploi à l'horizon 2010.)

La notion d'âge et les attributs qui lui sont associés est la résultante d'un processus de construction sociale. L'âge n'a pas la même signification à toutes les époques et dépasse largement le simple constat biologique.

S'il est d'usage de parler de jeunes, de vieux, les seuils d'âge n'existent pas dans la logique économique néoclassique dominante encore actuellement. L'homme est un modèle unique, invariable, directement insérable dans un système économique global. L'homme de Taylor à travers l'organisation du travail n'a pas d'âge, c'est un travailleur « moyen », jeune , en bonne santé, stable dans le temps et interchangeable. C. Teiger et R Vilatte ajoutent même que « dans le travail, introduire explicitement l'idée du travailleur avec l'âge, risque de conduire immédiatement à une remise en cause fondamentale des principes tayloriens ».

Il est regrettable que, l'âge étant un facteur essentiel de la variabilité de la main d'œuvre, les entreprises ne tiennent pas compte et ne reconnaissent pas les changements de leur main d'œuvre en fonction de l'âge, réalité qui implique certes une complexification des modes de gestion du personnel et de l'organisation interne.

Tout comme les politiques sociales ont construit une position dépendante pour le groupe « personnes âgées », les politiques d'action sociale ou d'emploi ont contribué à construire des catégories jeunes, âgés, mais aussi dans un autre registre que l'âge, des publics « cibles » tels les femmes, les travailleurs handicapés... comme catégories dépendantes socialement ou économiquement. Catégoriser revient à stigmatiser sous forme d'un étiquetage social voire discréditer en classant dans une catégorie « hors normes ». Les statistiques qui se construisent sur ces catégories leur donnent une valeur normative. Le fait de parler de ces catégories n'est pas anodin et ouvre la voix aux discriminations. Bourdieu met en avant l'idée de lutte sociale comme déterminant principal de la construction sociale des âges. En fait, l'image n'est-elle pas manipulée dans un sens selon les besoins de la société à un moment donné ? En période de croissance ou de guerre, le salarié âgé est maintenu (tout comme les femmes) dans son emploi, et, en période de crise, il est rejeté hors du système économique.

Dans l'entreprise, les pratiques de management utilisent l'âge mais aussi le genre comme critères de sélection et ont mis en place des seuils d'exclusion ou au contraire d'accueil de ces catégories de salariés.

L'influence du changement de stratégie managériale sur le système d'emploi des entreprises japonaises et sur les relations entre les générations

La répartition des revenus entre les générations tout au long de la vie

I MOTIVATION ET RÉSUMÉ DE LA RECHERCHE

L'impact de la déflation prolongée, de la révolution des TIC (technologies de l'information et de la communication) et du développement de la gouvernance d'entreprise anglo-américaine a modifié considérablement la stratégie des entreprises japonaises. Celles-ci ont appliqué jusque récemment un modèle managérial qui a maintenu le chômage au Japon à un niveau assez bas; c'est ce modèle qui s'est considérablement modifié. La gouvernance d'entreprise antérieure, qui avait pour habitude de mettre au centre du dispositif les salariés et les entreprises alliées, a évolué vers une approche qui privilégie désormais l'évolution des indices boursiers.

L'entreprise japonaise semble actuellement confrontée au dilemme suivant : d'un côté il est nécessaire de construire un système d'emploi qui tienne compte du vieillissement rapide de la population; tandis que, de l'autre, il est également nécessaire de mettre sur pied une forme d'organisation et un système de formation efficaces, capables de résister à la compétition globale.

Quels sont les changements qui sont intervenus dans la stratégie de gestion des ressources humaines des entreprises japonaises? La présente contribution examine tous les aspects de l'entreprise, depuis le comportement en matière de recrutement jusqu'à l'éducation et la formation, la gestion des emplois et le système de rémunération, en s'appuyant sur le résultat de recherches statistiques. Elle se propose principalement de présenter les perspectives d'avenir du système japonais d'emploi qui a changé de façon drastique après l'écroulement de l'économie spéculative ("*bubble economy*") en 1991. Nous nous concentrerons sur la réforme hâtive du système de rémunération mise en place au sein de nombreuses entreprises japonaises et l'impact qu'elle a eu sur la répartition des revenus tout au long de la vie des travailleurs. Ses principales conclusions peuvent se résumer comme suit :

1. Il est désormais particulièrement important de prendre la bonne décision en matière de stratégie de management car l'environnement économique est marqué par une forte incertitude. C'est pourquoi il faut d'urgence recruter des cadres dirigeants ("*managers*") possédant les compétences techniques nécessaires.

2. Il devient urgent de recruter des salariés possédant les compétences spécifiques requises par le progrès de la révolution des TIC, ce qui explique l'inadéquation croissante de la main-d'œuvre disponible par rapport aux besoins.

3. Diverses formes d'embauche correspondant à des spécialités individuelles ont pu être observées au sein de la même entreprise.

4. La promotion interne de compétences managériales continue à répondre à une exigence importante au sein des entreprises japonaises. Toutefois la durée d'acquisition de telles compétences est de plus en plus courte du fait du besoin croissant de gestionnaires de talent pour faire face à la compétition actuelle de plus en plus féroce. D'un autre côté, le taux de recrutement externe de tels gestionnaires reste très bas au sein des entreprises japonaises.

5. L'introduction d'un système de rémunération basé sur la performance se répand rapidement au sein des entreprises japonaises depuis l'éclatement de la bulle spéculative. Comparée au système de rémunération basé sur l'ancienneté qui prévalait auparavant, la fluctuation des revenus des salariés tout au long de la vie s'accentue.

6. On constate une certaine rigidité à la baisse des rémunérations des salariés, en raison de l'accroissement des dépenses liées à l'âge, par le maintien d'un système de rémunération modulant le salaire mensuel de base par l'évaluation du travail fourni et le versement de primes sur un nombre minimum de mois.

7. Certaines caractéristiques de la structure familiale traditionnelle, liées au système japonais d'emploi à vie, se perpétuent en dépit de la transformation drastique du système de rémunération; et la lenteur des changements introduits dans le système de rémunération actuel du Japon est probablement le principal obstacle pour résoudre le « problème intergénérationnel » qui se pose sur le marché du travail japonais.

À ce stade, on peut conclure qu'il est urgent de passer du système de rémunération basé sur la famille à un système de rémunération individualisé, si l'on veut permettre aux individus de résister à l'incertitude et de développer une flexibilité assez grande pour définir eux-mêmes leurs choix en matière de travail et de formation. Il faut éviter que les individus soient trop exposés aux « risques de la vie » en restructurant le marché et le système social.

II LA TRANSFORMATION DE L'ENVIRONNEMENT ÉCONOMIQUE ET DE LA STRATÉGIE DE MANAGEMENT DES ENTREPRISES

A Le développement du système japonais d'emploi pendant la période d'après-guerre

Afin de comprendre le système japonais d'emploi, il faut, dans un premier temps, préciser quelques-unes des caractéristiques principales du système de rémunération basé sur l'ancienneté, le recrutement à vie, la formation en interne spécifique à la firme et le syndicat d'entreprise. Les étapes qui ont mené à l'institutionnalisation et à l'apparition des principales caractéristiques de ce système peuvent être résumées de la façon suivante :

1. Le développement des ressources humaines dans les entreprises japonaises pendant la période d'après-guerre était caractérisée par une pénurie de main d'œuvre qualifiée. Pour comprendre le processus de formation du système d'emploi actuel, il faut partir de la période de l'après-guerre, pendant laquelle l'économie japonaise a souffert d'une sérieuse pénurie de main-d'œuvre qualifiée, du fait des pertes massives de la guerre. Les entreprises japonaises ont dû redémarrer avec une quantité importante de main d'œuvre non qualifiée.

2. La formation du capital humain au sein de la firme s'accompagnait de la formation intensive des jeunes salariés. Afin de disposer rapidement d'une main-d'œuvre qualifiée, les entreprises japonaises ont dû former elles-mêmes les salariés non qualifiés. Ce fut le début du système de formation intensive au sein des entreprises. L'intensité de la formation a été beaucoup plus grande pour les jeunes salariés que pour les plus âgés, car la durée escomptée de retour sur investissements de la formation était plus longue; en effet, plus ils étaient employés longtemps, plus l'entreprise bénéficiait d'un retour sur investissement en capital humain.

3. Les pentes d'évolution des salaires des cols bleus et des cols blancs étaient particulièrement fortes. Afin de garder plus longtemps les travailleurs formés au sein de l'entreprise, les firmes japonaises ont introduit le système de salaires basé sur l'ancienneté, qui dissuadait les salariés de partir au milieu de la courbe de l'évolution de leurs salaires qui était très abrupte. En cas de départ, les firmes perdaient les sommes importantes investies en capital humain.

4. Le profit était partagé entre les employeurs et les syndicats d'entreprise. Tant que ce système d'emploi existe, l'employeur et le syndicat d'entreprise partagent un même objectif en terme de profit. La croissance et le profit des entreprises conditionnent directement les conditions de vie des membres du syndicat, ce qui revient en quelque sorte à partager une même destinée. En conséquence, l'attitude du syndicat d'entreprise envers l'employeur reste souple.

Le mécanisme et les caractéristiques du système japonais d'emploi peuvent être facilement compris au moyen de la Figure 1. Elle comporte deux lignes, l'une représente la contribution d'un salarié à son entreprise au cours de sa vie (**ABCGDIR**), l'autre montre les gains reçus par un salarié de son entreprise tout au long de sa vie (**EFGHDIJK**). **R** représente l'âge obligatoire de la retraite. En ce qui concerne la contribution du salarié, celui-ci est formé durant la période **AB**, sa productivité augmente pendant **CGD** et il se retire à **R**. Pour ce qui est de la rémunération, le salarié reçoit une somme basée sur un système d'ancienneté jusqu'à ce qu'il atteigne **R**, puis il perçoit de l'entreprise une somme forfaitaire lors de son départ ou une pension correspondant au montant **IJKR**. Sa contribution totale à l'entreprise et la somme de ses salaires s'égalisent sur l'ensemble de la vie.

Toutefois, il est vrai que les salariés touchent un salaire inférieur à leur contribution quand ils sont jeunes et un salaire supérieur à leur contribution quand ils sont plus âgés, ce qui veut dire que la relation entre salaire et contribution n'est pas constante : en particulier le salaire est plus important que la contribution au moment de la retraite. D'où la nécessité d'un système de retraite obligatoire afin de maintenir une égalité entre salaires et contributions sur la durée totale de la vie active. Sinon, les salariés doivent être embauchés à un niveau de salaires beaucoup plus bas, correspondant à la valeur « présente » de leur contribution dans leur nouvel emploi.

Ce type de système de salaires basé sur l'ancienneté présente une rationalité à la fois pour l'employeur et pour les salariés. Les employeurs peuvent parier sur l'application des travailleurs et leur faible niveau de démission ; quant aux salariés, ils peuvent faire face à l'augmentation habituelle de leurs dépenses avec l'âge.

Fig. 1 Relation à long terme entre contribution et salaires

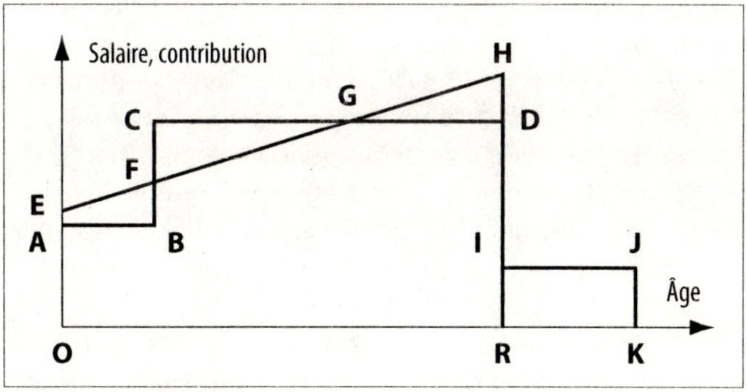

Source : Edward, P. Lazear, "Why is there mandatory retirement?" *Journal of Political Economy*, vol. 87, n° 6, décembre 1989. Cité par Shimada et Seike (1992)

B Le changement de l'environnement économique et la transformation de la stratégie de management de l'entreprise

Aujourd'hui les entreprises japonaises souffrent de conditions très défavorables. Cette situation résulte en premier lieu de la « globalisation » de l'économie mondiale et de la forte concurrence entre les entreprises à travers le monde. De plus, on assiste à des progrès très rapides des technologies de l'information et de la communication et à une sorte de standardisation globale de la méthode anglo-américaine de gouvernance d'entreprise. Par ailleurs, l'économie japonaise souffre du vieillissement extrêmement rapide de sa population, qui ne connaît de précédent dans aucun autre pays développé. En 2015 le pourcentage de la population âgée de plus de 65 ans dépassera 25 % de la population japonaise totale, alors qu'il ne représentait que 7 % en 1970.

Le changement radical de l'environnement économique contraint les entreprises japonaises à modifier leur stratégie de management. Comme pour le système d'emploi, il devient urgent de transformer le système de formation du capital humain au sein de l'entreprise, en passant de la pratique actuelle d'un système de salaires basé sur l'ancienneté à un système basé sur l'évaluation des performances et des résultats. Maintenir un système d'offre de ressources humaines correspondant à la stratégie de management de l'entreprise pose un problème dont la solution doit être trouvée sans délai par une économie japonaise confrontée à la baisse de la main-d'œuvre due au vieillissement et au faible taux de natalité.

Les entreprises japonaises changent donc leur style de management et passent du style traditionnel qui valorise les salariés et les entreprises alliées comme acteurs à la nouvelle stratégie de management fondée sur les indices financiers. Face à la concurrence économique mondiale et à la standardisation de la vision anglo-américaine de la compétition marchande, cette tendance est également confirmée par une étude du Japan Productivity Center for Socio-Economic Development (JPC-SED Centre japonais de la productivité pour le développement socio-économique) de 2002 intitulé "*Research study commission on productivity*" (Commission de recherche et d'étude sur la productivité).

La transformation de la stratégie de management des entreprises et de leur organisation et le changement radical dans le mode de recrutement de main-d'œuvre (stratégie de portefeuille en matière de ressources humaines) entraînent une modification radicale de la pratique japonaise d'emploi de longue durée. Cette pratique, qui constituait la base du système d'emploi japonais et qui a fonctionné comme un moyen très développé de formation des ressources humaines, va s'effondrer. Ce qui va entraîner la perte de la rationalité économique qui sous-tendait le mécanisme d'incitation à la formation et à la promotion pour les travailleurs comme pour les dirigeants. En même temps les besoins du côté de l'offre de main-d'œuvre se diversifient du fait de la diversification des styles de vie familiaux et individuels : le taux de rotation de la main-d'œuvre jeune et la part des salariés non-permanents augmentent.

C La stratégie de management pour améliorer la compétitivité des entreprises japonaises

Il est urgent d'analyser la qualité, la direction et l'étendue de l'influence du changement de la stratégie de management des entreprises japonaises sur le système social japonais. Dans ce domaine, il existe de nombreux travaux. On peut citer surtout Dore (2001) qui étudie l'avenir de l'emploi au Japon, en Allemagne et dans les pays anglo-saxons face à la modification de la stratégie de management de l'entreprise. Selon Dore, « *Notre plus grand souci est l'influence des changements opérés au Japon par le nouveau mercantilisme dans la compétition entre nations sur la qualité de la vie et de la société, la répartition des revenus et la répartition des opportunités tout au long de la vie* » (Dore, 2001). Dans quelle direction le système japonais d'amélioration de la productivité, qui combine emploi et bien-être et qui a formé la base de la stratégie de management, évoluera-t-il? Comment se construit le mécanisme social et économique du Japon qui y répond?

On peut se référer aux travaux du Japan Productivity Center for Socio-Economic Development (JPC-SED – Groupe de recherche sur la productivité, 2002), qui a collecté les réponses de 250 entreprises aux questions posées sur la transformation de la stratégie de management des entreprises. Comparons les réponses données aux questions sur les objectifs auxquels elles attachaient de l'importance en 1990 à celles concernant les objectifs auxquels elle accordent de l'importance en 2002 : en ce qui concerne les années 1990, à 91,9 % les entreprises ont répondu « *les ventes* », suivies à 74 % par « *le profit actuel* » et, en troisième position, avec 47,2 % vient « *la part de marché* ». Par contre en 2002, c'est-à-dire au moment de la recherche, arrive en tête avec 73,5 % le « *cash flow* », suivi avec 56 % du « *rendement des actions* », « *le profit actuel* » occupe la troisième place avec 39,5 %. Ces réponses montrent que la « financiarisation », que Dore mentionne dans son livre, a également gagné le Japon.

Dans la même recherche une question portait sur « *le problème à résoudre pour permettre aux entreprises japonaises d'améliorer leur compétitivité globale* ». Le déficit qualitatif des ressources humaines dans la stratégie de management a été très largement souligné. Pour les industries manufacturières, le déficit en capacité humaine, tel que « *la faible créativité du management* » occupait la première place avec 16,8 %, « *les délais et la mauvaise planification de la prise de décision* » était à la deuxième place avec 13,5 % et « *la faiblesse de la recherche fondamentale* » à la troisième place avec 11,5 %. On retrouvait la même tendance dans les autres industries non manufacturières. « *La faible créativité du management* » occupait la première place avec 25,2 % et « *les retards dans la prise de décision* » la deuxième avec 15,8 %, enfin « *les prises de décision parallèles dans une même structure* » la troisième place avec 11,1%.

III RÉSULTAT DE L'ENQUÊTE SUR LA STRATÉGIE MANAGÉRIALE ET LA STRATÉGIE DE GESTION DES RESSOURCES HUMAINES

A Cadre de la recherche

Les stratégies managériales des entreprises japonaises connaissent une réforme dans un environnement économique en mutation, du fait de la compétition globale, du vieillissement de la population et de la révolution des TIC. C'est pourquoi la discussion sur le management stratégique des ressources humaines porte fréquemment sur l'acquisition et la promotion des ressources humaines qui sont valorisées dans les stratégies de management récentes des firmes japonaises.

Cependant on peut se demander dans quelle mesure le système de management des ressources humaines s'est réellement réformé dans le cadre de la stratégie de management. D'ailleurs existe-t-il vraiment, dans les entreprises japonaises, « une stratégie des ressources humaines » qui corresponde à la stratégie de management? L'évolution de la stratégie en matière de ressources humaines en fonction des changements de la stratégie managériale des entreprises est analysée et étudiée à l'aide d'une enquête par questionnaire de la « Société pour la recherche sur l'avenir du système de rémunération japonais » (Imamura, 2001, 2002a, 2002b).

Les ressources humaines dans l'entreprise ont été classées dans les quatre catégories suivantes, qui servent d'hypothèses de travail pour notre analyse. Nous avons tracé deux axes, l'un « créatif – opérationnel » et l'autre « performances organisationnelles – performances personnelles ».

1. La catégorie des cadres supérieurs (dirigeants) : les principaux axes de cette catégorie sont « créatif » et « performances organisationnelles ».

2. La catégorie des cadres intermédiaires (gestionnaires) : les principaux axes de cette catégorie sont « opérationnel » et « performances organisationnelles ».

3. La catégorie des techniciens et ingénieurs (spécialistes) dont les principaux axes sont « créatif » et « performances personnelles ».

4. Enfin la catégorie du personnel qualifié et des employés de bureau (opérateurs) dont les principaux axes sont « opérationnel » et « performances personnelles ».

B Stratégie de management et stratégie en matière de ressources humaines

1. L'importance de chaque ressource humaine dans la stratégie de management varie

Comme on peut le voir à la Figure 2, pour 81,6 % des entreprises qui ont répondu au questionnaire, la catégorie « dirigeants » est très importante; à l'opposé le chiffre correspondant n'est que de 19,3 % pour les opérateurs. Les entreprises japonaises semblent penser que le haut de la hiérarchie est très important mais que le bas de l'échelle, les travailleurs en première ligne dans la production, ne l'est pas; et que ces opérateurs ne sont pas concernés par la stratégie de management.

La question correspondante était « *Quelle est l'importance des quatre catégories de ressources humaines pour la mise en œuvre de la stratégie de management et les objectifs de votre entreprise?* ». De nombreuses entreprises accordent une grande importance aux dirigeants et l'écart est considérable avec les autres catégories. Les dirigeants obtiennent le score le plus élevé avec 81,6 %, les gestionnaires 50 %, les spécialistes 44,3 % et les opérateurs 19,3 %.

Ce n'était pas le résultat attendu car la question portait sur « *la mise en œuvre d'une stratégie de management* » et « la réalisation des objectifs de l'entreprise ». Les entreprises doivent considérer l'importance pour la stratégie de management des catégories de ressources humaines autres que les dirigeants, lorsque sont en jeu des aspects stratégiques liés à la formation, à l'acquisition et à l'ajustement des ressources humaines. On en vient donc à l'idée qu'envisager un système de management des ressources humaines dans une vision stratégique n'est pas encore une démarche établie au sein des entreprises japonaises.

Fig. 2 Importance de chaque type de main d'œuvre pour la stratégie de l'entreprise

	sans importance	presque sans importance	importance moyenne	assez important	très important
dirigeant	0,4	0,9	1,3	14,5	81,6
gestionnaire	0,4	0,9	6,1	41,2	50
spécialiste	1,3	1,8	11,4	39,5	44,3
opérateur	0,9	5,3	31,1	42,1	19,3

2. Méthode pour recruter et former chaque catégorie de main d'œuvre

La Figure 3 témoigne de l'importance de la filière de recrutement propre à chaque catégorie. Par quelle filière les entreprises recrutent-elles chaque catégorie de main-d'œuvre? La Figure 3 expose les résultats pour les dirigeants et les gestionnaires : les entreprises japonaises recrutent ces deux catégories à travers des promotions internes pour plus de 80 %. Pour la catégorie des spécialistes, la situation est un peu différente et ils sont recrutés beaucoup plus à l'extérieur. Cela n'est pas coutumier, car les entreprises japonaises avaient pour habitude de recruter leurs managers par promotion interne.

La question qu'illustre la Figure 3 était « *Quelle méthode adoptez-vous dans votre entreprise pour le recrutement des ressources humaines en nombre et en qualité nécessaires par catégorie de main-d'œuvre?* ». Dans plus de 80 % des cas (81,8 % pour les dirigeants et 88,2 % pour les gestionnaires), la réponse est que la « *promotion interne* » est la méthode la plus fréquente.

La deuxième réponse la plus fréquemment fournie à cette question est la même pour ces deux catégories (dirigeants et gestionnaires). Les entreprises ont répondu à 43 % pour l'une et 48,2 % pour l'autre « *recrutement à mi-carrière* ». Ces deux catégories de ressources humaines se partagent l'axe « Maximisation des résultats de l'organisation ». Ces catégories, qui accordent un poids important à la formation interne, suggèrent que les compétences en management d'entreprise et management organisationnel sont propres à chaque firme au Japon. Il semble donc que les entreprises estiment qu'il est rationnel de recruter ces catégories de dirigeants par une formation interne.

Fig. 3 Importance des filières de recrutement par catégorie d'emploi

	jeunes diplômés	recrutement à mi-carrière	promotion interne	contrat de courte durée	temps partiel	détachement/ contractuel	outsourcing	autres 1	autres 2
dirigeant (1er rang)	1,3	7	81,8	0,4	0	0,4	0,4	8,3	0
dirigeant (2e rang)	8,8	43	15,4	0,4	0	0,4	4,8	6,1	0
gestionnaire (1er rang)	2,2	4,8	88,2	0	0	0,4	0	3,5	0
gestionnaire (2e rang)	12,7	48,2	8,3	0,4	0,4	0,9	2,2	6,1	0
spécialiste (1er rang)	25,4	18,4	46,1	0,4	0	2,2	3,1	2,2	0,4
spécialiste (2e rang)	15,8	46,1	10,5	5,3	0,9	7	4,8	0,9	0
opérateur (1er rang)	57	9,6	15,8	2,6	7	3,5	2,2	1,3	0
opérateur (2e rang)	12,7	25,4	2,6	9,2	15,8	21,5	6,1	0	0

Si l'on considère la Figure 4, on peut voir quelles sont les politiques en matière de développement des ressources humaines et les écarts entre l'opinion idéale et la réalité des faits. Par exemple, en ce qui concerne les dirigeants et les gestionnaires, les entreprises pensent acquérir cette main d'œuvre par des promotions internes à court terme et non à long terme. Pour les dirigeants, les entreprises veulent à 28,5 % des promotions internes à court terme, et pour les gestionnaires à 39 %. Dans la réalité, les chiffres correspondants sont respectivement de 13,2 % et 18 %. À l'opposé 78,5 % des dirigeants et 77,6 % des gestionnaires sont recrutés par les entreprises à travers des promotions internes à long terme.

L'interprétation de ces résultats montre que, pour faire face à la mutation des conditions économiques, les entreprises japonaises ont besoin de ces dirigeants et de ces gestionnaires beaucoup plus rapidement que par le passé, et donc souhaitent les recruter par des promotions internes à court terme. Mais, dans les faits, le système de formation n'évolue pas si rapidement et les entreprises dépendent encore des développements des ressources humaines à long terme. D'un autre côté l'écart entre l'idéal et la réalité est faible pour les catégories des spécialistes et des opérateurs, bien que « *la formation interne à long terme* » pour les premiers et « *la formation interne à court terme* » pour les seconds soient plus fréquentes.

Il est très frappant de constater que les entreprises sont incapables de combler leur retard en termes de promotion à court terme de la catégorie des gestionnaires.

Fig. 4 Politiques de développement des ressources humaines

	développement interne à long terme	développement interne à court terme	pas de développement
dirigeant (idéal)	55,3	28,5	14,9
dirigeant (réel)	78,5	13,2	6,6
gestionnaire(idéal)	50	39	9,2
gestionnaire (réel)	77,6	18	2,2
spécialiste(idéal)	48,2	33,3	17,1
spécialiste (réel)	59,2	23,2	14,9
opérateur(idéal)	32,9	56,1	9,6
opérateur(réel)	35,5	50,9	11,8

Fig. 5 Évolution du nombre des salariés sur 3 ans

	augmentation	sans changement	baisse	pas de réponse
plein temps	29,2	3,8	65,6	1,4
temps partiel/court terme	47,8	13,0	29,9	9,2
détachement, contractuel	45,2	30,3	16,1	8,4

La composition de la main d'œuvre actuelle comparée à celle d'il y a trois ans est donnée par la Figure 5. Elle montre que la mobilité a augmenté dans le recrutement de main d'œuvre. 65,6 % des entreprises ont répondu que « *la part des employés permanents a diminué par rapport à il y a trois ans* ». 47,8 % des entreprises ont répondu que « *le travail à temps partiel avait augmenté* » et 45,2 % que « *le personnel d'appoint et les contractuels ont augmenté* ».

C Fluctuations des revenus dues à l'introduction de rémunérations basées sur la performance et de primes concomitantes

1.Les changements dans le système de rémunération

Dans la suite de cette contribution, nous allons tâcher d'expliciter son sous-titre : « *Répartition des revenus entre les générations tout au long de la vie* ». Le changement de politique managériale des entreprises japonaises affecte grandement la répartition des opportunités tout au long de la vie, non seulement en termes de revenus mais également en termes de promotion, de qualité de vie et autres. Comme l'explique Dore (2001), nous allons entrer dans une discussion sur « *l'influence des changements opérés au Japon par le nouveau mercantilisme dans la compétition entre nations sur la qualité de la vie et de la société, la répartition des revenus et la répartition des opportunités tout au long de la vie* ».

Inévitablement, on assiste à une transformation de la stratégie en matière de ressources humaines du fait des changements dans les stratégies de management des entreprises, consécutifs à la concurrence économique globale et parallèlement à la diffusion de la révolution des TIC et de la gouvernance d'entreprise anglo-américaine. Son incidence est grande sur la répartition des revenus individuels tout au long de la vie. Quels changements en résulte-t-il concrètement pour la répartition des revenus individuels tout au long de la vie? La suite de cet article décrit les grandes lignes des changements rapides qui sont intervenus dans le système de salaires et de primes des firmes japonaises, tels qu'ils ont pu être observés à l'aide du questionnaire diffusé au cours des trois dernières années.

Notre point de vue sur les salaires des travailleurs japonais a changé. Du fait de la nouvelle politique managériale, le système de salaires ou de primes des travailleurs japonais a subi des changements drastiques. Deux notions clés sont apparues : l'une est « *le système de salaires basé sur les résultats et les performances* » et l'autre « *le système de primes lié aux performances et aux résultats* ».

En ce qui concerne la première notion, le système de salaires japonais accorde désormais une moindre importance à l'ancienneté mais une importance croissante aux performances. Dans le système basé sur l'ancienneté, les salaires augmentent avec l'expérience : plus les travailleurs restent longtemps et plus leur salaire est élevé. À l'heure actuelle un nombre croissant de travailleurs commencent à être payés en fonction de leurs résultats ou de leurs performances annuelles et le système des salaires a changé de façon considérable depuis l'effondrement de l'économie spéculative.

En ce qui concerne la seconde notion, les entreprises japonaises introduisent rapidement le système de primes liées aux performances et aux résultats. Dans ce cadre, les primes sont payées en fonction de calculs liés aux résultats, au profit ou à d'autres indices d'objectifs de management.

Fig. 6 Fourchettes de salaire annuel

		chef de service		chef de département	
		maximum	minimum	maximum	minimum
production	moyenne	122	82,5	120,5	82,5
	fréquence	61	61	60	60
	écart type	12,2	7,4	10,8	8,1
détail et gros	moyenne	132,6	81,9	124,3	84,8
	fréquence	28	28	26	26
	écart type	37,9	8,3	23,6	6,9
services	moyenne	125,4	84	129,6	85
	fréquence	41	41	42	42
	écart type	23,3	8,6	36,1	8
autres	moyenne	121	84,9	118,4	85,8
	fréquence	37	37	37	37
	écart type	16,9	9,7	17,3	10,4
total	moyenne	124,4	83,3	122,9	84,2
	fréquence	167	167	165	165
	écart type	22,3	8,4	23,2	8,5

La Figure 6 montre l'éventail des revenus annuels, l'indice 100 correspondant au salaire annuel moyen. Le salaire minimum d'un chef de service ou d'un ouvrier de production se situe à 82,5, soit 17,5 % en dessous du salaire moyen. On peut voir les différences par branche industrielle, c'est-à-dire entre les industries manufacturières, le commerce de détail et de gros, les services et les autres industries. On trouve les plus hauts salaires dans les services avec 125,4 et 129,6 respectivement pour les chefs de services et les managers de départements; et les salaires les plus bas dans les industries manufacturières avec 82,5 pour ces deux catégories. Dans l'ensemble, les maxima atteignent 120 et plus et les minima 80 et moins, de sorte que la différence entre les deux extrêmes est environ de 40 points.

Le système reposant sur l'ancienneté est donc en train de changer de façon radicale pour devenir un système de salaires basé sur la performance dans le secteur manufacturier au Japon.

Cependant, maxima et minima ne se distribuent pas de façon symétrique autour de la moyenne ; les écarts entre minima sont plus faible que ceux entre maxima. L'explication tient probablement à un mécanisme de protection du niveau de vie dans le système de salaires; on peut donc le rapprocher du mécanisme de prime fixe décrit plus bas, ce qui signifierait qu'il persiste une forme de « filet de sécurité », y compris dans le nouveau système de rémunération.

De plus, comme le montrent les Figures 7-1 à 7-3, il existe une possibilité que le salaire annuel soit plus faible que celui de l'année précédente du fait de performances à court terme. 10 % environ des salariés sur postes subalternes sont susceptibles de subir une telle baisse. Une telle probabilité peut passer à 30 % voire 40 % pour les chefs de service et les chefs de département.

Les principales raisons invoquées par les entreprises pour la mise en œuvre d'une synchronisation des revenus annuels d'une part et des performances et des résultats de l'autre sont les suivantes : « *Encourager le salarié qui a des résultats* », 97,6 % ; « *Traitement équitable des travailleurs* », 94,3 %; « *Atteindre les objectifs fixés par l'entreprise* », 90 %; « *Harmoniser les objectifs des salariés et ceux de l'entreprise* », 86 %. Les raisons peuvent être regroupées en deux catégories : l'une consisterait à «récompenser correctement ceux qui travaillent bien » et l'autre à « *faire en sorte que les salariés s'imprègnent bien de la politique opérationnelle et de la stratégie de management de l'entreprise* ».

Selon la plupart des entreprises, la réponse qui s'applique le mieux est : « *Encourager le salarié qui a des résultats* » (52,1 %); si on y ajoute « *Traitement équitable des travailleurs* » (23,1 %), on arrive à plus des trois quarts des entreprises qui s'efforcent de favoriser les salariés qui travaillent bien. Les chiffres sont à peu près les mêmes si l'on s'intéresse à la possibilité d'atteindre les objectifs.

Fig. 7 Possibilité de baisser les salaires par rapport à l'année précédente en fonction des résultats et des performances

1 Non gestionnaires	possibilité de baisse des coûts salariaux en fonction des résultats et des performances	pas de possibilité régulière	pas de réponse
production	13,2	47,4	39,5
détail et gros	11,8	38,2	50,0
services	15,0	35,0	50,0
autres	11,1	40,0	48,9
total	13,0	40,9	46,0
2 Chefs de service			
production	40,8	22,4	36,8
détail et gros	35,3	14,7	50
services	28,3	21,7	50
autres	22,2	28,9	48,9
total	32,6	22,3	45,1
3 Chefs de département			
production	44,7	18,4	36,8
détail et gros	35,3	14,7	50
services	30	21,7	48,3
autres	24,4	28,9	46,7
total	34,9	20,9	44,2

Fig. 8 Objectifs du lien entre revenu annuel et résultats et performances (en %)

	approprié	très approprié	le plus réalisable	le moins réalisable
Inciter les employés ayant de bons résultats			49,2	1,8
motiver les employés ayant des résultats médiocres	66,7	1,7	2,5	37,5
réduire ou maintenair stable le coût total du travail	50	3,4	9,3	15,2
égalité et satisfaction du traitement	94,3	23,1	13,6	8,9
introduire des différences dans les salaires et les primes	67,8	3,4	5,9	2,7
contrôler le coût salarial des employés d'âge moyen ou élevé	41	8,5	5,9	11,6
aligner les objectifs des employés sur ceux de l'entreprise	86	6,8	11	11,6
atteindre les objectifs du management	90	0,9	1,7	10,7

Cependant plus de 40 % des entreprises répondent de façon négative à la proposition « *Stimuler la motivation des salariés qui n'ont pas de résultats suffisants* ». Cela est cohérent avec les conclusions sur l'asymétrie entre la dispersion des limites supérieures et celle des limites inférieures des revenus annuels illustrée par la Figure 6.

Fig. 9 Comment changer les résultats et le système d'évaluation des performances de l'entreprise

renforcer le niveau des résultats et de l'évaluation des performances	73,5
augmenter le poids des capacités et des attitudes	13,2
augmenter le poids de l'évaluation des processus	47,1
mettre plus l'accent sur le groupe et l'équipe	22,1
étendre la période d'évaluation des résultats et des performances	4,4
arrêter l'évaluation des résultas et de performances en fonction des affaires	7,4
arrêter totalement l'évaluation des résultats et des performances	0
autres	4,4

Les entreprises semblent mettre de plus en plus l'accent sur l'évaluation. La Figure 9 montre que 73,5 % des entreprises répondent que « *l'évaluation des performances sera renforcée à l'avenir* »; et 47,1 % répondent que « *l'importance accordée à l'objectif d'évaluation des résultats s'accroît* ». Le nombre d'entreprises qui évaluent le travail d'équipe, les compétences et les attitudes a diminué.

Comment expliquer ce changement drastique au sein des entreprises japonaises? Les raisons qui se cachent derrière ce changement de politique de gestion des ressources humaines et de système de salaires pourraient être que les entreprises japonaises doivent mener un combat âpre pour survivre à la situation actuelle qui est très difficile. Elles savent qu'il existe un problème intergénérationnel au sein de l'entreprise et que le personnel le plus âgé ne peut plus espérer l'application du système d'ancienneté et donc y perd; il pouvait avoir des espérances en entrant dans la firme, mais en fin de compte il n'obtiendra pas de son entreprise l'intégralité des revenus salariaux auxquels il s'attendait.

Pour le personnel plus jeune, les possibilités d'emplois durables sont plus faibles. Les entreprises sont conscientes de ce problème intergénérationnel. Elles doivent livrer un combat pour leur survie face à leurs compétiteurs sur la scène globale.

2. Les changements dans le système de primes

Une tendance similaire se fait jour pour le système de primes. C'est l'un des résultats de l'enquête par questionnaire réalisée à l'automne 2002 sur les primes liées aux performances.

Pour ces primes, on trouve « *la relation avec les performances de la compagnie dans son ensemble* », « *la relation avec les performances du département* » et « *la relation avec les performances individuelles* ». Selon les explications fournies, la prime (en nombre de mois) « *fluctue avec les performances de l'entreprise dans son ensemble* », « *en fonction des performances du département* » et « *en fonction des la performance individuelle* ».

Il est intéressant de constater que ce n'est que très récemment que de nombreuses entreprises se sont empressées d'introduire le système de primes lié aux performances. Ce système a été introduit entre 1995-1999 dans 38,2 % des entreprises et dans 43,6 % après 2000.

Fig. 10 Date d'introduction de la relation entre performances et primes

1970-1974	1975-1979	1980-1984	1985-1989	1990-1994	1995-1999	2000-
3,6	1,8	1,8	1,8	3,6	38,2	43,6

Les deux motifs les plus fréquemment invoqués pour les primes liées aux performances sont « *l'amélioration de la compréhension par les salariés des objectifs de l'entreprise* » et « *l'augmentation de la mobilité ou de la liquidité des investissements* », comme le montre la Figure 11.

La Figure 12 montre que l'écart entre les primes va assurément s'accroître et les éléments fixes et constants des primes vont se réduire, même si les salariés qui font l'objet d'une mauvaise évaluation continueront à être pris en compte.

Nous avons pu observer dans cette partie comment « *la répartition des revenus tout au long de la vie* » a modifié l'environnement des individus au travail. C'est une première approche pour saisir concrètement des changements qui interviennent dans les possibilités de revenus. Mais il faudrait des analyses théoriques et empiriques plus précises du système de salaires et de primes ainsi que des mécanismes qui se cachent derrière les réalités de ces changements.

Fig. 11 Objectif et résultats du lien entre primes et performances

	objectif	résultat
liquidité des coûts du travail	55,3	42,1
nul besoin de négociation pour la gestion du travail	11,8	14,5
ouvrir le processus de détermination des primes à tous	39,5	31,6
augmenter les incitations des employés à l'amélioration des performances de la firme	84,2	48,7
augmenter l'intérêt des employés pour le management	61,8	43,4
récompenser les employés pour les performances de l'entreprise	53,9	31,6
autres	0	0

Fig. 12 Avenir du système de primes

abolir la part fixe	3,5
diminuer la part fixe	42,7
lier les primes aux performances commerciales	5,6
augmenter la part liée aux performances commerciales	31,5
augmenter la part liée aux performances du département	31,5
augmenter les différences entre employés	31,5
conserver une grande part fixe pour les dépenses quotidiennes	31,5
envisager de rembourser les prêts immobiliers	4,9
payer les bonnes performances commerciales par les primes	37,8
autres	2,8

Il est urgent d'étudier la façon dont les individus qui relevaient d'une pratique d'emploi traditionnelle au Japon vont supporter les changements rapides mentionnés ci-dessus. Les entreprises japonaises, qui se trouvent dans un environnement économique difficile, ne sont pas à même de faire les efforts nécessaires pour amortir suffisamment le choc. Il est donc nécessaire de se livrer d'urgence à une étude de l'équité entre générations en matière d'emploi et de chômage à trois niveaux : la nation, l'entreprise et la famille.

Dans les tentatives faites pour résoudre le problème intergénérationnel sur le marché du travail japonais, l'accent est mis sur le statut actuel des entreprises japonaises, qui doivent faire face à une compétition féroce et une situation difficile. Comme on peut supposer qu'il n'en va pas autrement dans d'autres pays comme la France, l'Allemagne et d'autres Etats européens, qui tous font face à une rude concurrence, une comparaison internationale est nécessaire pour trouver la solution à nos problèmes intergénérationnels.

Cependant l'ancien système d'emploi japonais continue d'une certaine façon à exister partiellement. En ce qui concerne les primes, pratiquement la moitié des entreprises japonaises versent des primes qui s'élèvent à au moins quatre mois de salaire, correspondant à un engagement fixe. En général la prime équivaut à six mois de salaire. Beaucoup d'entreprises paient quatre mois de salaire fixes et le salarié peut recevoir deux mois supplémentaires sur la base de ses résultats. Ainsi la situation change rapidement et, du point de vue de l'avenir des problèmes intergénérationnels, il faut tenir compte des différences que peut faire apparaître une comparaison internationale.

IV CONCLUSION : RÉPARTITION DES REVENUS ET IMPACT SUR LA QUALITÉ DE LA VIE, LES RELATIONS SOCIALES ET LES INÉGALITÉS

Les mutations dans la stratégie de management des entreprises entraînent des changements dans le système d'emploi et exercent une grande influence sur les profils de carrière et les plans financiers à long terme des salariés en entreprises. Il s'agit d'une conséquence sur laquelle cette contribution cherche à mettre l'accent. Il est nécessaire d'étudier l'influence exercée par les changements de l'environnement économique sur la stratégie de management des entreprises et leur stratégie en matière de ressources humaines. Il est également nécessaire de voir quels changements ont été apportés au marché du travail interne à l'entreprise. En général on constate une interdépendance entre l'environnement économique et la carrière des travailleurs.

En effet, nous n'avons plus affaire au vieux modèle japonais de structure collective d'assurance caractérisé par une rigidité à la baisse des salaires et associant entreprises et familles dans un modèle économique de croissance, mais à un modèle individualiste qui décrit la structure de risque à laquelle l'individu est confronté sa vie durant. En ce sens la transformation de la stratégie managériale de l'entreprise entraînera une transformation de la situation financière des individus tout au long de leur vie.

Par conséquent, la fonction d'assurance attribuée à la famille va évoluer. Jusqu'à présent l'entreprise avait intégré la famille dans sa stratégie de management, en lui payant des indemnités additionnelles compensatoires, en plus du système de rémunération basé sur la famille. Les familles japonaises bénéficiaient d'une sécurité de revenus de leurs membres tout au long de leur vie, en échange d'un renoncement à la diversité de choix.

Dans un environnement économique changeant, la famille n'est plus incluse par l'entreprise dans sa stratégie de management, comme par le passé. La fonction de sauvegarde de l'individu exposé aux risques du marché devrait maintenant être exercée davantage par la solidarité et l'opposition entre les sexes et les générations à travers des familles réduites et des micro-entreprises d'un côté et des macro-entreprises et des structures gouvernementales de l'autre.

Hajime IMAMURA
Traduit de l'anglais par Monique FLASAQUIER

BIBLIOGRAPHIE

CHUMA (Hiroyuki), "Case with making to IT in white-collar office with three companies in impact general travel agency", in Otaka and Tsuru eds., *Organizational innovation at digitalization era*, Yuhikaku, 2001.

DORE (Ronald), *Stock Market Capitalism: Welfare Capitalism*, traduction japonaise par Fujii, *Japan and Germany vs. Anglo-Saxon - Japanese and German type capitalism and market principle*, Toyo Keizai Shinposha, 2001.

IMAMURA (Hajime), "Strategy in management strategy according to human resource management strategy-human resource type" in The Society for the research of the future of Japanese Wage System ed., *Treatment that centers on wage system in management strategy*, Employment Information Center, 2001.

IMAMURA (Hajime), "Assessment system by performance and result and human resources managements", in The Society for the research of the future of Japanese Wage System ed., *Reflection assessing in wage system that values performance and result*, Employment Information Center, 2002a.

IMAMURA (Hajime), "Around the inter-generational relationships"in Symposium report (2) on employment and welfare (report of Toyo University and Alsace various university combination symposium "Change related to between generations in Japan-France"), Toyo University advanced policy science Research Center annual report No.1, 2002b.

IMAMURA (Hajime), "Effects analysis of realities-questionnaire survey of corporate performance synchronization type bonus", in The Society for the research of the future of Japanese Wage System ed., *Research analysis concerning the realities of performance synchronization type bonus*, Employment Information Center, 2003.

MOTOHIRO (Morijima), "Significance in human resource management of management strategy", in "The Society for the research of the future of Japanese Wage System" The Society for the research of the future of Japanese Wage System ed., *Treatment that centers on wage system in management strategy*, Employment Information Center, 2001.

Research study commission concerning productivity, *Research study report concerning productivity at declining birth rate and aging era*, The Japan Productivity Center for Socio-Economic Development (JPC-SED), 2002.

SHIMADA (Haruo) and ATSUSHI (Seike), *Economics of Work and life (Shigoto to kurashi no keizai-gaku)*, Iwanami Publishing Co.(Iwanami Shoten), 1992.

HIROKAZU (Takizawa) IMAMURA (Hajime) et KOKARIMAI (Kiyohiro), "Enterprise system (1) ICT revolution, corporate governance, and employment strategy" in Masu Uekusa ed. *Society and economic system of Japan of the 21st century*, NTT Publishing, 2003.

Dépendance des jeunes adultes à l'égard de leurs parents au Japon et en France

Sur le taux de jeunes adultes vivant avec leurs parents ou au contraire de manière indépendante.

INTRODUCTION

D'après la conception conventionnelle des relations entre parents et enfants, seuls les enfants en bas âge et les personnes âgées sont considérés comme entièrement dépendants de leur famille. Mais aujourd'hui, nous pouvons observer une période de transition (entre l'adolescence et l'indépendance à l'âge adulte) qui contribue à rallonger la période de dépendance des jeunes adultes vis-à-vis de leurs parents[1]. Ce phénomène s'observe dans les deux pays. Il se développe dans le contexte suivant : l'allongement de la durée des études à la suite de la forte croissance économique, l'augmentation du taux de chômage due à la dépression, la tendance à ne pas se marier ou à se marier de plus en plus tard, enfin l'augmentation des revenus de la génération des parents.

Ce n'est que récemment que des chercheurs ont entrepris d'étudier le cas des personnes qui, à l'entrée dans l'âge adulte, demeurent financièrement et socialement dépendantes de leurs parents. Par conséquent, nous ne possédons pas suffisamment de données à leur sujet. En outre, à ce jour, il n'existe pratiquement pas de données au niveau international. J'ai cependant tenté de réunir les éléments d'une étude comparative sur l'indépendance des jeunes en France et au Japon. De fait, la présente étude est basée sur les données suivantes : celles accumulées en France sur les

1 宮本みち子、岩上真珠、山田昌弘『未婚化社会の親子関係』有斐閣、1997, p.4-5 (Michiko Miyamoto, Sinjyu Iwagami, Masahiro Yamada, *Les relations entre parents et enfants dans la société japonaise ; des jeunes adultes non mariés*, Yuhikaku,1997, p.4-5).

adolescents qui quittent leurs parents[2]; et celles du Japon, de 1990, sur l'entrée dans l'âge adulte. Les informations, livrées par le recensement de 1995, au sujet de la cohabitation des parents et des enfants ainsi que les données de 2000 concernant les conditions de vie effectives des célibataires au sein de chaque ménage sont également exploitées[3]. Ces trois sources de données japonaises éclairent la cohabitation prolongée des parents et de leurs enfants, ce qui nous renseigne inversement sur le départ des enfants du domicile familial. En conséquence, c'est en me basant sur les données que je viens de mentionner que j'examinerai la façon dont les jeunes adultes vivent avec leurs parents tout en dépendant d'eux.

Cette étude abordera les thèmes suivants du triple point de vue des rapports intergénérationnels, de la différence entre les sexes et des classes sociales d'appartenance des parents :

1 les caractéristiques de la période prolongée pendant laquelle parents et enfants japonais vivent ensemble;
2 les différents aspects de la tendance qu'ont les adolescents français à rester plus longtemps auprès de leurs parents;
3 les différences existant entre les deux pays;
4 en conclusion, la question essentielle de l'étude : comment la période de dépendance prolongée s'intègre-t-elle au sein des rapports intergénérationnels?

I LA COHABITATION PROLONGÉE DES PARENTS ET DES ENFANTS AU JAPON

Dans les années 1990, lorsque les taux de nuptialité et de natalité décroissent au Japon, les adolescents des milieux riches, qui continuent à être financièrement dépendants de leurs parents même après l'obtention de leurs diplômes universitaires, sont qualifiés de « *célibataires parasites* » par le sociologue Masahiro Yamada[4]. Mais on ne dispose alors d'aucune donnée statistique sur le sujet. Le recensement de 1995 dénombre 11 850 000 célibataires âgés de 20 à 39 ans vivant avec leurs parents (67,6 % de la population de

2 Catherine Villeneuve-Gokalp, « Les jeunes partent toujours au même âge de chez leurs parents »; Olivier Galland, « Entrer dans la vie adulte : des étapes toujours plus tardives mais resserrées »; Brigitte Dormont et Sandrine Dufour-Kipplen, « Insertion professionnelle et autonomie résidentielle : le cas des jeunes peu diplômés »; Daniel Courgeau, « Le départ de chez les parents: une analyse démographique sur le long terme » in *Économie et Statistique* n° 337-338, Insee, 2000-7/8.

3 総務省統計局『平成７年国勢調査　親子の同居等に関する特別集計結果』2000.9.14.公表 (Recensement de la population de 1995, Statistique de la cohabitation des jeunes adultes chez leurs parents, ministère de l'Administration générale, ministère de l'Intérieur, septembre 2000 ; 国立社会保障・人口問題研究所『世帯内単身者に関する実態調査　結果の概要』2000.6 (Enquête sur les célibataires cohabitant avec leurs parents, Institut national de la sécurité sociale et des études démographiques, juin 2000).

4 山田昌弘『パラサイト・シングルの時代』ちくま新書、1999

cette tranche d'âge), parmi lesquels 6 320 000 hommes et 5 530 000 femmes. Le nombre supposé de « *célibataires parasites* » est donc de 11 850 000, autrement dit environ un dixième de la population japonaise. Afin de confirmer statistiquement cette estimation, le gouvernement a fait réaliser en 2000 une enquête sur les conditions de vie effectives des célibataires dans chaque ménage. Cette fois-ci, l'étude était réalisée auprès des célibataires, âgés de 18 ans ou plus, qui vivent avec leur famille. Au Japon, les étudiants bénéficiant de l'aide de leurs parents, il est naturel pour eux de vivre avec ces derniers. Aussi n'ont-ils pas été inclus dans le champ de l'enquête.

Examinons à présent les conditions de vie effectives des jeunes vivant avec leurs parents, et ce d'après les trois critères suivants.

1. Les rapports entre parents et enfants

Selon l'étude réalisée en 2000, 45,8 % des parents ayant à charge des enfants célibataires de plus de 18 ans ont entre 50 et 60 ans. Si l'on inclut les parents approchant de la cinquantaine ou dépassant tout juste la soixantaine, le pourcentage atteint 71,4 %. Il s'agit le plus souvent de familles nucléaires : celles-ci représentent 73,6 % des ménages abritant de tels jeunes dépendants de leurs parents. 60 % de ceux-ci ont entre 20 et 30 ans. Si l'on considère ceux qui ont moins de 35 ans, le taux atteint 80 %.

Ces parents sont nés entre 1925 et 1950, se sont mariés entre la fin des années 1950 et le milieu des années 1960 et ont élevé leurs enfants, un ou deux enfants, pendant une phase de forte croissance de l'économie japonaise qu'ils n'avaient pas connue dans leur adolescence. Leurs enfants sont nés après la seconde moitié des années 1960 et ont grandi dans une période faste due à une économie florissante. Les parents ont consenti beaucoup de sacrifices pour leurs enfants afin qu'ils jouissent d'une vie aisée. En conséquence, ces derniers pensent qu'il est normal que leurs parents continuent à les aider matériellement et moralement après l'adolescence[5]. Il semble ainsi qu'au Japon la forte croissance économique

(Masahiro YAMADA, *La vie aisée des célibataire parasites,* Chikumasinsho,1999).

5 Michiko MIYAMOTO, Sinjyu IWAGAMI, Masahiro YAMADA, *op. cit.*, p.45.

après la Seconde guerre mondiale ait joué un rôle important dans les rapports entre parents et enfants.

2. La différence entre les sexes

Parmi les célibataires de plus de 18 ans vivant avec leurs parents, on compte 48 % de femmes et 52 % d'hommes. La moyenne d'âge des femmes est de 26,2 ans contre 27,2 ans pour les hommes. Plus de 70 % de ces célibataires travaillent à temps plein. Mais, relativement aux hommes, les femmes travaillent plus souvent à temps partiel. Parmi eux, 70 % des hommes et 40 % des femmes travaillant au cours de la semaine ne participent pas aux travaux domestiques. D'autre part, parmi les célibataires qui ne gagnent pas leur vie, 30 % des hommes et 70 % des femmes s'occupent des tâches ménagères. Quoi qu'il en soit, ce sont les parents (et particulièrement les mères) qui s'attèlent à l'essentiel des ces travaux[6].

Le recensement de 1995 établit que la moyenne d'âge des hommes à leur premier mariage est de 28,5 ans et celle des femmes de 26,3 ans. 37 % des hommes et 20 % des femmes âgés d'à peine plus de 30 ans sont célibataires, ainsi que 23 % des hommes et 10 % des femmes approchant de la quarantaine. C'est le pourcentage le plus élevé au monde avec celui de la Suède[7]. Le pourcentage de couples cohabitant sans être mariés est bien plus faible au Japon que dans les pays européens. De plus, il n'existe pas d'équivalent à l'expression française « *union libre* ». La probabilité qu'il naisse un enfant illégitime est légèrement supérieure à 1 %. De ce fait, la plupart des célibataires vivent avec leurs parents.

6 *Enquête sur les célibataires cohabitant avec leurs parents*, *op. cit.*, p.6-9.

7 Michiko Miyamoto, Sinjyu Iwagami, Masahiro Yamada, *op. cit.*, p.38-39, figure 1-4.

3. La classe sociale d'appartenance des parents

En terme de revenus annuels moyens, plus de 50 % des parents gagnent entre 5 000 000 et 12 000 000 ¥ (entre 38 500 et 92 300 €). 80 % de cette somme proviennent de revenus professionnels et 10 % de pensions de retraite. La génération des parents n'appartient pas nécessairement à la classe aisée. En ce qui concerne le logement, 76,1 % d'entre eux vivent dans une maison individuelle; et environ 80 % sont propriétaires de leur logement. 70 % habitent une maison de plus de cinq pièces et 90 % de leurs enfants disposent de leur propre pièce. Environ 36 % de leurs enfants âgés de 20 à 39 ans obtiennent un diplôme universitaire. 90 % de ces derniers cotisent au régime général de pension. 70 % d'entre eux disposent d'une épargne : en moyenne moins de 1 000 000 ¥ (7 700 €) lorsqu'ils ont entre 20 et 30 ans et 2 400 000¥ (18 500€) lorsqu'ils ont entre 30 et 40 ans. Ils aident financièrement leurs parents pour les dépenses courantes : 20 000¥ (154€) par mois pour ceux qui sont âgés de 20 à 30 ans et 37 000¥ (285€) lorsqu'ils ont entre 30 et 40 ans[8]. Une autre enquête révèle que de nombreux parents conservent secrètement cet argent en prévision du mariage de leur enfant[9].

Les études précédemment exploitées ont été réalisées au niveau national et aucune distinction n'est donc faite entre les métropoles et les provinces. En résumé, la génération des parents n'est pas nécessairement issue d'un milieu aisé. On constate également qu'au Japon les enfants des classes moyennes cohabitent avec leurs parents même après avoir entamé leur vie d'adultes. De plus, selon d'autres études, le pourcentage des enfants continuant à vivre avec leurs parents est plus élevé dans les grandes villes qu'à la campagne, dans la mesure où les parents appartiennent généralement à un milieu plus aisé lorsqu'ils vivent dans les grandes villes[10]. Le stéréotype des « *célibataires parasites* » aisés est fondé sur ce phénomène. Cependant, nous n'avons pas tenu compte de l'influence du marché du travail sur les jeunes adultes.

8 *Enquête sur les célibataires cohabitant avec leurs parents*, *op. cit.*, p. 3-9.

9 Michiko Miyamoto, Sinjyu Iwagami, Masahiro Yamada, *op. cit.*, p.76.

10 *Id.*, p. 47.

4. Les caractéristiques de la période de cohabitation prolongée des parents et enfants japonais

- La très forte tendance des « *jeunes adultes* », personnes âgées de 20 à 39 ans, à ne pas se marier est à l'origine de cette situation.
- La génération des parents a les moyens d'assurer le gîte et le couvert à ses enfants.
- Au Japon, il est considéré comme normal que les étudiants vivent avec leurs parents et la société japonaise n'impose pas de critères en ce qui concerne l'âge auquel

les enfants doivent quitter leurs parents. De manière générale, cela se produit lorsqu'ils se marient.

II LA COHABITATION PROLONGÉE DES PARENTS ET DES ENFANTS EN FRANCE

En France, lorsque les jeunes acquièrent leur indépendance vis-à-vis des parents et entament leur vie d'adultes, ils sont supposés trouver un logement, un emploi stable et cohabiter avec autrui. Normalement, ils ne peuvent pas être considérés comme totalement indépendants tant qu'ils ne remplissent pas ses trois conditions[11]. Actuellement, les jeunes Français ont également tendance à quitter leurs parents plus tard qu'auparavant. En 2000, 59,4 % des individus âgés de 20 à 24 ans et 21,7 % de ceux âgés de 25 à 29 ans vivent avec leurs parents. Les étudiants prolongent davantage cette cohabitation que ceux qui travaillent à temps plein ou ceux qui n'ont pas d'emploi. L'une des raisons de cette cohabitation prolongée est donc le nombre croissant d'adolescents allant à l'université[12]. Suite à la campagne de promotion de l'enseignement secondaire réalisée par le ministère de l'Education, le nombre d'adolescents atteignant la classe terminale des lycées a doublé entre 1985 et 2001 : il est passé de 35 % à 70 % d'une classe d'âge. À cette date, 38 % ont obtenu un diplôme d'enseignement supérieur. En 1980, ils n'étaient que 15 % dans ce cas. Cela signifie que le pourcentage de ceux ayant suivi des études supérieures a doublé[13]. Examinons à présent la façon dont ils quittent leurs parents d'après les trois critères suivants.

1. Les rapports entre parents et enfants

Jusqu'en 1957, les jeunes adultes avaient tendance à quitter leurs parents relativement tôt, tendance qui s'est depuis lors inversée. Selon une étude[14], dans les années 1990, la moyenne d'âge des jeunes adultes lorsqu'ils quittent leurs parents est restée à peu près constante. En 1992, les hommes quittaient leurs parents en moyenne à l'âge de 21,8 ans et les femmes à l'âge de 20,5 ans; contre respectivement 22 ans et 20,5 ans en 1997. Néanmoins, ils devenaient financière-

11 Brigitte DORMONT et Sandrine DUFOUR-KIPPLEN, *op. cit.*, p. 98 ; Olivier GALLAND, *op. cit.*, p. 27.

12 Elsa RAMOS, *Rester enfant, devenir adulte. La cohabitation des étudiants chez leurs parents*, L'Harmattan, 2002, p. 16.

13 Paul ESQUIEU, Pascal POULET-COULIBANDO, « Vers un enseignement secondaire de masse (1985-2001) », INSEE, *Données Sociales*, 2002, p. 71.

14 Catherine VILLENEUVE-GOKALP, *op. cit.*, p. 64, tableau 2.

ment indépendants de leurs parents plus tard qu'auparavant. Ceci s'explique par le fait que les parents paient souvent, en tout ou en partie, le loyer dû par leurs enfants. De nombreuses aides au logement permettent également aux enfants de quitter leurs parents. En 1996, environ 30 % des étudiants bénéficiaient d'une aide au logement[15].

Selon une étude réalisée en 1997[16], 16 % des hommes et 18 % des femmes qui ont quitté le domicile familial entre 19 et 24 ans bénéficient d'une aide financière provenant de leurs parents pour se loger. À l'inverse, 17 % des hommes et 30 % des femmes supportent eux-mêmes les coûts relatifs à leur logement. 56 % des hommes et 43 % des femmes de cette tranche d'âge n'ont jamais quitté leurs parents. Si l'on considère à la fois ceux qui sont retournés chez leurs parents après un premier départ et aussi ceux qui vivent dans un logement payé par les parents, 83 % des hommes et 70 % des femmes âgés de 19 à 24 ans dépendent de leurs parents pour ce qui concerne leur logement. Au contraire, 66 % des hommes et 79 % des femmes âgés de 24 à 29 ans le financent eux-mêmes. Certains d'entre eux cohabitent à nouveau avec leurs parents, principalement parce qu'ils ont perdu leur emploi. Ces chiffres montrent que l'âge de départ des jeunes adultes de chez leurs parents reste stable mais que leur indépendance financière à l'égard de leurs parents est retardée.

2. La différence entre les sexes

Comme nous pouvons le constater grâce aux données de la section précédente, les hommes quittent le domicile familial en moyenne plus tard que les femmes. Ceci s'explique par le fait que les femmes entament leur vie de couple plus tôt que les hommes. La moyenne d'âge des hommes lors de leur premier mariage était de 30 ans en 1997 et celle des femmes de 28 ans[17]. En réalité, si l'on tient compte de la cohabitation hors mariage, les jeunes adultes entament leur vie de couple plus tôt que par le passé.

15 *Id.*, p. 70-71.

16 *Id.*, p. 6, tableau 1.

17 Insee, *Femmes et Hommes, regards sur la parité*, 2001, p. 18.

3. La classe sociale à laquelle les parents appartiennent.

En ce qui concerne le moment du départ du domicile familial, la classe sociale et le lieu de résidence des parents sont des paramètres importants. Lorsque les parents habitent la région parisienne, et plus particulièrement les banlieues parisiennes, leurs enfants ont tendance à quitter le domicile familial plus tard[18]. Ceux qui bénéficient d'une aide financière de leurs parents pour leur logement appartiennent à la classe la plus aisée de la société, leurs deux parents sont encore vivants et ils vivent essentiellement dans la région parisienne[19].

Mais, d'après un sondage réalisé par l'INSEE en 1990 concernant la cohabitation des parents et des enfants[20], l'activité professionnelle et le niveau de formation des parents sont sans incidence. Le pourcentage de jeunes adultes âgés de 19 à 25 ans vivant avec leurs parents est relativement identique dans toutes les catégories socioprofessionnelles, à l'exception des agriculteurs. En effet, à l'âge de 25 ans, environ 30 % des jeunes adultes vivent avec leurs parents mais ce pourcentage s'élève à 38 % pour les enfants d'agriculteurs. Distinguons à présent les étudiants des actifs. Parmi ces derniers, les jeunes adultes appartenant à la classe aisée sont plus enclins à quitter leurs parents que ceux qui appartiennent aux autres classes sociales. En un mot, l'aisance des parents encourage la décohabitation des enfants, tandis que l'augmentation du nombre d'étudiants à l'université joue en sens inverse.

Nous avons examiné les conditions dans lesquelles les adolescents français quittent le domicile familial. Tout comme dans le cas du Japon, l'influence du marché du travail sur ces conditions n'est pas prise en compte. En France, la situation du marché de l'emploi s'était dégradée à la fin des années 1980. Ceci dissuadait alors les jeunes adultes de quitter le domicile familial.

4. Les caractéristiques de la tendance qu'ont les adolescents français à rester plus longtemps avec leurs parents.

- Le facteur déterminant le départ du domicile familial : la durée de la période universitaire ou le moment où les

18 Elsa Ramos, *op. cit.* page16.

19 Ined, « Être ou plus chez ses parents », *Population&Sociétés*, n° 292, juillet-août 1994, p. 3, tableau 4.

20 *Id.*, p. 4.

jeunes adultes obtiennent leur dernier diplôme universitaire (lorsqu'ils trouvent un emploi) a changé à cause de la tendance à obtenir une meilleure formation supérieure.

- Les conditions de recherche d'emploi ayant empiré, les enfants sont dissuadés de quitter le domicile familial.
- L'aisance économique des parents encourage les enfants à quitter le domicile familial mais les en dissuade également. C'est un facteur ambivalent sous ce rapport.

III LES DIFFÉRENCES ENTRE LA FRANCE ET LE JAPON

Plusieurs points communs peuvent être relevés entre la France et Japon en ce qui concerne la dépendance des adolescents et des jeunes adultes vis-à-vis de leurs parents.

- La période de dépendance tend à s'allonger à cause de l'augmentation du niveau de formation.
- L'aisance économique des parents permet aux enfants de dépendre d'eux.
- La génération des parents joue le rôle de «*filet de sécurité*» à l'égard de celle des enfants.

Examinons à présent les différences existant entre la France et le Japon. La plus significative d'entre elles est la durée de la période de dépendance : celle-ci est plus longue au Japon qu'en France. Au Japon, où mariage est synonyme d'indépendance vis-à-vis des parents, moins on se marie, plus la période de dépendance est longue. Ceci est la véritable raison d'être des « *célibataires parasites* ».

Au fait, que penser de cette différence? Au Japon, l'institution d'un individu est étroitement liée aux rapports intergénérationnels. Dans les familles japonaises, ces rapports sont plus importants qu'en France. Avant la Seconde Guerre mondiale, au Japon, la structure familiale exigeait du fils aîné qu'il devienne successeur du chef de famille. Ceci était d'une importance capitale. Après la guerre, la structure familiale a changé mais cette mentalité a perduré au sein de la conscience collective. Ainsi les Japonais considèrent comme naturel que les enfants, même lorsqu'ils ont atteint l'âge adulte, vivent avec leurs parents[21]. Bien

21 Michiko MIYAMOTO, Sinjyu IWAGAMI, Masahiro YAMADA, *op. cit.*, p. 46–47.

plus, la politique sociale exige de la part des membres d'une même famille qu'ils s'occupent des enfants en bas âge, de l'éducation des enfants et du soin à apporter aux personnes âgées[22]. Un tel héritage social explique les différences entre la France et le Japon.

22 『家庭基盤の充実に関する対策要綱』(1979.6.15.) 自由民主党政務調査会 家庭基盤の充実に関する特別委員会 (Les mesures relatives au renforcement du rôle de la famille, Comité des affaires de l'État de Parti libéral et démocratique, juin 1979).

CONCLUSION

En nous basant sur les données présentées auparavant, nous proposons à la réflexion les quatre questions suivantes.

1. La dépendance des jeunes adultes est impossible sans l'aisance économique de leurs parents. Néanmoins, la durée de la période de formation des enfants s'est allongée. Dans ce cas, qui en porte la charge? La famille ou la nation? Ceci vaut la peine d'être examiné et discuté[23].

23 Elsa Ramos, *op. cit.*, p. 9, note 2.

2. L'espérance de vie a encore augmenté et la période de relation entre parents et enfants peut durer plus de 50 ans. Les rapports entre parents et enfants (lorsque ces derniers sont de jeunes adultes) devraient être analysés spécifiquement et ce du double point de vue psychologique et sociologique.

3. Comme nous avons pu le constater en observant les différences entre la France et le Japon en terme de dépendance des jeunes adultes vis-à-vis de leurs parents, les facteurs culturels jouent un rôle important dans les rapports sociaux intergénérationnels. De plus, la politique sociale de chaque État est étroitement liée aux facteurs culturels. L'influence des facteurs culturels sur les sphères privée et publique mériterait une analyse.

4. Il existe une différence entre la France et le Japon dans la manière de définir les termes indépendance et dépendance. Analyser en détail cette différence permettrait de définir les rapports sociaux intergénérationnels.

Satoko Nakajima
Traduit de l'anglais par Marion Bihr

BIBLIOGRAPHIE

脱青年期」の出現と親子関係―経済・行動・情緒・規範のゆくえ―』平成3・4年調査研究報告 財団法人　家計経済研究所　平成6年１月 (Rapport de 1991 et 1992, *Les jeunes adultes cohabitant chez leurs parents et les relations entre enfants et parents – avenir de l'économie domestique, le comportement, l'affection et la norme*, Institut d'études d'économie domestique, janvier 1994).

特集　ベビーブーマーのライフコースと世代間関係」、『季刊　家計経済研究』第25号、1995　冬 (« Le cycle de vie des "baby-boomers" et les rapports intergénérationnel », *Étude d'économie domestique*, n° 25, hiver 1995).

宮本みち子「「脱青年期」の出現にみる少子社会の親子のゆくえ」『季刊　家計経済研究』第27号、1995 夏 (Michiko MIYAMOTO, « L'avenir des rapports entre parents et enfants dans la société japonaise; baisse de la natalité et jeunes adultes dépendants », *Étude d'économie domestique*, n° 27, été 1995).

宮本みち子「晩婚・非婚世代の直面するもの―"パラサイト・シングル"の隘路―」、『季刊　家計経済研究』第47号、2000夏 (Michiko MIYAMOTO, « Pour l'indépendance des "célibataires parasites"; les difficultés des jeunes adultes », *Étude d'économie domestique*, n° 47, été 2000).

山田昌弘『家族というリスク』勁草書房　2001 (Masahiro YAMADA, *La famille n'est plus certaine*, Keisoshobo, 2001).

近藤博之編『日本の階層システム』3 戦後日本の教育社会、東京大学出版会　2000 (Hiroyuki KONDO dir., *Les classes sociales dans la société japonaise*, 3e tome, Presses de l'Université de Tokyo, 2000).

国立社会保障・人口問題研究所　『第11回出生動向基本調査　結婚と出産に関する全国調査　独身者調査の結果概要』 (« La vie des célibataires », *11e enquête nationale sur le mariage et la naissance*, Institut national de la sécurité sociale et des études démographiques, juin 1997).

DOISNEAU (Lionel), « Panorama démographique de la France en 2000 », *Données Sociales*, INSEE, 2002, p. 11-18.

ESTRADE (Marc-Antoine) et MINNI (Claude), « La hausse du niveau de formation – La Durée des études a doublé en cinquante ans », *INSEE Première*, n° 488, septembre 1996.

GALLAND (Olivier), « Des études supérieures inégalement rentables selon les milieux sociaux », *INSEE Première*, n° 469, juillet 1996.

GUILLEMIN (Olivier), ROUX (Valérie), « Le niveau de vie des ménages de 1970 à 1999 », INSEE, *Données sociales*, 2002, p. 401- 412.

LAGARENNE (Christine) et LEGENDRE (Nadine), « Les travailleurs pauvres en France : facteurs individuels et familiaux », INSEE, *Économie et Statistique*, n° 335, 2000-5.

Comment la retraite est devenue une affaire de jeunes

Les relations intergénérationnelles chez les cheminots de la CGT en France

En France, un syndicat se situe à la frontière de plusieurs sphères, celle de la vie professionnelle, puisqu'il défend des intérêts corporatifs; celle de la vie privée, puisque les salariés choisissent volontairement l'association qui correspond à leurs valeurs; et enfin celle de la vie publique, puisque le plus souvent les grandes confédérations jouent un rôle emblématique sur la scène sociale nationale. Dans la société contemporaine, le syndiqué peut ainsi être appréhendé par l'historien ou le sociologue sous les multiples aspects de sa vie de salarié, d'individu et de citoyen. Or, ces trois sphères peuvent être traversées par les questions de relations intergénérationnelles : dans le domaine professionnel, il peut y avoir des oppositions d'intérêts ou d'autorité entre jeunes et vieux, dans la vie syndicale des conflits d'orientation liés aux exigences et aux conceptions de l'action, dans la vie sociale des choix politiques concernant par exemple les modalités de financement des retraites. L'avenir de l'organisation syndicale dépend de sa capacité à mobiliser les générations, pour servir d'interlocuteur à l'État-patron, survivre en tant qu'organisation, et fournir un modèle de référence ou un point d'appui à la construction des rapports sociaux. Dans cette perspective, l'analyse d'une expérience syndicale peut apporter une réponse assez large à la question des rapports intergénérationnels en France.

Le taux de syndicalisation n'est pas très élevé en France, et il baisse encore chez les retraités, mais l'impact élevé des syndicats reste élevé. Il se mesure dans les élections professionnelles, dans l'ampleur des actions syndicales, comme la participation aux grèves et autres formes de la vie revendicative, ainsi que dans la manière d'aborder les discussions publiques concernant les choix de société.

L'allongement de l'espérance de vie, l'existence d'un système de santé très performant et gratuit ont permis un accroissement important du nombre des retraités. L'amélioration des montants des retraites a rendu les retraités plus autonomes dans leurs activités, moins dépendants des autres générations. La question des relations intergénérationnelles au sein même des organisations syndicales a pris dans ce contexte une dimension structurelle beaucoup plus importante que par le passé. Les syndicats tentent de gérer la continuité des relations intergénérationnelles. En effet, si la retraite marque la fin de l'insertion professionnelle dans l'entreprise, elle ne correspond plus toujours à l'abandon de la vie militante. Il existe des formes de militantisme moins étanches entre générations qu'autrefois.

Comment s'organisent ces relais ? Comment les générations se retrouvent-elles dans cet espace intermédiaire entre vie publique et vie privée?

La présente contribution vise à décrire et analyser les relations intergénérationnelles des travailleurs des chemins de fer affiliés à la CGT (Confédération générale du travail). Les questions abordées ici concernant l'évolution des relations intergénérationnelles dans le syndicat seront celles de la transmission de l'expérience militante entre les jeunes et les vieux, celles de l'écoute des générations entre elles, et celles de la définition de l'action syndicale. La méthode de travail retenue a deux volets : survol historique de la question du statut des cheminots, d'une part[1]; et, d'autre part, enquête de terrain, réalisée sous forme d'interviews à divers niveaux de responsabilités et d'âge aussi bien dans le contexte local de Strasbourg que dans le contexte national, à Paris[2]. Le cas particulier de l'Alsace, qui reste marquée par la création des assurances sociales de Bismarck, et par l'influence du mouvement socialiste allemand entre 1870 et 1918, permet un contrepoint régional aux positions nationales. Il s'agit donc d'examiner, à partir du thème des relations intergénérationnelles, comment se constitue le discours syndical, comment s'organise l'action, quelles leçons en sont tirées.

1 Maurice SAMSON, « Historique de la retraite des cheminots », document interne de la CGT; *Les cheminots dans l'histoire sociale*, sous la direction de Joseph JACQUET, Éditions sociales, 1967; Christian CHEVANDIER, *Cheminots en grève ou la construction d'une identité (1848-2001)*, Maisonneuve & Larose, 2002.

2 Interviews des militants du syndicat des retraités, et de responsables du secteur cheminot de Strasbourg, entre mars et juin 2002, à la permanence du secteur, rue Wodli à Stasbourg. Interviews de René Lahouse (responsable des retraités) et de Grégory Roux (responsable des jeunes), de la Fédération des cheminots CGT, en juin 2002, à Montreuil, au siège de la CGT.

I LES CARACTÉRISTIQUES GÉNÉRALES DU TERRAIN

La Société Nationale des Chemins de fer Français (SNCF) est devenue une entreprise publique en 1937. Elle a changé de statut juridique en 1982, pour devenir Etablissement public industriel et commercial. Les cheminots bénéficient d'un régime dit spécial depuis 1911, c'est-à-dire bien antérieurement à la nationalisation des chemins de fer et aux mesures de protection sociale en France. Ce statut vise essentiellement les retraites. Quel en est l'impact aujourd'hui?

Cette entreprise présente une pyramide des âges particulière, liée aux politiques de recrutement irrégulier. Il y a eu plusieurs périodes creuses entre 1945 et aujourd'hui, qui ont provoqué de graves déséquilibres entre les générations. La question des relations intergénérationnelles y est-elle exacerbée?

La composition très majoritairement masculine de la main-d'œuvre renvoie à une tradition de virilité du métier, et fait obstacle à la parité entre hommes et femmes au travail. Cette situation entraîne-t-elle de nouvelles revendications ou formes de luttes?

Les chemins de fer, en France comme dans d'autres pays européens, sont aujourd'hui dans la ligne de mire du néo-libéralisme, qui, sous couvert de la nécessité de l'ouverture des réseaux, dans le cadre de la mise en place de la concurrence, tente un démantèlement progressif des structures nationales et une remise en cause des statuts. La gestion des cheminots va-t-elle sortir du cadre national?

Les diverses facettes de l'entreprise SNCF montrent que nous sommes bien dans cette analyse au cœur des questions sociales intergénérationnelles contemporaines.

Le choix de la CGT comme terrain d'études est celui du syndicat historiquement majoritaire à la SNCF tant au niveau national qu'au niveau régional alsacien. La vie syndicale y est active, et a connu des moments très forts, qui ont marqué la vie sociale et politique française. Au sein de la CGT, la fédération des cheminots a joué un rôle important puisqu'elle a fourni une partie de l'appareil syndical du niveau confédéral : Benoît Frachon, Georges Séguy, Bernard Thibault sont des cheminots devenus secrétaires généraux de la confédération. Il en va de même au niveau régional alsacien, puisque l'histoire du mouvement ouvrier fait apparaître que les cheminots, en particulier ceux des ateliers de Bischheim, près de Strasbourg, ont joué sur la scène sociale un rôle de premier plan, et qu'ils ont aussi fourni une partie des cadres régionaux du syndicat.

II LE RÉGIME SPÉCIAL DE RETRAITE DES CHEMINOTS

Toutes les discussions avec les syndiqués de tous âges convergent vers un point majeur et fédérateur pour toutes les générations, celui du statut de 1911, sur lequel la profession est fondée. Pour bien comprendre la structure de l'entreprise, et par voie de conséquence la teneur et les enjeux des luttes syndicales, il faut revenir sur les textes fondateurs de ce statut, qui n'a guère changé.

La construction des chemins de fer a fait surgir dès la pose des premiers kilomètres de rail la difficile question de la sécurité du système. La multiplication des accidents exigea que des mesures fussent prises pour rassurer à la fois les personnels des compagnies, alors privées, les propriétaires des marchandises transportées et les voyageurs qui confiaient leur vie aux monstres d'acier à grande vitesse. Le point de vue des propriétaires de compagnie visait la rentabilité des investissements par une bonne exploitation du coûteux matériel mis en place, tout en maintenant la pression sur les salaires.

Les solutions appliquées résidèrent en partie dans l'élévation de la qualification de la main-d'œuvre. Les agents devaient savoir lire les consignes, les conducteurs évaluer la situation sur la voie, les mécaniciens réparer l'engin tombé en panne. Cet investissement en formation poussa alors les compagnies à trouver des parades au nomadisme professionnel des ouvriers, qui était alors très fréquent et qui coûtait cher en termes de perte de savoir-faire. Pour conserver les ouvriers dans l'entreprise, des embryons de systèmes de retraites furent proposés, sous des formes diverses selon les compagnies : tantôt des livrets d'épargne, tantôt des pensions, versées sous des conditions draconiennes de longévité dans l'entreprise. L'hétérogénéité des situations fut cependant un tel facteur de frein dans le développement des transports ferroviaires qu'au début du XXe siècle la question d'un statut des travailleurs du rail, garanti par l'État, quelle que fût leur compagnie, fut ouvertement posée. Plusieurs projets de loi furent déposés à l'Assemblée Nationale. Après plusieurs refus, les députés votèrent, le 21 juillet 1909, le texte du « *règlement des retraites* ». Mais les compagnies refusèrent purement et simplement de l'appliquer. Les cheminots se mirent en grève du 8 au 19 octobre 1910, ce qui permit de faire aboutir une nouvelle version de la loi, le 28 décembre 1911. Ainsi naquit, par ce texte fondateur, bien avant la nationalisation du réseau, ce qu'on appelle encore communément aujourd'hui « *le statut de 1911* ». Désormais le règlement des retraites allait se faire sous le contrôle de l'État, par capitalisation collective, les compagnies privées continuant à disposer de leur propre caisse. Le taux de cotisation fut fixé à 20,5 %. Les prestations fixées comprenaient la pension, un échelonnement de l'âge de départ en retraite en fonction de la pénibilité du travail (50 ans pour les conducteurs d'engins, 60 pour les administratifs), et la réversibilité pour moitié de la pension au profit des ayants droit. Ces prestations marquaient une avancée très nette dans le domaine de la durée de la carrière, du calcul des rémunérations et de la situation des veuves de cheminots.

À la même époque, en Alsace annexée par l'Allemagne, la situation était très différente. Avec beaucoup d'avance sur les autres pays, mais pour assurer la paix sociale que l'exemple de la Commune de Paris menaçait en Europe, le chancelier allemand Bismarck avait institué dès le début des années 1880, un système de protection sociale, dont les Alsaciens bénéficiaient : des caisses d'assurances sociales géraient les cotisations salariales obligatoires et finançaient la gratuité des soins médicaux et pharmaceutiques, ainsi que le règlement de pensions de retraite et d'invalidité. Les cheminots alsaciens en bénéficiaient au même titre que les autres salariés allemands. Ce modèle servit de base de discussion après le retour de l'Alsace-Moselle à la France, en 1918.

En effet, les Alsaciens et Mosellans obtinrent que leur statut soit maintenu dans le cadre du Réseau Alsace-Lorraine, ce qui inspira le deuxième texte important pour les cheminots français, celui de février 1929, qui fixait « *le statut des retraités* ». Les augmentations de pension se feraient désormais non plus en fonction de l'élévation du coût de la vie, mais de celle des traitements, sur le principe dit de la péréquation.

Le statut des cheminots reçut en 1930 le nom de « *régime spécial* » lorsque fut mis en place le premier système des assurances sociales en France.

Un troisième texte vit le jour en 1934, portant sur « *le statut financier et administratif des caisses* ». Le régime de retraite par capitalisation, au bord de la faillite du fait de mauvais placements, et de la croissance du nombre de retraités, devint mixte, par répartition et capitalisation.

Le 31 août 1937, les compagnies de chemin de fer privées furent nationalisées. Ce fut la naissance de la SNCF, Société nationale des chemins de fer français.

La création de la Sécurité sociale, à la Libération, ne porta pas atteinte aux régimes spéciaux, destinés à servir de modèles à une unification ultérieure, qui cependant n'eut jamais lieu. Les textes portant sur le règlement des retraites et le statut des retraités furent remaniés.

La remise en cause du statut fut cependant par la suite plusieurs fois à l'ordre du jour. De grandes grèves éclatèrent alors, comme celle d'août 1953 ou celle de décembre 1995. Laniel retira son projet de décret, et le Premier Ministre Juppé aussi. Ces mouvements marquèrent l'histoire sociale française : ce furent des moments décisifs pour les syndicats, les gouvernements et l'opinion publique.

À travers le temps, le statut initial des cheminots n'a donc pas été fondamentalement modifié, et la direction de la SNCF notait en 2001 : « *l'existence d'un régime spécial pour les cheminots trouve ses fondements dans la spécificité des tâches, les contraintes de continuité du service public, les responsabilités liées à la sécurité des circulations* »[3]. La réforme de l'entreprise en 1982, n'a pas modifié les choses dans ce domaine. Le régime spécial fait donc partie encore aujourd'hui du contrat de travail. La reconnaissance de la spécificité des tâches implique ainsi depuis son origine des relations intergénérationnelles particulières au sein de la société de transports ferroviaires.

3 Document Maurice SAMSON : « Historique de la retraite des cheminots ».

III LA PYRAMIDE DES ÂGES ET DES SEXES À LA SNCF

Après 1911, la question cruciale de la profession devint rapidement celle de la pyramide des âges, car les à-coups dans les recrutements déséquilibrèrent périodiquement le système. L'évolution technologique et une politique de développement des transports routiers entraînèrent des baisses de recrutement et des non-remplacements de départs à la retraite, qui pesèrent lourd dans le rapport démographique. Ainsi, par exemple, le nombre de cotisants passa de 456 760 en 1938 à 408 175 (–10,6 %) en 1951, alors que le nombre de retraités passait dans le même temps de 243 569 à 357 776 (+ 46,9 %). Par la suite, le rapport démographique ne cessa de se dégrader. Les recrutements reprirent seulement à partir de 1981, pendant deux ans, puis cessèrent à nouveau jusqu'en 1995.

L'État prit en charge les conséquences financières de ce déficit démographique. En 1997, le financement des retraites de cheminots était assuré à 62 % par des contributions extérieures. Cette situation n'était toutefois pas propre aux cheminots. Toutes les professions à forte baisse de recrutement, comme les mineurs, connaissaient des fluctuations de cet ordre. Néanmoins une surcotisation de l'ordre de 8,5 % fut imposée aux cheminots.

À cette histoire un peu particulière des retraites s'ajoute, à la SNCF, un type de recrutement très masculin, qui a des conséquences sur l'organisation du syndicat et sur les relations de genre dans la profession. Les femmes, longtemps peu nombreuses, et souvent dans des emplois de garde-barrières aujourd'hui disparus, ne sont présentes que dans les secteurs traditionnellement voués à elles dans de nombreux métiers : les services commerciaux, l'administration, l'accueil. Il existe bien des écoles d'apprentissage à la maintenance du matériel qui leur sont ouvertes, mais on ne les y compte guère que par quelques unités. Les promotions restent très masculines dans l'ensemble. Il y a là un fait culturel beaucoup plus persistant que chez les conducteurs d'autobus ou de tram. Autant qu'un « *plafond de verre* », il y a des « *murs de verre* ». Certains métiers n'ont pas de recrutement féminin. Par ailleurs, l'intégration des femmes à la vie militante traditionnelle pose problème : elles n'y viennent guère. Elles ne participent pas non plus activement aux « *comités mixité* » que le syndicat essaie de mettre en place à l'instar des « *comités jeunes* ». Elles ne semblent tentées ni par les formes de responsabilités couramment dévolues aux responsables syndicaux masculins, ni par des formes spécifiquement « féminines ». Lorsqu'elles rejoignent les luttes, c'est souvent à propos de questions nouvelles, qui n'ont pas de solutions adaptées, comme celles de la sécurité dans les rames, de la délinquance et de la fraude. Elles sont souvent les premières cibles, mais ne sont pas les seules. Les questions soulevées ne sont donc pas spécifiquement féminines, ni générationnelles, mais renvoient au système en général.

Dans le contexte actuel d'incertitudes, voire de menaces sur les retraites, on pourrait penser que la question de leur financement fait obstacle à la bonne qualité des relations entre les seniors qui profitent pleinement de leur retraite, et les actifs qui, tout en finançant aujourd'hui les retraites des anciens, voient d'un œil sombre l'avenir des leurs. Cette opposition potentielle entre générations pourrait se doubler aussi d'un conflit hommes/femmes concernant la promotion et l'accès aux responsabilités. Les syndicats CGT tentent d'éviter ces écueils par un recentrage de leurs mots d'ordre autour du statut.

IV LA FÉDÉRATION CGT DES CHEMINOTS

La CGT (Confédération générale du travail) fut créée en 1896. La fédération des cheminots CGT fut créée une vingtaine d'années plus tard, en 1917, ainsi que la fédération des retraités du chemin de fer. Pour cette dernière, l'objectif était de maintenir un lien entre la CGT et les retraités, mais sans action revendicative. Il s'agissait plutôt de réunir les anciens militants dans des cercles fraternels, dans des réseaux de sociabilité.

En Alsace, dans la même période, les syndicats allemands étaient organisés d'une autre façon. Ils étaient confessionnels et politisés. Les retraités avaient leurs propres syndicats, et militaient d'une façon beaucoup plus systématique, en particulier par l'intermédiaire des caisses mortuaires. Ces caisses, qui garantissaient la prise en charge des frais d'enterrement, étaient des propriétés gérées par les syndicats. C'était là une aide importante aux familles frappées par le deuil. L'affiliation à une caisse mortuaire passait par l'adhésion à un syndicat, ce qui garantissait aux organisations un recrutement important, et qui permettait aussi un brassage de générations et une meilleure liaison entre les retraités et l'entreprise. Les Alsaciens appréciaient ce système, commode pour les familles, et ciment de la vie syndicale des retraités et des actifs. Le maintien de cette structure d'aide par syndicat interposé fut une revendication qu'aucun gouvernement ne remit en cause jusqu'en 1977, date à laquelle la législation retira la gestion des caisses aux syndicats.

D'autre part, la vie syndicale « à l'allemande » était beaucoup plus présente dans la vie quotidienne que dans le reste de la France. Du berceau à la tombe, la vie associative rythmait les convivialités : sociétés de gymnastique, chorales et sociétés de musique, sorties pédestres, chalets de montagne, jardins, bals populaires le dimanche. Toutes les générations se retrouvaient aux terrasses ombragées de bistrots attitrés. Ceci était sans commune mesure avec les habitudes de convivialité « à la française ».

Qui plus est, l'action syndicale et l'action politique se trouvaient mêlées, car les Allemands avaient institué un lien organique entre parti et syndicat, qu'ils revendiquaient haut et fort.

Ces particularités régionales eurent des répercussions au moment du retour à la nation française. Le réseau Alsace-Lorraine des chemins de fer devint autonome (il ne fut ni privatisé ni rattaché à la Compagnie de l'Est) et bénéficia du statut des cheminots français, mais les Alsaciens revendiquèrent les avantages sociaux hérités du système allemand. De leur côté, les syndicalistes alsaciens qui choisirent la CGT en 1918 exigèrent de garder un certain nombre de règles de fonctionnement, et conservèrent cette culture syndicale héritée des traditions de lutte allemandes, au sein de l'Union des cheminots CGT d'Alsace-Lorraine.

Ils constituèrent aussi un groupe solidaire par la langue : le dialecte alsacien pour l'oral, l'allemand standart pour l'écrit étaient les langues largement majoritaires de l'activité militante. Le français était la langue de « *la France de l'intérieur* ». Le clivage au sein de l'organisation s'opéra dès lors entre Alsaciens et non-Alsaciens plutôt qu'entre générations. Beaucoup plus tard, après la Libération, on assista à la mise sur la touche progressive des cadres alsaciens qui ne maîtrisaient pas le français. Ce fut effectivement à ce moment-là qu'une génération fut visée et éliminée : ceux qui n'avaient connu que l'école allemande furent remplacés par ceux qui avaient connu l'école française.

La défense du statut de 1911 fut l'objet de grèves multiples, parfois durement sanctionnées par la direction. En particulier celle de 1953. La grève avait démarré dans les PTT, mais s'étendit rapidement à tous les services publics. Elle protestait contre les projets de décrets Laniel, visant à mettre fin aux régimes spéciaux, en particulier l'âge de départ à la retraite. La réquisition des cheminots fut prononcée par le gouvernement. Cette manœuvre politique échoua cependant devant la détermination du personnel, et après trois semaines d'épreuve de force, le gouvernement céda. En 1995 le statut spécial fut à nouveau dans la ligne de mire du gouvernement. La grève fut dure, mais se termina sur une victoire syndicale. Le projet fut abandonné. Le président de la SNCF démissionna. C'est de là que datent les projets de rapprochement des générations au sein du syndicat.

V LA TRANSMISSION DE L'EXPÉRIENCE ENTRE LES GÉNÉRATIONS SYNDICALES

Jusqu'à la fin des années 1950, les travailleurs des chemins de fer constituaient des sortes de dynasties cheminotes[4]. Comme dans bien d'autres métiers, les fils suivaient la trace de leur père. L'identité professionnelle était ancrée dans la famille. Les enfants de cheminots devenaient cheminots par l'apprentissage. Ils acquéraient le métier aux côtés d'un ancien qui leur en montrait les gestes et les pratiques. Le militantisme syndical s'apprenait de la même façon, au quotidien, aux côtés des plus anciens. L'urbanisme ouvrier renforçait ces dispositifs. Les villes de Bischheim, Schiltigheim et Hoenheim étaient des bastions cheminots de la ceinture rouge de Strasbourg. Dans les ateliers de construction de chemin de fer entourés de leurs cités cheminotes se perpétuait la tradition de la formation et des luttes syndicales et politiques.

4 Un moment contestée, et présentée comme un mythe, cette idée a retrouvé de la vigueur depuis l'enquête faite pour constituer le *Dictionnaire des cheminots*. Voir l'analyse de M.-L. Goergen.

Cette pratique sociale s'atténua, voire disparut, avec le ralentissement du recrutement. Les enfants s'orientèrent vers d'autres métiers que ceux du rail. À cela s'ajoutait le fait que l'ascenseur social fonctionnait bien : soucieux d'une haute qualification, les cheminots firent faire des études poussées à leurs enfants. L'apprentissage dans les ateliers des chemins de fer ne fut plus autant recherché qu'auparavant.

Aujourd'hui le recrutement est beaucoup plus varié du point de vue des origines sociales. Le niveau de formation des jeunes s'est aussi élevé. Il y a de plus en plus d'étudiants parmi les nouveaux recrutés. Leur formation professionnelle, du fait de leur niveau d'études, se fait sous la forme de stages à la fois théoriques et pratiques, dans un laps de temps court. La motivation professionnelle reste forte cependant, et c'est une caractéristique originale du métier. La culture de la sécurité et de l'exactitude reste au cœur des préoccupations, de l'esprit maison.

La transmission de l'expérience syndicale bute sur la traditionnelle opposition entre l'impatience de la jeunesse et le pragmatisme des aînés, sur l'évolution des valeurs morales concernant les attitudes face au travail. « *Les jeunes veulent tout, tout de suite, ils ne veulent plus travailler etc.* » disent les plus vieux des retraités. « *Les vieux sont dépassés, manquent de combativité, sont fermés aux nouveautés* » grognent les plus jeunes. Ces phénomènes renvoient à ce qu'on a l'habitude d'appeler des conflits de générations. On les retrouve dans toutes les catégories professionnelles. Ils ne sont pas surprenants, mais préoccupent cependant les instances syndicales qui cherchent des solutions adaptées aux nouvelles situations, en particulier au renouvellement de leurs effectifs, en fonction du départ à la retraite des générations du baby-boom. Ainsi des « *cercles de jeunes* » ont été mis sur pied. Les syndiqués juniors y pratiquent des activités conviviales de leur âge et s'intègrent ainsi mieux à la vie syndicale.

Par contre, plusieurs difficultés nouvelles sont à surmonter entre jeunes et vieilles générations de cheminots. La première concerne la relation à l'entreprise. Les retraités actuels ont quitté l'entreprise dans une phase de déclin. Leurs vues sont plus défaitistes que celles des nouveaux arrivants, recrutés dans une période de redressement d'activité et de modernisations. Arrivés au moment de la construction des lignes de TGV (train à grande vitesse) et du développement du ferroutage, les nouveaux, souvent des jeunes, ne portent pas le même regard que les anciens sur l'entreprise. Il en résulte parfois des incompréhensions importantes, sources de conflits entre générations. La seconde difficulté réside dans la rotation des cadres. Les militants cheminots sont voués à une « disparition » rapide, du fait de la retraite à un âge précoce. Promouvoir rapidement des cadres jeunes est une nécessité pour le syndicalisme cheminot. C'est d'autant plus difficile dans le contexte contemporain que bien souvent, aux dires des responsables de la base, les instances confédérales repèrent rapidement les militants les plus actifs et les prélèvent pour en faire des cadres nationaux. Dès qu'ils sont formés, les jeunes les plus dynamiques ont tendance à se laisser happer par l'échelon supérieur. Il faut à nouveau former des militants. De plus, la transmission de l'expérience doit se faire vite, car la carrière professionnelle est relativement courte. La retraite à 55 ans ôte au syndicat des militants aguerris et porteurs d'expérience et de mémoire. Si l'on ajoute à cela le déficit de certaines générations, lié aux faibles recrutements de certaines périodes antérieures, on convient qu'il y a une nette tendance à ce qu'un véritable fossé intergénérationnel se creuse dans les rangs du syndicat.

Enfin, modification majeure de la vie syndicale, la conception de l'activité militante est en train de changer, chez les jeunes comme chez les vieux, les actifs comme les retraités.

Le militant en activité a changé le premier. D'abord dans son rapport au temps du militantisme. Le progrès technique lui ayant permis de rentrer chez lui plus souvent, sans passer de nuits à l'extérieur, le cheminot souhaite profiter de sa vie familiale. Le temps privé s'est élargi, le temps professionnel rétréci. Or le temps syndical est vécu du côté professionnel. Le militant est devenu moins disponible pour le syndicat. La pression familiale fait aussi que les heures passées au bistrot, autrefois lieu des discussions et des contacts, ont diminué. Les formes de convivialité se sont réduites. Le cheminot rentre chez lui sitôt la journée de travail accomplie. Il est moins enclin à rester sur place pour militer au syndicat. Le phénomène est renforcé par les revendications des épouses : comme le mari est moins souvent absent du foyer qu'autrefois, elles peuvent avoir une occupation professionnelle elles aussi. Elles ont dès lors leurs propres contraintes d'emploi du temps, et exigent un meilleur partage des tâches avec le père lorsqu'il y a des enfants. La participation des femmes à la vie active est donc aussi un des facteurs qui privent le syndicat d'heures de disponibilité des militants. La sociabilité a changé de forme. Même la question des logements professionnels se pose aujourd'hui autrement qu'hier : les jeunes ménages ne souhaitent plus guère habiter les cités de cheminots jugées démodées, bien que le logement du marché privé soit cher. Et d'ailleurs, il y a de plus en plus de retraités âgés qui, ayant conservé le logement mis à leur disposition, ne souhaitent ni le libérer, ni l'améliorer. Le syndicat est forcé d'en tenir compte.

Face aux nouvelles exigences de temps « privé », l'activité syndicale doit se déployer pendant le temps de travail, et sur le lieu de travail. L'extension légale des droits syndicaux dans l'entreprise, votée au début de l'arrivée de la gauche au pouvoir, en 1981, permet désormais de faire face à ces nécessités. La formation syndicale ne se fait plus sous forme de stage d'une semaine dans un chalet des Vosges, mais par demi-journées sur place, dans les locaux de l'entreprise. Les sessions de formation sont ponctuelles et ciblées. Les échanges d'expérience deviennent beaucoup plus difficiles.

Les modalités d'action, le recours à la grève en particulier, ont évolué aussi. « *On ne peut plus dire : demain, on fait grève. Il faut expliquer et écouter.* » dit avec humour un cheminot alsacien. Les discussions sur les résultats des négociations sont plus âpres qu'autrefois. Le jusqu'au-boutisme des jeunes est plus marqué, quitte à se mettre en porte-à-faux avec l'opinion publique, ce qui n'est pas du goût des instances nationales.

Mais ce qui est vrai pour les hommes ne l'est pas pour les femmes : malgré une présence plus marquée dans l'entreprise, elles ne s'impliquent pas dans les responsabilités syndicales. Les « *comités mixité* » créés pour faire face à cette difficulté ont du mal à se mettre en place, puis à fonctionner. Les formes adéquates du militantisme féminin n'ont pas encore trouvé de modalités acceptables par une majorité.

Le profil du militant retraité a changé aussi. Il a rajeuni. À côté de ceux qu'on pourrait appeler les vétérans, il y a les retraités récents, qui ont une vision « jeune » de la retraite. Il y a donc plusieurs générations de retraités qui se côtoient. Organiser la vie syndicale des retraités n'est pas simple. D'un côté il s'agit de les réintégrer à une pratique militante du quotidien, en leur proposant de participer à la vie associative des quartiers. Une partie des activités syndicales est en quelque sorte reconvertie dans un militantisme de proximité. C'est par ce biais que les femmes trouvent ou retrouvent une activité militante. Les veuves en particulier, que l'on retrouve paradoxalement nombreuses dans les sections de retraités, ont ainsi l'occasion de se maintenir dans des réseaux de convivialité, de sortir de leur isolement. La concentration urbaine favorise ce nouveau type de militantisme social, dans lequel les générations se trouvent à nouveau brassées. Ces nouvelles formes de militantisme ne sont pas liées à l'ancienne profession. Elles regroupent tous les anciens syndiqués de la CGT dans des formes de militantisme social.

VI LA DÉFENSE DU STATUT : UN OBJECTIF FÉDÉRATEUR ENTRE GÉNÉRATIONS

L'analyse syndicale ne s'arrête cependant pas à ce constat. Les cheminots entendent lier la question des générations à celle des retraites. Ils le font poussés par la logique de la défense de l'organisation : la survie du syndicat en dépend. Mais aussi poussés par les questions de société que les syndiqués soulèvent : l'avenir des enfants qui entreront tard sur le marché de l'emploi, après avoir fait des études, l'avenir des femmes qui ont des carrières souvent raccourcies à cause des problèmes de garde d'enfants. Même les jeunes se posent aussi ces questions.

Le débat autour du statut est ainsi réactivé dans le discours syndical et dans les modalités d'action. Devant les menaces qui planent sur l'avenir de la SNCF comme service public, il s'agit de remettre en avant les justifications de la spécificité de la profession et des droits qui en ont historiquement découlé. Cette focalisation sur les particularités du métier pourrait passer pour purement corporatiste. En fait, elle sert d'argument pour la défense du service public, et, sur un autre terrain, pour une retraite par répartition qui tienne compte de la pénibilité du métier. Le statut est à nouveau le ferment d'identité des cheminots. Toutes les générations se retrouvent ainsi sur le même terrain. Cette orientation syndicale permet de réinsérer les retraités dans le cercle du militantisme des actifs. Le lien des retraités avec l'entreprise peut être maintenu. On a pu voir ainsi les retraités en tant que tels se mobiliser et descendre dans la rue pour défendre le régime spécial.

De ce fait, les jeunes deviennent demandeurs d'informations sur l'histoire de l'entreprise. Le rappel des grandes grèves de l'histoire syndicale (le lock-out de 1920, le projet Laniel de 1953, le projet Juppé de 1995) sert alors à la fois de support de mobilisation pour l'action, et de principe de définition de l'identité professionnelle. Aujourd'hui, la retraite devient une affaire de jeunes. Il y a convergence des intérêts entre les différentes générations. Le syndicat se saisit de cette opportunité.

Il est vrai que les chiffres parlent d'eux-mêmes : en 2010, 40 % du personnel d'exécution, 50 % des agents de maîtrise et 70 % des cadres de la SNCF seront partis à la retraite. Il y aura donc une arrivée massive de jeunes, et un grand nombre de jeunes retraités. Les sections de retraités vont rajeunir, les sections d'actifs aussi.

La question des retraites du régime spécial est particulièrement délicate, car elle permet de renvoyer au problème général du mode de retraite que la France choisit d'appliquer aux salariés et au problème particulier d'une profession exposée à des risques. Il est urgent que le débat entre générations ait lieu. On peut imaginer en effet que la génération aujourd'hui active voie d'un mauvais œil ses cotisations servir pour payer les pensions des retraités, en se demandant si les jeunes qui vont les suivre seront bien en mesure de faire la même chose pour eux. Ce souci n'est pas propre aux cheminots, mais il est rendu plus aigu par la pyramide des âges issue des politiques de recrutement irrégulier. Dans le contexte néo-libéral d'aujourd'hui, qui a toujours recours aux exemples américains, il n'est pas rare d'entendre que le cotisant s'estime en droit de recevoir en retour ce qu'il a donné. C'est une philosophie du donnant-donnant, propre à favoriser le choix d'une retraite par capitalisation. Les instances syndicales sont bien conscientes de ce danger, qu'elles ne peuvent contourner qu'en expliquant, pour défendre le système par répartition, qu'il est, lui, fondé sur la solidarité collective entre toutes les générations, et que les avantages que chacun peut en tirer ne se mesurent pas à l'aune du marché. C'est, pour J.-C. Le Duigou[5], une philosophie du gagnant-gagnant, dans laquelle chaque génération obtient et donne des choses quantifiables, comme les biens collectifs, l'éducation et la formation, et des biens non quantifiables, comme la culture, l'organisation sociale. La retraite n'est plus envisagée comme un « *salaire différé* », mais comme « un *salaire socialisé* ». La bataille pour la répartition n'isole pas les cheminots dans leur régime particulier, elle doit au contraire permettre de concilier les intérêts de tous, d'autant que l'expérience des retraites par capitalisation a été l'échec qui a justement conduit aux retraites par répartition ! Sur le plan politique, la question est d'importance :

5 Jean-Christophe Le Duigou, Jean-Marie Toulisse, avec la collaboration de Michel Gairaud, *L'avenir des retraites*, Les Éditions de l'Atelier, 1999.

il ne s'agit pas moins de savoir qui décidera du montant des retraites, les marchés financiers ou les citoyens. La défense du principe de répartition renvoie à un débat sur la démocratie. Dans ce sens, elle est commune à tous les salariés et à toutes les générations. Le syndicat, qui en a bien conscience, propose ainsi que les structures de l'organisation changent, et que les sections de retraités soient intégrées à la vie syndicale des sites. C'est plus facile qu'ailleurs à la SNCF du fait de la taille de l'entreprise et de sa propre configuration. Mais une certaine résistance s'observe chez les retraités les plus anciens. La gestion syndicale des relations intergénérationnelles passe ainsi par des modifications de l'organisation syndicale.

Les conditions de la bataille syndicale sont facilitées par la clarté de la question : les conditions de la sécurité et du bon fonctionnement du service public ont-elles évolué au point de permettre de mettre en veilleuse ou de faire disparaître le statut octroyé au début du XXe siècle? Le débat sur les conditions de travail, le stress, la productivité, la sécurité etc. montre que non.

Dans leurs efforts visant à informer le public des usagers sur les véritables enjeux de la question, les syndicalistes français ont trouvé dans le champ culturel une illustration pertinente des effets pervers de certains choix politiques. Il s'agit du film de Ken Loach "*The Navigators*», fiction qui traite, sur un mode « réaliste », des conséquences tragiques de la privatisation des chemins de fer anglais pendant l'ère thatchérienne : insécurité sur les lignes, accidents, mépris des individus, précarité pour les salariés, course au profit pour les entreprises. Ce film a connu un grand succès public en France. Les militants sont nombreux à l'évoquer, dans les conversations privées mais aussi dans les meetings. Il sert de référence aux syndicalistes qui s'en sont emparés comme d'un documentaire destiné à servir d'instrument de propagande syndicale en faveur du service public. Pour les militants, ce film renoue avec les grandes œuvres d'autrefois, dans lesquels les héros positifs permettaient aux uns et aux autres de se reconnaître symboliquement, de légitimer les luttes sociales et de valoriser une profession. Il a occupé la place médiatique à laquelle les syndicats n'accèdent pas, dans la société contemporaine. La presse, télévisée en particulier, présente systématiquement les plaintes des usagers bloqués sur des quais lors d'une grève, ou pris dans des bouchons d'autoroute, plutôt que les revendications des grévistes. Comme l'a analysé C. Chevandier, le cinéma a proposé des figures de héros, alors que la télévision, dont les cameramen ont été un moment fascinés par les fumigènes rouges, éminemment esthétiques sur petit écran, ne valorise personne, ne donne jamais de sens positif aux actions des syndicats. Gabin donnait du métier un sentiment de fierté. La télévision contribue à dégrader le lien social, à force de vouloir opposer grévistes et usagers.

Il reste à savoir si le front uni des générations pourra se développer à l'intérieur du syndicat et convaincre à l'extérieur. La question de la médiatisation des mots d'ordre et des modalités d'action sera la pierre de touche de l'activité militante. Le rapport de forces n'est pas facile à modifier. Le syndicat doit s'imposer entre un pouvoir décidé à en découdre avec toute forme de service public et de dialogue social, d'une part ; et une opinion publique durement frappée dans sa vie quotidienne par les grèves qui paralysent les déplacements, d'autre part.

Les médias relaient systématiquement et à satiété le discours libéral et stigmatisent les «*avantages acquis*». Quoi de plus immoral en effet qu'un «avantage» dans une société républicaine? Privilège qui ne s'avoue pas, l'avantage est inégalitaire, injuste. Quant au terme d'«acquis», il est pire encore, car il sous-entend que l'avantage en question n'a pas de rationalité économique, qu'il résulte d'un rapport de force imposé à la société, et auquel on s'accroche avec entêtement. Le terme d'avantage acquis est donc doublement péjoratif. Du point de vue social, puisqu'il introduit des différences de droits, et du point de vue économique, puisqu'il va contre l'efficacité. C'est un disqualifiant polémique.

La défense du service public contre la privatisation, l'amélioration du service contre la dégradation du réseau par fermeture de gares, de lignes, de contrôleurs garants de la sécurité à bord des voitures de banlieue sont des mots d'ordre que le syndicat ne peut guère faire avancer dans les médias. Les moyens nouveaux de toucher le public ne sont pas encore au point. Et pourtant la question est urgente : le MEDEF ne demande ni plus ni moins que la restriction du droit de grève et entend faire légiférer dans les plus brefs délais. La réflexion sur les modes d'action s'impose, et sur leur popularisation dans le public.

On peut penser que l'instauration d'un service minimum posera plus de difficultés qu'elle n'en résoudra et sera plutôt facteur de désordre que d'ordre. Le passé l'a montré : réquisition ou autres mesures autoritaires ont été abandonnées, faute d'efficacité. Il n'empêche que, sur le plan symbolique au moins, l'action des cheminots sera décisive pour l'ensemble des travailleurs. Le poids des cheminots dans les luttes syndicales en France est tel que toute victoire ou défaite est emblématique pour le mouvement social.

Dans ce contexte, la question de l'Europe est cruciale. Les menaces sur le statut et la profession sont liées à la politique européenne et à l'intégration, économique et/ou politique. Les projets d'ouverture des réseaux de fret et de passagers posent des problèmes de comparaison des régimes sociaux. Au niveau européen, les politiques sociales ne sont pas unifiées, et la tendance pour l'instant n'est pas à l'alignement sur le mieux-disant. Mais d'un autre côté, l'eurosyndicalisme peut aussi devenir un levier. Certes l'histoire des relations intergénérationnelles en Europe oppose plus les pays qu'elle ne les relie, mais des tentatives de manifestations communes ont vu le jour, en particulier dans les zones frontières. L'activité syndicale prend là une envergure politique dont les retombées ne sont pas seulement nationales. Le syndicat doit-il envisager à terme des réseaux non seulement intergénérationnels mais aussi interculturels?

CONCLUSION

La question des relations intergénérationnelles au sein de la fédération des cheminots CGT est développée non seulement pour assurer la longévité de l'organisation, par la formation des jeunes militants, mais aussi pour répondre à la demande sociale née de l'amélioration des conditions de vie après la période d'activité, et même pour peser sur les choix de société.

La défense du statut de la profession et du régime spécial a été un enjeu majeur des luttes des cheminots depuis la fin de la Première Guerre mondiale. Elle est toujours d'actualité, et, dans le discours syndical, elle a sa place au cœur même de la lutte comme facteur identitaire de la profession et ferment du rassemblement des générations.

Dans un contexte de dévalorisation du combat politique et de désintérêt des individus à l'égard des partis traditionnels, l'activité syndicale semble dans l'immédiat la seule capable de mobiliser les travailleurs dans une action collective. Le lien social, dont on dit tant qu'il se délite en France, est donc pris en charge par les syndicats qui proposent des mots d'ordre destinés à fédérer les générations d'une même profession. Cela veut dire aussi que le travail reste encore au cœur de toute socialisation.

Françoise Olivier-Utard

BIBLIOGRAPHIE

Chevandier (Christian), *Cheminots en grève ou la construction d'une identité (1848-2001)*, Maisonneuve & Larose, 2002.

Goergen (Marie-Louise) (dir), *Cheminots et militants, un siècle de syndicalisme ferroviaire*, Éditions de l'Atelier, 2003.

Jacquet (Joseph) (dir), *Les cheminots dans l'histoire sociale de la France*, Éditions sociales, 1967.

Le Duigou (Jean-Louis), Toulisse (Jean-Marie), avec la collaboration de Gairaud (Michel), *L'avenir des retraites*, Éditions de l'Atelier, 1999.

Samson (Maurice), *Historique de la retraite des cheminots*, document interne de la CGT (non daté).

Analyse économique du comportement des ménages âgés au Japon en matière de transmission patrimoniale

I LE CONTEXTE

Avec le vieillissement grandissant de la population et la hausse considérable des prix des biens mobiliers et immobiliers dans l'économie japonaise, la dévolution successorale est amenée à jouer un rôle de plus en plus important. La valeur croissante des biens, due à l'augmentation du prix des terrains et à d'autres facteurs, a eu une très grande influence sur les biens de la génération suivante. De plus, l'accroissement de l'écart entre les générations en matière patrimoniale a rejailli sur la jeune génération. On constate donc que le risque augmente de voir une accumulation de plus en plus inégalitaire et déséquilibrée des biens du fait des transferts entre les générations. De ce point de vue l'importance de la transmission des biens entre générations croît. La valeur de plus en plus importante de l'héritage et le vieillissement de la population ont entraîné des effets divers sur les ménages composés de familles nucléaires. Dans une économie caractérisée par une augmentation de la valeur des biens successoraux et la baisse du nombre d'enfants, la disponibilité de biens successoraux déterminera dans une large mesure le potentiel économique des individus. Ainsi la distribution des biens entre les membres de la famille par héritage revêt une importance supplémentaire pour l'économie dans son ensemble.

Elle affecte les conditions de vie et le soutien apporté aux personnes âgées ainsi que la formation de la fortune des personnes âgées comme des personnes plus jeunes. Dans le passé, les études sur la transmission successorale se sont concentrées sur, d'une part, l'estimation de l'importance des héritages dans l'économie dans son ensemble et l'importance relative de l'héritage (transmission des biens entre les générations) dans la richesse des ménages; et, d'autre part, l'analyse de la distribution des biens à travers les héritages.

Toutefois, du fait du manque de données précises, aucune d'étude détaillée n'a été menée au Japon sur la volonté de transmission patrimoniale et le processus de l'héritage. De plus, la plupart des analyses théoriques et empiriques sont parties de l'hypothèse selon laquelle la transmission patrimoniale est en général faite pour des motifs altruistes.

Selon cette affirmation, le comportement en matière de transmission patrimoniale ne peut donc s'expliquer que par l'existence d'une motivation altruiste de la part des parents. Cependant on ne s'est pas assez posé la question de savoir comment se prend la décision de léguer. La motivation peut-elle être uniquement une intention altruiste? Comment les biens successoraux sont-ils réellement répartis? Dans cette contribution, je présente les résultats de l'exploitation d'analyses empiriques basée sur le modèle de motivation de transmission égoïste fondé sur l'échange, qui suppose que *la donation est faite par les parents en échange d'une cohabitation entre parents et enfants ou du soutien apporté au parent par l'enfant.* Dans cette étude, je me suis servi de « L'enquête sur les biens possédés par les personnes âgées» menée par l'Agence de management et de coordination en 1990.[1]

Différentes informations personnelles ont été utilisées pour contrôler les données, et le modèle probit a été appliqué aux variables qui affectent le comportement ou les motivations testamentaires, le tout suivi d'une analyse empirique des comportements en matière de transmission.

Il en est ressorti, tout d'abord, que les legs étaient bien faits dans un esprit égoïste en échange d'un soutien ou d'une cohabitation; deuxièmement, il s'est confirmé que les legs étaient faits aussi pour un motif altruiste, en ce sens que les parents qui ont eux-mêmes hérité des biens de la génération précédente ont tendance à manifester une volonté testamentaire inconditionnelle et unilatérale (altruiste) envers leurs enfants. Il s'est également avéré que le comportement testamentaire varie en fonction du

1 Cette enquête est la seule menée à ce jour au Japon (note des coordinateurs de la publication).

statut filial des héritiers et de la structure de la famille (par exemple l'existence au moins d'un fils).

Une réforme, dans laquelle l'héritage s'obtient effectivement en échange d'un soutien, est finalement proposée sur la base des prémisses, confirmées par cette étude, d'une motivation testamentaire des parents basée sur un tel échange.

II L'ENQUÊTE

1. Le modèle théorique

Quelques modèles théoriques ont été proposés jusqu'à présent pour expliquer le comportement en matière de transmission : le modèle de cycle de vie sous réserve d'incertitude (Yarri, 1965); le modèle de cycle de vie avec motivation altruiste (Blinder, 1973; Ishikaa, 1974; Becker, 1981); et un modèle de transmission stratégique (Bernheim, Shleifer and Summers, 1985; Cox, 1987).

2. Analyse empirique

Des analyses empiriques des comportements testamentaires ont été faites dans le passé sur la base du modèle altruiste. Elles se concentrent sur quatre points :

- l'effet des motivations altruistes sur le comportement en matière d'épargne;
- le ratio entre les biens transférés entre les générations et les biens totaux de la famille;
- l'élasticité de l'héritage par rapport aux revenus et le transfert intergénérationnel des inégalités de fortune;
- et la relation entre héritage et éducation (capital humain).

Ando *et alii* (1986), Dekle (1989) et Horioka *et alii* (1991) ont traité du premier thème en analysant le rôle des motivations de transmission dans l'épargne. En ce qui concerne le deuxième thème, Campbell (1989) et Dekle (1989) ont appliqué les techniques de Kotlikoff et Summers (1981) aux enquêtes japonaises sur le comportement en matière de transmission, afin d'évaluer le pourcentage de biens transférés entre les générations (héritage) par rapport aux biens possédés par la famille en général. Shimono (1991) a cherché à mettre au point un modèle de cycle de vie autour des motivations testamentaires. De plus, il existe une série d'études publiées par Menchik (1979, 1980) et Menchik et Maritin (1983) concernant les troisième et quatrième thèmes.

3. Quelques résultats du modèle de motivation testamentaire altruiste

Les résultats des analyses basées sur le modèle altruiste peuvent être résumés comme suit :

- une motivation de transmission altruiste exerce une assez grande influence sur la formation des biens et le comportement d'épargne;
- une motivation de transmission altruiste présente une relation positive avec le nombre et l'âge des enfants et le niveau de revenus des parents;
- le ratio entre la valeur des biens transmis par héritage et la valeur totale des biens de la famille semble présenter un rapport négatif avec le taux de croissance économique national;
- la transmission successorale permet une grande élasticité par rapport aux revenus et, par conséquent, elle peut être considérée comme un luxe; la plupart des héritages ont été transmis d'une génération à l'autre dans une branche spécifique de la famille;
- la transmission successorale se fait de façon à compenser les différences de capacité et de richesse intangible des enfants.

4. Quelques résultats du modèle de comportement de transmission basé sur l'échange

Comme nous l'avons montré plus haut, le modèle altruiste, auquel ont été consacrées la majeure partie des analyses, suppose une motivation de transmission altruiste des parents envers les enfants sur la base du principe selon lequel « *la consommation accrue des enfants augmente l'utilité des parents* ». Cependant cette motivation dépend uniquement de l'utilité altruiste des parents et l'altruisme lui-même n'est pas analysé. C'est pourquoi il nous faut analyser maintenant les motivations de transmission en liaison avec le processus de formation basé sur les fonctions d'utilité égoïste.

Ces analyses s'appuient sur le modèle de transmission égoïste (orienté vers l'échange). Ce modèle suppose que « *les parents possèdent des biens dans le but de gagner l'attention de leurs enfants* ». Par conséquent, après la mort des parents, les biens sont transmis en considération et en proportion de l'attention que leur ont accordée leurs enfants. En d'autres termes, il s'agit du modèle de transmission basé sur l'échange, dans lequel les enfants peuvent hériter uniquement s'ils vivent avec leurs parents et s'en occupent.

Parmi les études qui s'appuient sur ce modèle, on trouve celle de Bernheim, Shleifer et Summers (1985) dans laquelle ils définissent l'échange entre biens successoraux et attention de l'héritier comme une motivation stratégique de transmission. Au Japon, Ohtake (1991) a analysé la relation qui existe entre, d'une part, cohabitation/soutien entre parents et enfants et, d'autre part, biens des parents, en utilisant les données brutes de « *L'étude générale des conditions de vie en matière de santé et de bien être* ».

Sur la base de cette analyse, Ohtake a défini un modèle de motivation stratégique de transmission et un modèle testamentaire basé sur un contrat implicite de pension. Par ailleurs Ando *et alii* (1986) ont comparé les jeunes ménages vivant avec des parents âgés (familles étendues) et les autres (familles nucléaires). Ils ont également analysé indirectement le comportement en matière d'épargne/consommation des personnes âgées vivant avec la famille d'un enfant et celles vivant seules; et ils en ont déduit le processus qui amène les personnes âgées à vivre avec la famille de l'un de leurs enfants.

Cox (1987) part d'un modèle familial comprenant des parents, caractérisés par des fonctions d'utilité altruiste, et des membres de la famille de l'un de leurs enfants, caractérisés par une fonction d'utilité égoïste; et il analyse un modèle d'échange entre héritage et soutien. Il définit des domaines d'échange et des domaines altruistes selon que la contrainte imposée par le niveau d'utilité de réservation de l'enfant est effective ou non, à l'aide du paramètre de donation et de soutien des personnes âgées estimé par le Président de la Commission d'enquête sur la politique des pensions (PCPP). Cox en conclut que le transfert de biens entre les générations se fait en échange des services fournis par les enfants et, en ce sens, le comportement altruiste ne se trouve pas unilatéralement du côté des parents.

Ces résultats appellent quelques remarques. Tout d'abord les analyses basées sur le modèle de motivation de transmission altruiste sont fondées sur le caractère absolu de la motivation de transmission altruiste et n'essaient pas de comprendre la raison d'une telle motivation. De plus, bien que le processus de formation de la motivation soit analysé en se basant sur une motivation orientée vers l'échange, un certain nombre de questions restent sans réponse.

Les enquêtes menées par Ohtake (1991) et Ando *et alii* (1986) sur les relations entre la cohabitation parents-enfants et la valeur des biens des parents, notamment, sont arrivées à des conclusions contradictoires. L'analyse des motivations de transmission basées sur l'échange a été effectuée en partant de l'hypothèse théorique qu'il existe une motivation de transmission implicite basée sur l'échange entre la cohabitation parents-enfants et l'augmentation de la valeur des biens. Mais cette relation entre cohabitation et valeur des biens ne prouve pas nécessairement l'existence d'une motivation de transmission. En d'autres termes, cette relation peut s'expliquer même si cette motivation n'existe pas.

Afin de mieux comprendre comment se forment la motivation de transmission et le transfert intergénérationnel des biens observé au Japon, il semble important d'analyser les questions suivantes : le comportement testamentaire des parents envers l'enfant basé sur l'échange est-il vraiment avéré ? Quelles sont les variables qui affectent le comportement testamentaire des parents? Comment le comportement testamentaire (accumulation et répartition des biens) diffère-t-il selon les caractéristiques personnelles? Dans les parties qui suivent, je décris le modèle théorique développé dans cette étude pour répondre à ces questions.

III LE CADRE THÉORIQUE

Pour clarifier la façon dont se forme la motivation de transmission, nous développons un modèle orienté vers l'échange. Dans cette étude, le modèle théorique qui présuppose qu'« un legs est fait par les parents à l'un des enfants en échange d'une cohabitation ou d'un soutien » est examiné dans le contexte d'une motivation de transmission orientée vers l'échange.

L'héritage des enfants est déterminé par leurs propres revenus et biens ainsi que par les revenus et biens des parents. Lorsque les revenus et biens des parents augmentent, il en est de même de l'héritage des enfants. La relation est appelée fonction de legs.

Le niveau de soutien des parents est déterminé par les biens et revenus des parents ainsi que ceux des enfants. Le soutien aux parents est également déterminé par le volume de l'héritage que peuvent espérer les enfants. Il est probable que des enfants aux revenus faibles apporteront une aide plus grande aux parents. Cette fonction est appelée fonction de soutien.

La fonction de legs traduit le transfert de biens du parent à l'enfant et la fonction de soutien indique la demande de service et de soutien formulée par les parents aux enfants en contrepartie des biens transférés. Si un legs est fait et qu'un soutien est apporté dans une perspective altruiste, les paramètres de chaque fonction peuvent être exprimés de la façon suivante :

Fonction de legs : $D = D\ (Y_k(-), Y_p(+))$

Fonction de soutien : $S = S\ (Y_k(\pm), Y_p(\pm))$

D'un autre côté, si un legs est fait et qu'un soutien est apporté dans une perspective égoïste, les paramètres de chaque fonction s'expriment de la façon suivante :

Fonction de legs : $D = D\ (Y_k((\pm), Y_p(+))$

Fonction de soutien : $S = S\ (Y_k(-), Y_p(+))$

Par une approximation linéaire de la fonction de soutien (ou d'attention) et de la fonction de legs, nous obtenons les équations suivantes :

Équation 1 : fonction de soutien (attention)

$A^* = p_1 Y_k + p_2 Y_p$

Équation 2 : fonction de legs

$C_k^* = r_1 Y_k + r_2 Y_p$

Équations dans lesquelles Y_p = le niveau de revenus/biens des parents; Y_k = les revenus de l'enfant; A = le montant des soins reçus des enfants mesurés en temps ; C_K = le montant du legs des parents mesuré en temps. P_1,P_2, r_1 et r_2 sont des paramètres. Le but de cette contribution est de déterminer ces paramètres.

IV L'ANALYSE EMPIRIQUE DE LA MOTIVATION DE LEGS

Les fonctions de legs et de soutien sont estimées en utilisant les données des enquêtes qui ont porté sur les individus.

1. Données

« *L'enquête sur les biens des personnes âgées* » menée par l'Agence de coordination et de management en 1990 a été utilisée pour la présente étude. La taille des échantillons était limitée à environ 500 personnes car seuls les sujets ayant des enfants et un emploi stable avaient été retenus.

2. Spécification du modèle et variables explicatives

Des variables correspondant au modèle théorique ont été sélectionnées parmi les données. Dans la présente contribution, étant donné la situation actuelle au Japon des familles de trois générations, les données portant sur les enfants qui vivent avec leurs parents ont été utilisées comme variables représentatives du soutien et un modèle probit a été appliqué aux relations entre biens successoraux des parents et caractéristiques personnelles[2]. J'ai utilisé comme variables explicatives le niveau d'utilité de réservation des enfants (nombre d'enfants), le niveau de biens des parents et les caractéristiques personnelles.

Comme les variables dépendantes ont été prises les unes après les autres, la fonction de soutien et la fonction de legs ont été converties en expression probit de la cohabitation parents-enfants et de celle de legs , respectivement, et des estimations ont été faites comme suit :

$X_B = S_0 + S_1$ (nombre d'enfants) + S_2 (niveau de biens des parents) + S_3 (caractéristiques personnelles)… expression probit de l'enfant vivant avec un parent.

$Z_B = Z_0 + Z_1$ (nombre d'enfants)+ Z_2 (niveau de biens des parents) + Z_3 (caractéristiques personnelles)… expression probit de la motivation de legs (transfert de biens)

a) Variables applicables

Les variables applicables sont l'occupation, l'âge, l'éducation, la famille nucléaire ou étendue, le nombre d'enfants, le revenu, la motivation de transmission, les héritages précédents, la propriété du domicile, l'évaluation des biens immobiliers et le montant des biens financiers. Quand les chiffres sont des ordinaux, ils sont représentés par la valeur médiane.

b) Variables dépendantes

2 Dans cette contribution la cohabitation entre parents et enfants est utilisée comme variable représentative du soutien/soin à la maison. Il nous faudrait établir toutefois quels sont les services fournis au sein de la famille sur une base transactionnelle. Selon un certain nombre d'enquêtes portant sur les opinions des personnes âgées, un nombre croissant d'entre eux souhaitent vivre dans la famille d'un enfant non pas pour des raisons économiques mais pour des raisons psychologiques liées à l'évolution du système des retraites. Dans certains cas, la cohabitation bénéficie à la fois au parent et à l'enfant. Les avantages d'une famille élargie comprennent 1) des économies d'échelle en matière de consommation de biens par-

Cohabitation parent-enfant : deux réponses sont possibles : 0 = le parent vit seul ou avec son conjoin ; 1 = le parent vit avec un enfant marié.

Motivation de transmission : les réponses se répartissent entre 0 = ceux qui n'ont pas de motivation et 1 = les autres

c) Variables explicatives

Les variables portant sur les biens : la valeur des biens immobiliers a été divisée entre 1 = 9 990 000 ¥ ou moins; 2 = de 10 à 50 millions ¥; 3 = de 50 à 100 millions ¥; 4 = de 100 à 200 millions ¥; 5 = de 200 à 500 millions ¥ et 6 = 500 millions ¥ et plus. Les valeurs médianes utilisées sont des valeurs relatives dans chaque catégorie. Le niveau des biens financiers a également été divisé entre 1 = 990 000 ¥ ou moins; 2 = de 1 à 3 millions ¥; 3 = de 3 à 5 millions ¥; 4 = de 5 à 10 millions ¥; 5 = de 10 à 20 millions ¥ et 6 = 20 millions ¥ et plus.

Le niveau d'utilité de réservation : l'effet du nombre d'enfants a été pris en compte comme la variable représentative du niveau d'utilité de réservation. Ce qui veut dire que plus le nombre d'enfants est grand, plus la part légale d'héritage de chaque enfant sera basse et le montant de l'héritage baisse lorsque l'enfant n'a pas soutenu le parent, ce qui diminue son niveau d'utilité de réservation[3].

Les caractéristiques personnelles : le sexe a été clairement identifié. Les échantillons ont été limités aux personnes qui avaient un emploi à plein temps.

Le statut marital a été divisé entre ceux qui vivent avec un conjoint, ceux dont le conjoint est décédé et ceux qui sont divorcés.

Cinq groupes d'âge ont été formés : 1 = 60 – 64; 2 = 65 – 69; 3 = 70 – 74; 4 = 75 – 79 et 5 = 80 et plus.

J'ai distingué *les niveaux de formation suivants* : 1 = école primaire; 2 = collège; 3 = lycée; 4 = premier cycle universitaire; 5 = deuxième cycle universitaire; 6 = troisième cycle universitaire.

Le nombre d'enfants est indiqué par 0 = pas d'enfant; 1 = 1 enfant; 2 = 2 enfants, etc. L'information sur *le sexe* des enfants était également disponible.

Les revenus ont été présentés en sept groupes : 1 = 990 000 ¥ ou moins; 2 = de 1 à 2 millions ¥; 3 = de 2 à 3 millions ¥; 4 = de 3 à 5 millions ¥ : 5 = de 5 à 7 millions ¥ et 6 = 7 à 10 millions ¥ et 7 = 10 millions ¥ et plus.

tagés au sein de la famille; 2) un partage des tâches domestiques résultant des différentes sphères d'activités productives des membres de la famille. Les inconvénients sont 1) les facteurs négatifs tels que la perte de vie privée et 2) une complexité accrue dans la prise de décision. Voir l'article de Cigno (1991). Dans la pratique, par exemple, la vieille génération joue un rôle important dans la prise en charge des enfants dans une famille étendue. Ceci peut être déduit du fait que le taux des femmes ayant des enfants de moins de trois ans qui travaillent 35 heures ou plus par semaine est bien plus élevé dans les familles étendues que dans les familles nucléaires. De plus beaucoup d'enfants vivent aujourd'hui dans la maison de leurs pa-

En ce qui concerne l'expérience en matière d'héritage, les personnes interrogées devaient répondre à la question : « *vous-même ou votre conjoint, avez-vous hérité de biens immobiliers de vos parents?* » et la réponse était codée 1 = oui et 0 = non. Cette information a été utilisée comme variable muette pour l'héritage, afin de pouvoir analyser les effets qu'entraîne le fait d'avoir soi-même hériter sur la motivation de transmission. Nous pouvons ainsi évaluer l'existence d'un certain type de motivation de transmission altruiste.

V LES RÉSULTATS DES ESTIMATIONS

La situation des enfants qui vivent avec leurs parents et la motivation de transmission ont été étudiées en croisant des données. Une analyse a été menée avec un modèle probit afin de définir qualitativement les variables qui influent sur la motivation de transmission[4].

1. Classification croisée des comportements parents-enfants en matière de cohabitation

Un certain nombre de caractéristiques personnelles ont été contrôlées et les effets de chacune d'entre elles sur le taux de cohabitation parents-enfants ont été analysés. J'ai commencé par étudier l'impact de caractéristiques telles que le sexe, l'existence d'un conjoint et le sexe des enfants sur le comportement en matière de cohabitation et je me suis livré à une analyse avec modèle probit de tous les échantillons.

a) Différence de comportement en matière de cohabitation selon le sexe du parent

J'ai examiné la relation qui existe entre la valeur des biens et le taux de cohabitation parents-enfants sur la seule base du sexe du parent. Les résultats sont donnés à la Figure 1, qui montre que le comportement en matière de cohabitation en fonction du niveau de biens immobiliers diffère selon le sexe du parent : dans le cas d'échantillons masculins, le taux de cohabitation parents-enfants augmente avec la valeur des biens immobiliers possédés par le parent, mais ce comportement n'est pas observable dans les échantillons de femmes.

rents. Quand le mari âgé doit rester alité, soit sa femme soit sa belle-fille doivent supporter la charge des soins. Si le mari alité est dans la soixantaine, sa femme joue le rôle le plus important dans la fourniture de soins; mais s'il est plus âgé, c'est la belle-fille au foyer qui doit assumer cette charge, ce qui limite sa capacité à travailler à l'extérieur. Ceci est défini comme « *le service d'assurance et de soutien des conditions de vie* » fourni par l'enfant au parent et auquel on fait référence sous le vocable d'« *attention* » dans la présente contribution. Ses fonctions sont d'assurer un revenu et des soins dans les périodes de maladies légères ou sérieuses et de fournir un soutien psychologique aux parents. La famille étendue est fondée sur la fourniture mutuelle de services entre

Figure 1 – Comparaison du taux de cohabitation parents-enfants par sexe

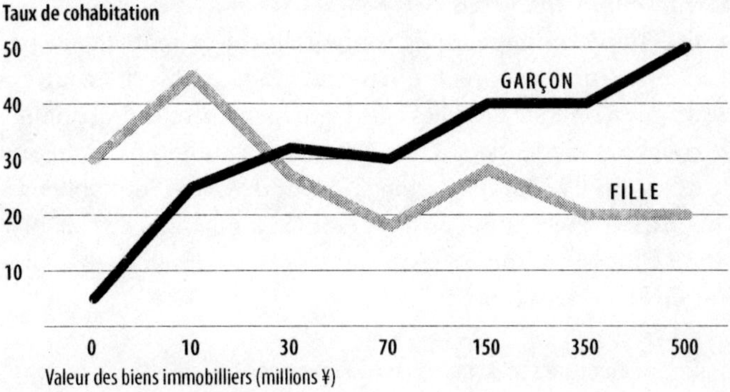

b) Comparaison basée sur l'existence d'un conjoint

Je me suis ensuite demandé si le fait que le parent ait ou non un conjoint avait un effet sur le comportement en matière de cohabitation. On peut voir à la Figure 2 qu'il existe une corrélation positive entre le taux de cohabitation des enfants avec un parent sans conjoint et la valeur des biens immobiliers possédés par ce parent. Même si le sexe, l'âge et la valeur des biens immobiliers se situent au même niveau, les parents dont le conjoint est décédé ou qui sont divorcés montrent un plus fort taux de cohabitation.

Figure 2 - Comparaison du taux de cohabitation parents-enfants en fonction de l'existence d'un conjoint

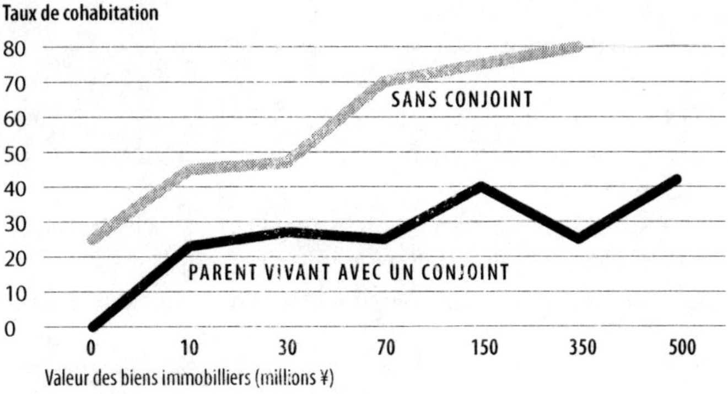

les parents et les enfants. YAMAMOTO (1991) a estimé le montant des transferts de flux de ressources financières et de biens au sein de la famille. Cependant, comme l'indiquent de nombreuses enquêtes d'opinion publique, le nombre de parents qui veulent vivre avec la famille d'un de leurs enfants est bien supérieur au nombre d'enfants qui veulent vivre avec leurs parents. C'est pourquoi dans cette contribution soutien et cohabitation sont considérés comme des services fournis par l'enfant au parent. L'analyse économique des familles étendues sera présentée dans une autre étude.

3 Une part légale d héritage doit être réservée à ceux qui sont désignés comme héritiers selon l article 1029 du Code Civil. Les enfants héri-

tent de la moitié des biens du parent décédé.

4 Lorsqu'on se livre à des estimations en utilisant une analyse probit, la cohabitation parents/enfants et l'existence d'une motivation de legs sont considérées comme des variables subordonnées. Un modèle est développé pour expliquer les relations entre la valeur des biens, le degré d'attention et la valeur supposée de l'héritage. Si le modèle de legs orienté vers l'échange s'avère exact, il devrait y avoir une relation positive entre le legs (du parent à l'enfant), l'attention (de l'enfant au parent) et la valeur supposée des biens à hériter. Cependant nous ne pouvons expliquer la cohabitation et la motivation de legs par une série de variables. Par conséquent, dans une analyse probit, nous reconnaissons une relation quand plus

c) Différence en fonction du sexe des enfants (selon que les parents ont un fils ou pas)

J'ai étudié la différence de comportement en matière de cohabitation entre les parents qui ont au moins un fils et les autres (ceux qui n'ont que des filles). La Figure 3 montre la probabilité de cohabitation des personnes âgées qui ont au moins un fils et de celles qui n'en ont pas, selon la valeur des biens immobiliers. On observe une relation positive entre la probabilité de cohabitation chez les personnes âgées qui n'ont que des filles et la valeur de leurs biens immobiliers.

Figure 3 Comparaison du taux de cohabitation parents-enfants selon la composition de la fratrie

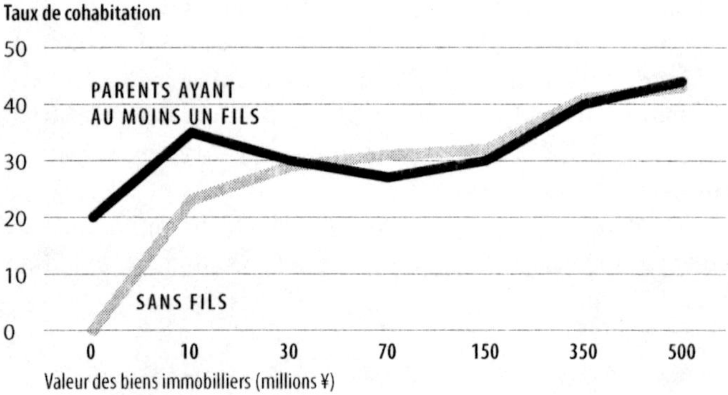

2. Résultats du modèle probit de la cohabitation parents-enfants

Les résultats du modèle probit de cohabitation entre parents et enfants donnés au Tableau 1 fournissent les indications suivantes :

- Le taux de cohabitation présente une relation positive avec la valeur des biens immobiliers détenus par les parents.
- Les variables muettes des parents de sexe masculin accroissent le taux de la cohabitation.
- Les variables concernant le conjoint font baisser le taux de cohabitation.
- Le nombre d'enfants et le taux de cohabitation sont dans une relation positive.

- L'expérience d'un héritage augmente le taux de cohabitation.
- La relation entre la valeur des biens immobiliers et la cohabitation peut être interprétée comme une relation entre les biens des parents et le soutien (l'attention) apporté par l'enfant dans le modèle théorique. De plus, si le nombre d'enfants est élevé, la part légale d'héritage par enfant en est réduite, ce qui réduit également le niveau d'utilité de réservation pour l'enfant. Cela peut être considéré comme la relation entre le niveau d'utilité de réservation pour l'enfant et le soutien (l'attention) accordé au parent.

le montant des biens des parents est important, plus la probabilité de cohabitation et d'une motivation stratégique de legs est élevée.

Tableau 1 Résultats du modèle probit de cohabitation parents-enfants

Transmission orientée vers l'échange	Équation 1	Équation 2	Équation 3
Constante	0,78 (2,1)**	0,75 (2,0)	0,72 (2,0)**
Age	−0,47 (0,12)	−0,14 (0,36)	−0,99 (0,26)
Education	−0,89 (−0,5)	−0,8 (−0,46)	
Expérience antérieure d'héritage	−0,55 (4,35)***	−0,56 (4,4)	
Nombre d'enfants	0,48 (1,2)	0,49 (1,2)	
Revenu	−0,33 (0,7)	−0,25 (0,5)	−0,42 (0,88)
Biens financiers	0,84 (0,8)		0,74 (0,7)
Immobilier		0,45 (2,5)***	0,46 (2,5)***
Sexe	0,27 (1,9)**	0,28 (2,0)**	0,23 (1,6)**
Conjoint	−0,36 (2,2)**	−0,36 (2,2)**	−0,33 (2,1)**
Fils	−0,36 (2,2)**	−0,35 (2,1)**	−0,29 (1,9)**
Taille de l'échantillon	490	490	490
Ratio de concentration	62%	65%	62%
Log de vraisemblance	−310	−310	−310
Indice de vraisemblance	0,1	0,1	0,08

* significatif à 1 % — ** significatif à 5 % — *** significatif à 10 %

3. Analyse du comportement testamentaire par croisement de données

Un certain nombre de caractéristiques personnelles ont été contrôlées, comme pour l'examen de la cohabitation parent-enfant, et les effets de chaque caractéristique sur le comportement testamentaire ont été analysés. Je me suis livré à une tabulation croisée des données et j'ai ensuite appliqué un modèle probit, comme suit :

a) Différence dans le comportement de transmission selon le sexe du parent

La Figure 4 montre une nette différence dans la probabilité d'une motivation de transmission conditionnelle selon le sexe, telle qu'elle a été déduite de la tabulation croisée des données selon le niveau des biens. La structure est différente pour les hommes et pour les femmes.

Figure 4 Comparaison du comportement en matière de transmission en fonction du sexe des cohabitants

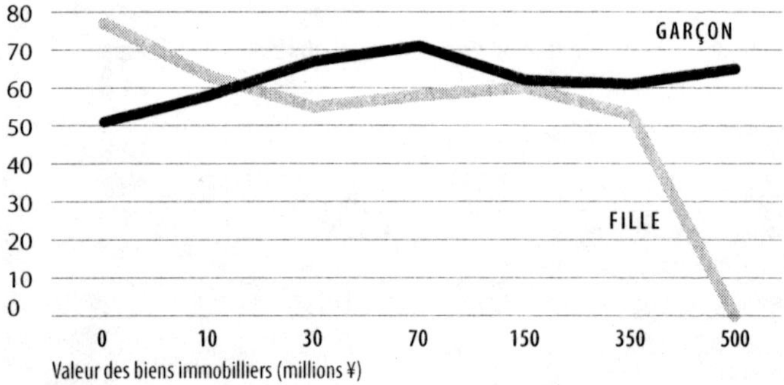

b) Comparaison basée sur l'existence d'un conjoint

Ensuite j'ai étudié l'effet de l'existence d'un conjoint sur la motivation de transmission. La Figure 5 montre la probabilité de motivation testamentaire de parents qui ont un conjoint et de ceux qui n'en ont pas, en fonction de la valeur des biens.

On peut observer une relation positive entre la motivation de transmission conditionnelle des parents qui n'ont pas de conjoint et la valeur des biens. D'un autre côté, nous ne trouvons pas ce type de relation chez les personnes âgées qui ont un conjoint. Donc le comportement de transmission des parents qui n'ont plus de conjoint peut être considéré comme orienté vers l'échange, comme le montre l'analyse de la cohabitation parent-enfant.

Figure 5 Comparaison du comportement en matière de transmission en fonction de l'existence d'un conjoint

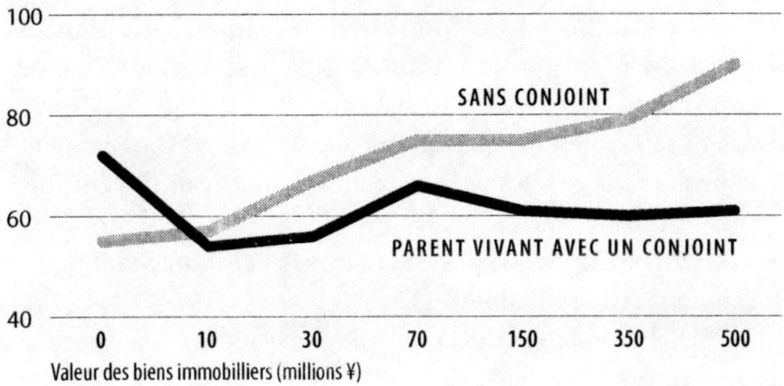

c) Différence selon le sexe des enfants (existence d'un fils)

J'ai examiné la différence de motivation testamentaire entre les personnes âgées qui ont au moins un fils comme héritier potentiel et celles qui n'ont que des filles. Les résultats montrent des attitudes différentes de ces deux groupes en matière de transmission, comme en témoigne la Figure 6.

Figure 6 Comparaison du comportement en matière de transmission en fonction du sexe des enfants

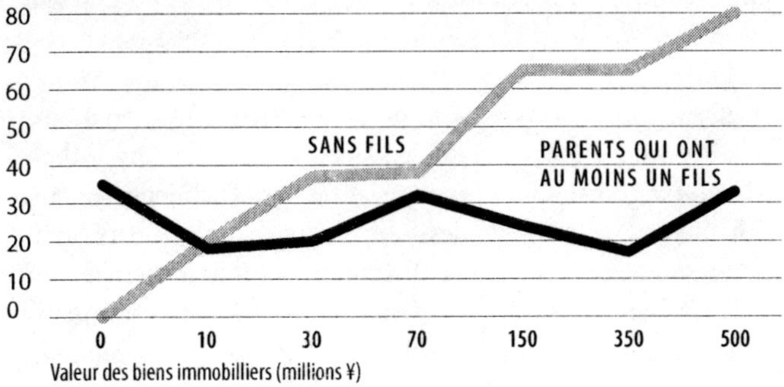

4. Résultats du modèle probit des motivations de transmission

Les résultats du modèle probit des motivations de transmission donnés au Tableau 2 conduisent aux conclusions suivantes :

- On constate une relation positive entre la probabilité pour les parents d'avoir une motivation de transmission et la valeur de leurs biens.
- Les variables muettes concernant le sexe masculin augmentent la probabilité que les parents aient une motivation de transmission.
- Les variables muettes concernant l'existence d'un conjoint diminuent cette probabilité.
- La variable muette concernant l'existence d'un fils diminue aussi cette probabilité.
- Il existe une relation positive entre le nombre d'enfants et la probabilité pour un parent d'avoir une motivation de transmission.
- L'expérience d'une dévolution successorale diminue la probabilité de motivation de transmission des parents.

La relation entre la valeur des biens immobiliers et la probabilité que les parents aient une motivation de transmission peut s'interpréter comme une relation entre les biens du parent et le montant de l'héritage. Par ailleurs, plus le nombre d'enfants est élevé, plus la part d'héritage de chaque enfant diminue. Ce qui réduit d'autant le niveau d'utilité de réservation d'un enfant. Ceci peut à nouveau être considéré comme une relation entre le niveau d'utilité de réservation pour un enfant et le montant de l'héritage. Nous pouvons voir au Tableau 1 que les paramètres utilisés pour en arriver à ces résultats renforcent l'hypothèse de la motivation testamentaire orientée vers l'échange. Ainsi se confirme de façon directe l'existence d'une relation entre biens, motivation testamentaire et cohabitation dans le comportement de transmission orienté vers l'échange. De plus il m'est possible d'affirmer que la cohabitation et le comportement testamentaire diffèrent selon certaines caractéristiques telles le sexe du parent, l'existence d'un conjoint et celle d'un fils. Il se confirme également qu'il existe une relation positive entre le taux de cohabitation, qui montre le besoin de soutien des parents, et la valeur des biens possédés par les parents. Par ailleurs on note une relation positive entre la motivation testamentaire, considérée comme la variable représentative de l'héritage, et la valeur des biens possédés par les parents. L'expérience d'un héritage augmente le taux de cohabitation et la probabilité que les parents aient une motivation de transmettre. La démonstration de ces relations a des implications importantes.

Dans ces données, l'information concernant le niveau d'utilité de réservation par enfant se limite au nombre et au sexe des enfants. Je n'ai pas réussi à aller au-delà. Comme l'information concernant le revenu et les biens des enfants n'était pas disponible, il n'a pas été possible d'infirmer clairement l'existence d'une motivation testamentaire altruiste.

Par ailleurs, la comparaison des résultats du modèle probit de la cohabitation avec ceux du modèle probit des legs a pu être influencée par l'idée selon laquelle le fils aîné est censé vivre avec ses parents. Cette question devrait faire l'objet d'études ultérieures.

Tableau 2 **Résultats de l'analyse probit des motivations de transmission**

Probit	Équation 1	Équation 2	Équation 3
Constante	−0.41(1.1)	−0.59(1.57)	−0.48(1.2)
Age	−0.73(0.17)	−0.72(0.17)	0.21(0.5)
Education	−0.5(2.5)	−0.51(2.6)	
Expérience antérieure d'héritage	0.23(1.8)	0.22(1.8)	
Nombe d'enfants	0.9(2.4)	0.9(2.4)	
Revenu	−0.3(0.5)	−0.20(0.4)	−0.25(0.48)
Biens financiers	0.5(0.44)		−0.14(0.12)
Immobilier		0.68(2.7)	0.6(1.9)
Sexe	0.23(1.6)	0.23(1.6)	0.18(1.8)
Fils	−0.62(3.7)	−0.67(3.9)	−0.63(3.8)
	0.25(0.14)	0.38(0.21)	0.12(0.79)
Taille de l'échantillon	490	490	490
Ratio de concentration	71%	70%	69%
Log de vraisemblance	−284	−282	−289
Indice de vraisemblance	0,163	0,169	0,148

VI CONSÉQUENCES POLITIQUES ET CONCLUSIONS

1. Conséquences politiques concernant les relations d'échange au sein de la famille

Les analyses précédentes confirment l'existence de relations d'échange entre soutien et legs entre parents et enfants. Il est nécessaire de développer une politique de soutien entre les générations au profit de la future population âgée, en tenant compte de ce type de relation transactionnelle privée liée au soutien et à l'héritage au sein de la famille. En conclusion je présenterai quelques réflexions sur les implications politiques de cette relation d'échange au sein de la famille.

Avec le vieillissement de la population, le problème du partage intergénérationnel de la prise en charge des personnes âgées devient important. Si les systèmes de finances publiques, de retraites publiques et de sécurité sociale continuent à subvenir aux moyens d'existence, aux besoins médicaux et aux soins des personnes âgées, le partage équitable entre les générations des coûts liés à la population âgée sera sérieusement mis en péril, du fait de l'augmentation rapide des dépenses publiques consacrées au bien-être des personnes âgées, ces dépenses étant supportées par la population active. À côté des flux financiers nécessaires aux dépenses sociales, qui vont des salariés vers les personnes âgées sous forme de financements publics et de pensions, il nous faut prendre en compte le transfert des fortunes privées de parents à enfants sous forme d'héritage. Il est nécessaire d'équilibrer ces deux types de flux et de rechercher, à travers les mécanismes du marché, un partage équitable du soutien apporté aux personnes âgées. Comme le transfert de biens se passe au sein de la famille, si les successions ne sont pas plus fortement imposées, l'inégalité des richesses va augmenter du fait de tels transferts privés et de l'accroissement des dépenses sociales. Dans ce contexte, il nous faut étudier les systèmes qui assurent des moyens d'existence aux personnes âgées, en encourageant un fort taux de cohabitation parents/enfants et ajuster notre système d'imposition des successions, le système de soutien aux personnes âgées dans le cadre du Code civil, la collecte des fonds nécessaires au soutien des personnes âgées, le système d'autofinancement des retraites faisant appel aux mécanismes du marché, le financement public et les coûts assumés par la famille. Ces points sont résumés ci-dessous.

2. Accès abusif au système d'aides publiques et partage des coûts

Il nous faut étudier les critères de calcul des tarifs des maisons de retraite pour les personnes âgées (SNH) en tenant compte de la valeur des biens successoraux. Bien que le système de tarification actuel des SNH soit en principe basé sur la capacité de payer, il ne tient pas compte des biens du parent et la différence entre le tarif des SNH et le coût réel est couverte par des subventions gouvernementales.

Donc, même si un enfant (héritier) n'aide pas son parent, il peut hériter des biens de ce parent qui n'ont pas été entamés pendant son séjour dans un SNH. Afin de prévenir cet accès de l'héritier aux aides publiques, il faut mettre en place un système qui permette de déduire le montant des aides publiques des biens hérités par les enfants qui ne se sont pas acquittés de leurs devoirs envers leurs parents[5].

Certaines personnes âgées reçoivent une subvention publique alors qu'elles possèdent une maison de grande valeur. Lorsqu'un membre de la famille hérite de ce bien, cela constitue un recours abusif à l'aide publique. En incluant le montant des propriétés immobilières dans le calcul des ressources donnant droit aux aides publiques, comme le propose Noguchi (1991), et en déduisant le montant de l'aide publique des biens hérités, il sera possible de prévenir le comportement décrit ci-dessus.

Cette mesure sera également efficace pour assurer l'équité entre les ménages de personnes âgées et pour éviter que les inégalités de fortune ne se transmettent à la génération suivante à travers l'héritage dont un enfant peut bénéficier.

3. Création d'un marché de services de soins quasi-concurrentiel

Quand une personne âgée souhaite bénéficier de services de soins, les moyens suivants sont à sa disposition, à côté des services de soins publics : le soutien traditionnel par la famille; les services de soins privés sur le marché en empruntant des fonds à un établissement financier avec hypothèque de la propriété comme garantie; les équipements et services fournis par des associations. Dans ce dernier cas, une personne âgée utilise ses biens comme dans le cas précédent ; ce système a été mis en place pour la première fois à Musashino, Tokyo. Dans une situation idéale, la personne âgée pourrait choisir librement une combinaison de ces trois types de services de soins et des services de soins publics. Mais en réalité ce choix est limité, du fait du développement inadéquat du marché des services de soins pour les personnes âgées et de l'insuffisance des systèmes de soins.

5 Selon Ishikawa (1994) « *il nous faut envisager un système dans lequel l'ensemble des coûts encourus pour s'occuper d'une personne âgée pendant son séjour en institution doit être pris sur les biens que cette personne possédait au moment de son décès. Il semble raisonnable de considérer que si une personne âgée a des ressources financières, ces biens doivent intervenir dans le règlement des dépenses encourues pour lui assurer des conditions de vie en s'appuyant sur le principe de la responsabilité personnelle, même si elle séjournait en maison de retraite dans le cadre du système social* . »

Yashiro (1993) a souligné notamment que les trois fournisseurs de services de soins – le gouvernement, le marché et la famille – n'étaient pas en concurrence. Il a proposé d'examiner la façon de garantir les moyens d'existence des personnes âgées en augmentant le taux de cohabitation parents-enfants au Japon et, à ce propos, il a souligné l'importance de l'héritage dans la prise en compte du soutien fourni par un enfant à son parent.

Comme nous l'avons noté plus haut, il est important de développer un système dans lequel la motivation de transmission orientée vers l'échange héritage contre soutien entre parents et enfants, se reflète effectivement dans le soutien privé aux parents au sein de la famille, même s'il suppose l'utilisation des biens possédés par les parents. En concevant un système qui reconnaîtrait que l'héritage correspond à la prise en considération du soutien apporté, nous pourrions créer une relation quasi-concurrentielle au sein de la famille et entre la famille et le marché des services de soins aux personnes âgées.

Le fardeau qui pèse sur la famille pour le soutien des personnes âgées va continuer à s'alourdir avec le vieillissement rapide de la population et la baisse des financements publics. Nous devons décider qui, au sein de la famille, doit être responsable de l'entretien des parents, comment le coût doit être partagé et selon quelles règles seront distribués les biens successoraux, qui peuvent être considérés comme une compensation pour le soutien apporté aux parents. Dans l'ancien Code Civil de la période d'avant-guerre, la « *relation transactionnelle entre le soutien aux parents et l'héritage* » était clairement établie dans le système de primogéniture, selon lequel le fils aîné héritait de la fortune de la famille en contrepartie du fait qu'il devait s'occuper de ses parents. En ce sens, les clauses de la loi d'avant-guerre concernant la transmission successorale et le soutien des parents peuvent être comparées à « *la relation d'échange involontaire en matière de transmission* ».

Dans le cadre du Code Civil en vigueur, le fils aîné n'a pas l'obligation de vivre avec ses parents et il partage avec les autres enfants l'obligation de subvenir économiquement aux besoins des parents. Le soutien aux parents à domicile était à l'origine basé sur l'hypothèse que les parents vivaient avec la famille d'un des enfants. Mais dans le cadre du droit de la famille actuel, le choix de cohabiter entre parents et enfants est libre et la transmission successorale ne dépend pas du soutien apporté par un enfant à ses parents. Par conséquent, l'héritage et le soutien aux parents âgés sont fondés totalement sur l'altruisme.

Il faudrait établir un système clair de compensation pour la belle-fille qui assume le poids principal des soins apportés aux parents âgés au sein de la famille étendue. Prendre soin des personnes âgées chez soi ne devrait pas dépendre du travail gratuit de la femme au foyer. Si quelqu'un dans la famille s'occupe d'une personne âgée à domicile, il ou elle y perd un temps qui équivaut à des ressources. Ce temps pourrait être utilisé à gagner un salaire en travaillant à l'extérieur. En d'autres termes, prendre soin de personnes âgées chez soi a un coût d'opportunité. La prise en charge de personnes âgées à son domicile et le travail d'une femme au foyer se concurrencent. Donc, si le travail consacré aux soins à la maison n'est pas pris en compte et récompensé correctement, il sera de plus en plus difficile de trouver quelqu'un pour rendre ce service au sein de la famille.

En plus de l'accès abusif à des financements publics mentionné ci-dessus, il existe un autre type de fraude : la situation dans laquelle les enfants qui négligent de s'occuper de leurs parents héritent des biens des parents dans des conditions bien plus avantageuses que la belle-fille. L'approche de base pour prévenir ce type de dysfonctionnement consisterait à définir clairement la relation qui existe entre le soutien aux parents et l'héritage. À cette fin, il faudrait équilibrer le partage des coûts entre soutien public et soutien privé sur la base de la relation d'échange volontaire entre héritage et soutien des parents par les enfants et préciser la relation qui devrait exister entre l'obligation de soutien aux parents et le système de succession.

Kohei Komamura
Traduit de l'anglais par Monique Flasaquier

BIBLIOGRAPHIE

Alessandro (Cigno), *Economics of the Family*, 1991, Clarendor Press.

Altonji, Hayashi and Kotlikoff, "Is the extended American family altruistically linked?" *Economic Review*, Vol. 82, 1992.

ANDO, ALBERT and YAMASHITA, *Economic Analysis*, 1986, n° 101, Economic Planning Agency.

BECKER (Gary S.), *A Treaty on the Family*, 1981, Harvard University.

BERNHEIM (B. Douglas), SHLEIFER (Andrei) and SUMMERS (Lawrence H.), "The Strategic Bequest Motive", *Journal of Political Economy*, vol. 93, 1985.

BLINDER (Alan S.), "A Model of Inherited Wealth", *Quarterly Journal of Economics*, 1973.

CAMPBELL (Daid F.), *Transfer and Life Cycle Wealth in Japan, 1974-84*, mimeo, The University of Michigan, 1989.

COX (Donald), "Motive for Private Income Transfer", *Journal of Political Economy*, vol.95, 1987.

DEKLE (R.), "The unimportance of Intergenerational transfer in Japan", *Japan and World Economy*, 1989.

Economic Planning Agency, *The elderly and the Community Welfare System in the 21st Century*, Gyosei, 1989.

HAMAMOTO (Chizuka), "Study on Intergenerational Difference in public pension", *The Quarterly of Social Security Resarch*,vol.27, n°4, 1991.

HORIOKA (Charles Yuji), *A Survey of the literature on the applicability the life cycle hypothesis and Impact of the ageings of population on Japan as saving rate*, working paper, 1991.

ISHIKAWA (Minoru), "Support and Nursing Care of the Elderly", *The Total Vision of a Longevity Society*, Dai-ichi Hoki, 1994.

ISHIKAWA (Tsuneo), "Imperfection in the Capital market and Institutional Arrangement of Inheritance", *Review of Economic Studies*, vol. 41, July 1974.

ISHIKAWA (Tsuneo), *Income and Wealth*, Iwanami Shoten, 1991.

KOTLIKOFF (Laurence) and MORRIS (John N.), "Why Don't the Elderly Live with their Children?" in *Issues in the Economics of Aging*, NBER, 1989.

KOTLIKOFF (Laurence) and SOIVAK (Avia), "The Family as an Incomplete Annuities Market", *Journal of Political Economy*, vol. 89, 1981.

Management and Coordination Agency, *Survey of the Assets Held for Old Age*, 1987.

MENCHIK (Paul L.), "Intergenerational Transmission of Inequality", *Economica*, vol. 46, 1979.

MENCHIK (Paul L.), "Primogeniture, Equal Sharing and U.S. Distribution of Wealth" *Quarterly and Journal Economics*, vol. 94, 1980.

MENCHIK (Paul L.) and DAVID (Martin), "Income Distribution, Lifetime Savings and Bequests", *American Economic Review*, vol. 78, 1983.

MURAKAMI (Masako), "Nursing Care Security and Financial Means", *Social Security in an Aging Society*, Dai-ichi Hoki, 1994.

NOGUCHI (Yukio), *On the stock of the Economy*, Chuokoron-sha, 1991.

OHTAKE (Fumio), *Bequest motive of aged Household in Japan*, Discussion Paper, 1991.

YARRI (Menahem), "Uncertain Lifetime, Life Insurance, and the Theory of the Consumer", *Review of Economic Studies*, 32, 1965.

SHIMONO (Keiko), *Economics Analysis of Asset Gaps*, University of Nagoya Press, 1991.

YASHIRO (Naohiro), "Economic Position of the Elderly", *JCER Economic Journal*, n° 25, 1993.

Les personnes âgées dépendantes : du défi pour la politique sociale au champ aveugle de la sociologie de la famille

L'ESPÉRANCE de vie à la naissance a connu dans tous les pays développés une progression considérable au cours du XXe siècle. En France elle est passée de 45 ans en moyenne en 1900 à 79 ans en 2000. L'augmentation résulte principalement depuis une trentaine d'année du recul de la mortalité aux âges élevés. La part des personnes âgées, voire très âgées, dans la population totale s'est par conséquent fortement accrue. Les plus de 80 ans représentaient 1,6 % de leur population en 1960 pour les quinze pays de l'Union européenne, 3,8 % en 1997 et atteindront 5,6 % à l'horizon 2020. À cette date, le Japon[1], l'Italie et la Grèce auront la part la plus importante de personnes très âgées[2].

L'augmentation de l'espérance de vie ne s'est heureusement pas traduite par une augmentation proportionnelle de la part des personnes âgées dépendantes, l'espérance de vie sans incapacité ayant progressé pour tous les groupes de catégories socioprofessionnelles (CSP) de façon plus importante que l'espérance de vie globale[3]. Les années de vie gagnées par les individus l'ont été sans une augmentation des incapacités. Pour autant le nombre de personnes âgées dépendantes a augmenté et augmentera inéluctablement dans les années à venir. En effet la proportion des personnes déclarant des incapacités augmente très fortement avec l'âge, passant de 8 % à 20-24 ans à 88 % à 80-84 ans et 96 % à 90 ans et plus[4]. Les personnes âgées dépen-

1 Au Japon, selon les projections du ministère japonais de la Santé, la part des plus de 75 ans devrait atteindre 12,5 % de la population totale dès 2020.

2 Laurence Assous et Pierre Ralle, « La prise en charge de la dépendance des personnes âgées : une comparaison internationale », *Études et résultats*, Drees, n° 74, juillet 2000.

3 Voir Jean-Marie Robine et Pierre Mormiche, « L'espérance de vie sans incapacités augmente », *Insee Première*, n° 281, 1993; et Jean-François Ravaud et Pierre Mormiche, « Handicaps et incapacités » in Annette Leclerc *et alii*, *Les inégalités sociales de santé*, Inserm, La Découverte, 2000, p. 305-306.

4 Voir Pierre Mormiche et le groupe de projet HID, « Le handicap se conjugue au pluriel », *Insee Première*, n° 742, 2000.

dantes représentent par conséquent une part croissante de l'ensemble des personnes concernées par des déficiences, incapacités ou handicaps, tous âges confondus[5] (voir encadré 1 pour une définition de référence des différents degrés de dépendance).

L'examen de la prise en charge de la population formée par les personnes âgées dépendantes est riche d'enseignement à de nombreux titres. D'abord quant au retard considérable pris par la France pour mener des enquêtes systématiques sur ce sujet. Ensuite quant à la dimension sexuée du phénomène. Car il s'agit d'un univers essentiellement féminin : les personnes âgées dépendantes sont elles-mêmes principalement des femmes; les professionnels intervenant dans le champ sont majoritairement des femmes; les proches qui s'occupent des vieilles, voire très vieilles, personnes sont encore principalement des femmes. En troisième lieu, on constate que la plupart des personnes âgées dépendantes vivent hors institution spécialisée, à leur domicile ou à celui d'un de leurs proches. Le défi humain et financier que constitue pour la politique sociale la prise en charge de ces personnes est également considérable. Enfin, les carences de la politique publique dans ce domaine renvoient aussi au champ aveugle de la sociologie de la famille qui a longtemps privilégié l'étude des relations conjugales ou des rapports avec les enfants, voire s'est focalisée sur les individus et leurs aspirations existentielles sans peut-être accorder la place qu'ils méritent aux rapports intergénérationnels; et, en particulier, parmi ces derniers, aux rapports d'aide existant entre les personnes âgées dépendantes et les membres de leur famille, en premier lieu les femmes, épouses, filles, petites-filles, belles-filles, voire voisines.

5 L'apparition d'un handicap chez les personnes âgées et le vieillissement des personnes handicapées sont en outre deux processus différents, pour les unes les difficultés résultent de l'avancée en âge, pour les autres elles s'ajoutent à un handicap préexistant. Voir Hélène MICHAUDON, « Les personnes handicapées vieillissantes : une approche à partir de l'enquête HID », *Études et résultats*, Drees, n° 204, décembre 2002. Nous nous limitons dans cette communication aux seules personnes âgées dépendantes.

Encadré 1 Quelle définition des degrés de dépendance?

Il existe différentes définitions des degrés de dépendance et différentes grilles de mesure des incapacités (ou de la dépendance, voire de l'autonomie fonctionnelle, etc.). La question des grilles de mesure et des échelles de sévérité des incapacités est essentielle. La définition des degrés de dépendance détermine le nombre de personnes prises en compte par ces grilles. Elle est toujours en discussion tant parmi les chercheurs (notamment à l'occasion de l'enquête HID) que parmi les responsables politiques ou parmi les personnes ou associations directement intéressées par la question.

La grille Calvez vise à appréhender la dépendance (au sens du besoin d'aide), elle mesure la perte de mobilité, c'est-à-dire la dépendance physique, en classant les personnes en quatre groupes :

- le premier niveau comprend les personnes confinées au lit ou au fauteuil;
- le second, celles qui ont besoin d'aide pour la toilette et l'habillage;
- le troisième, celles qui ont besoin d'aide pour sortir;
- le quatrième comprend des personnes considérées comme non dépendantes.

En croisant ces groupes avec un indicateur de dépendance psychique on a construit les huit classes de l'indicateur EPHA – du nom de l'Enquête auprès des établissements d'hébergement pour personnes âgées.

La grille AGGIR – Autonomie gérontologique groupe iso-ressources – est un outil multi-dimensionnel de mesure de l'autonomie à travers l'observation des activités qu'effectue seule la personne âgée. Elle classe les personnes âgées en six niveaux de perte d'autonomie à partir du constat des activités ou gestes de la vie quotidienne réellement effectués ou non par la personne. Cette grille a été la grille de référence pour l'attribution de la prestation spécifique dépendance (PSD) de 1997 à 2001, puis de l'allocation personnalisée d'autonomie (APA) à partir de 2002, destinée à la fois aux personnes âgées de plus de 60 ans lourdement dépendantes (GIR 1 à GIR 3) et à celles qui sont évaluées en GIR 4 :

- Le premier niveau (GIR 1) comprend les personnes confinées au lit ou au fauteuil ayant perdu leur autonomie mentale, corporelle, locomotrice et sociale, qui nécessitent une présence indispensable et continue d'intervenants.
- Le GIR 2 est composé de deux sous-groupes : d'une part, les personnes confinées au lit ou au fauteuil dont les fonctions mentales ne sont pas totalement altérées et qui nécessitent une prise en charge pour la plupart des activités de la vie courante ; d'autre part, celles dont les fonctions mentales sont altérées

mais qui ont conservé leurs capacités motrices. Le déplacement à l'intérieur est possible mais la toilette et l'habillage ne sont pas faits ou partiellement.

- Le GIR 3 regroupe les personnes ayant conservé leur autonomie mentale, partiellement leur autonomie locomotrice, mais qui nécessitent quotidiennement et plusieurs fois par jour des aides pour leur autonomie corporelle (toilettage, habillage, hygiène de l'élimination).
- Le GIR 4 comprend les personnes qui n'assument pas seules, leur transfert, mais qui, une fois levées, peuvent se déplacer à l'intérieur du logement. Elles doivent être aidées pour la toilette et l'habillage. La plupart s'alimentent seules ; ce groupe comprend aussi des personnes sans problèmes de locomotion mais qu'il faut aider pour les activités corporelles et les repas.
- Le GIR 5 est composé des personnes autonomes dans leurs déplacements chez elles qui s'alimentent et s'habillent seules. Elles peuvent nécessiter une aide ponctuelle pour la toilette, la préparation des repas et le ménage.
- Le GIR 6 regroupe les personnes qui n'ont pas perdu leur autonomie pour les actes discriminants de la vie quotidienne.

I LA PRISE EN CHARGE DES PERSONNES ÂGÉES DÉPENDANTES : ÉTAT DES LIEUX DES CONNAISSANCES

Au cours des années 1990, différentes enquêtes ont cherché à évaluer le nombre et la situation des personnes âgées vivant en situation de dépendance. Il a cependant fallu attendre la fin de la décennie, pour que soit administrée sous l'égide de l'INSEE la première grande enquête nationale : l'enquête HID, « Handicaps, incapacités, dépendance » (voir encadré 2), portant sur l'ensemble des situations de handicap et de dépendance. Le retard de la France dans le domaine des statistiques nationales sur ces sujets était considérable. Cette carence en matière de connaissance était déjà en soi le symptôme d'une sous-estimation de l'ampleur et de l'urgence des problèmes par les responsables politiques et administratifs qui assurent en principe la charge de leur gestion[6].

6 Ces dernières années ce retard a cependant été en grande partie comblé, en témoignent par exemple les publications spécialisées qui ont consacré des dossiers à la dépendance des personnes âgées au cours du premier semestre 2003 : Retraite et Sociétés, CNAV, n° 39, 2003, Revue française des Affaires sociales, n° 1-2, janvier-juin 2003, Dossiers Solidarité et Santé, n° 1, janvier-mars 2003.

Encadré 2 L'enquête Insee « Handicaps, incapacités, dépendance » (HID)

L'enquête HID regroupe en fait un ensemble de trois enquêtes différentes :

- une enquête auprès des personnes handicapées en institution, conduite en deux vagues successives en 1998 et 2000 (HID 1998 et HID 2000) ;
- une enquête auprès des ménages ordinaires hébergeant des personnes handicapées, là aussi en deux vagues successives en 1999 et 2001 (HID 1999 et HID 2001), la première vague repose sur un échantillon de près de 22 000 personnes dont près de 17 000 ont répondu, la seconde vague visait à analyser l'évolution des situations individuelles ;
- enfin une enquête auprès de la population handicapée en milieu carcéral, réalisée en 2001 (HID-Prisons 2001).

L'enquête HID vise à pallier le manque d'informations cohérentes et générales en France sur les handicaps, les déficiences et la dépendance des personnes de tous âges. Elle répond à trois objectifs : mesurer le nombre de personnes handicapées ou dépendantes; évaluer les flux d'entrée et de sortie en incapacité; et appréhender les aides existantes, ainsi que les besoins des personnes. Au total, lors de l'enquête réalisée en 1998 et 1999, plus de 30 000 personnes vivant en ménage ordinaire ou en institution médico-sociale ont été interrogées sur les difficultés qu'elles éprouvaient dans les domaines suivants :

- L'entretien personnel : faire sa toilette, s'habiller/se déshabiller, se servir des toilettes, se nourrir y compris couper les aliments ;
- La mobilité : se lever/se coucher, monter/descendre un étage d'escalier, se pencher et ramasser un objet par terre ;
- La souplesse et la manipulation : se couper les ongles des orteils, se servir de ses mains et de ses doigts ;
- L'orientation dans le temps et la communication : ne plus se souvenir à quel moment de la journée on est, avoir des problèmes de communication avec autrui en dehors de ceux liés à la surdité ;
- La vue et l'audition : vue de près, vue de loin, audition.

Pour chaque incapacité déclarée, une distinction a été faite entre les difficultés sévères (« *fait avec beaucoup de difficultés* » ou « *ne fait pas sans aide* ») et les difficultés modérées (« *fait avec quelques difficultés* »). Les personnes confinées au lit ou à la chambre ont été considérées comme ayant des difficultés sévères de mobilité.

Dans le cadre de cette communication, nous avons principalement exploité les données de la seconde enquête concernant les seules personnes âgées dépendantes, qui ne représentaient qu'une partie de la population des personnes handicapées.

Source : Catherine Goillot et Pierre Mormiche, « Enquête Handicaps – Incapacités – Dépendance auprès des personnes vivant en domiciles ordinaires en 1999 », *Insee Résultats*, n° 6, série société, septembre 2002.

Un million et demi de personnes concernées.

L'évaluation précise du nombre de personnes concernées reste cependant difficile à partir de l'enquête HID : elle varie de manière significative en fonction de l'indicateur retenu et en fonction des modes de calculs[7].

Selon la grille Calvez (voir encadré 1 et tableau 1), 628 000 personnes de plus de 60 ans sont concernées par la dépendance lourde (niveau 1 et 2) et 789 000 ont besoin d'aide pour sortir, soit 1 417 000 personnes âgées dépendantes au total.

Selon l'outil AGGIR (voir encadré 1 et tableau 2) une estimation stricte des GIR 1 à 4 (population cible de l'Allocation personnalisée d'autonomie – APA) aboutit en 1998-1999 à près de 800 000 personnes dont 532 000 en GIR 1 à 3, mais les auteurs de l'estimation précisent dans leur étude que l'intégration des « *cas limite* » (précédemment classés en GIR 5 ou GIR 6) en GIR 4 peut conduire à inclure 157 000 personnes supplémentaires dans cette catégorie. On aboutirait par conséquent à près de 960 000 personnes[8]. Le Rapport de l'Observatoire National de l'Action Sociale Décentralisée (ODAS) publié en janvier 2003 propose une fourchette comprise entre 950 000 et 1 120 000 pour évaluer le nombre de personnes classées en GIR 1 à 4, soit près de 20 % de plus[9]. En y ajoutant les personnes classées en GIR 5, on arrive alors à une estimation globale début 2003 située entre 1 336 000 et 1 503 000. Selon des évaluations récentes le nombre de personnes classées en GIR 1 à

7 Christel Colin et Vincent Coutton, « Le nombre des personnes âgées dépendantes d'après l'enquête Handicaps-Incapacités-Dépendance », *Études et résultats*, n° 94, Drees, décembre 2000.

8 Op. cit., p. 4-7.

9 *Allocation personnalisée d'autonomie : enjeux et perspectives*, Rapport de l'Observatoire National de l'Action Sociale Décentralisée (ODAS), janvier 2003.

Tableau 1 Nombre de personnes âgées dépendantes (enquête HID) selon la grille de Calvez

	À domicile (en %)	Etablissements pour personnes âgées (en %)	Autres établissements (en %)	Ensemble
Niveau 1	46,7	52,4	0,9	225 000
Niveau 2	74,4	24,6	1,0	403 000
Niveau 1+2	**64,5**	**34,6**	**0,9**	**628 000**
Niveau 3	82,1	17,1	0,8	789 000
Niveau 1+2+3	**74,3**	**24,8**	**0,8**	**1 417 000**
Niveau 4	98,9	1,0	0,1	10 624 000
Inconnu	55,8	39,5	4,7	43 000
Ens. 60 ans et +	**95,9**	**4,0**	**0,1**	**12 084 000**

Source : INSEE, enquêtes HID 1998 et 1999 *in* Christel Colin et Vincent Coutton, « Le nombre des personnes âgées dépendantes d'après l'enquête Handicaps-Incapacités-Dépendance », *Études et résultats,* n° 94, DREES, décembre 2000, p. 3.

Les pourcentages ont été calculés par nos soins sur la base des chiffres arrondis indiqués en référence, ce qui explique que le total puisse ne pas atteindre 100 % dans certains cas.

4 devrait augmenter de plus de 50 % d'ici 2040 suivant un scénario moyen et de 80 % suivant un scénario pessimiste et atteindre, selon les hypothèses, un chiffre compris entre 1 200 000 et 1 728 000 personnes[10].

En retenant une définition large, incluant les incapacités légères, ces évaluations aboutissent donc à des chiffres de l'ordre de 1,4 à 1,5 million de personnes de 60 ans ou plus affectées de dépendance sévère ou modérée, qui ont quotidiennement besoin d'assistance à des degrés divers. Selon les prévisions effectuées à la fin des années 1990 ce chiffre devrait monter à environ 2,5 millions en 2020 et 3,1 millions en 2040[11].

Un degré de dépendance qui augmente avec l'âge.

Sur l'ensemble de la population couverte par l'enquête HID, les problèmes rencontrés le plus souvent concernent la vue et l'audition (9 % des femmes et 11 % des hommes) et la mobilité (respectivement 10 % et 9 %)[12]. Après l'âge de 65 ans, la fréquence des incapacités s'élève fortement; mais, pour les incapacités sévères, le phénomène est surtout marqué après l'âge de 80 ans. Au total, la moitié des personnes

10 Olivier Bontout, Christel Colin et Roselyne Kerjosse, « Personnes âgées dépendantes et aidants potentiels : une projection à l'horizon 2040 », *Études et résultats,* n° 160, Drees, février 2002.

11 Chiffres cités par Martine Long, «La prestation spécifique de dépendance des personnes âgées : en attendant mieux…», *Regards sur l'actualité,* n° 233, La Documentation Française, 1997, p. 41.

12 Ces éléments ainsi que la plupart des informations sexuées qui suivent sont tirés d'une exploitation originale de l'enquête HID par Emmanuelle Camboin *et alii,* « Femmes et hommes ne sont pas égaux face au handicap », *Population et Sociétés,* n° 386, janvier 2003.

Tableau 2 Nombre de personnes âgées dépendantes (enquête HID) selon l'outil AGGIR

	À domicile (en %)	Etablissements pour personnes âgées (en %)	Autres établissements (en %)	Ensemble
Equivalent-GIR 1	31,9	66,7	1,4	69 000
Equivalent-GIR 2	50,8	47,7	1,6	262 000
Equivalent-GIR 3	68,2	30,8	1,0	201 000
GIR 1 à 3	**54,9**	**43,8**	**1,3**	**532 000**
Equivalent-GIR 4	87,9	11,7	0,4	264 000
GIR 1 à 4	**65,8**	**33,2**	**1,0**	***796 000**
Equivalent-GIR 5	88,7	11,0	0,3	390 000
****GIR 1à 4 + GIR5**	**73,4**	**25,9**	**0,8**	**1 186 000**
Equivalent-GIR 6	98,5	1,4	0,1	10 855 000
GIR inconnu	55,8	39,5	9,3	43 000
Ens. 60 ans et +	**95,9**	**4,0**	**0,1**	**12 084 000**

Source : INSEE, enquêtes HID 1998 et 1999 *in* Christel Colin et Vincent Coutton, « Le nombre des personnes âgées dépendantes d'après l'enquête Handicaps-Incapacités-Dépendance », *Études et résultats,* n° 94, DREES, décembre 2000, p. 5.
Remarques : 1) Pourcentages en ligne calculés par nos soins sur la base des chiffres arrondis indiqués en référence, ce qui explique que le total puisse ne pas atteindre 100 % dans certains cas.
2) Les auteurs de l'estimation précisent dans leur étude que l'intégration des « *cas limite* » (précédemment classés en GIR 5 ou GIR 6) en GIR 4 peut conduire à inclure 157 000 personnes supplémentaires dans cette catégorie. On aboutirait dans cette hypothèse à près de 960 000 personnes.

de 80 ans et plus a un problème grave de mobilité et deux sur cinq un problème de vue ou d'audition. Les difficultés sévères à assurer son entretien personnel touchent plus du tiers des femmes et plus du quart des hommes; le confinement à domicile touche une femme sur quatre et un homme sur sept; le confinement au lit une personne sur cent.

Les personnes âgées dépendantes sont d'abord des femmes…

Au-delà du nombre et de la proportion élevés des personnes concernées après l'âge de 80 ans, c'est la dimension sexuée de la dépendance qui est le phénomène le plus marquant : les personnes âgées dépendantes sont d'abord des femmes. Elles sont non seulement beaucoup plus nombreuses aux âges élevés, elles sont aussi proportionnellement davantage touchées. Le facteur principal des différences sexuées observées parmi les personnes âgées dépendantes tient certainement au fait qu'elles se retrouvent beaucoup plus souvent seules pour faire face à leurs incapacités, alors que les hommes peuvent encore compter sur leurs épouses pour les aider. La différence d'espérance de vie conjuguée à l'écart d'âge des conjoints explique en effet que les épouses vivent en moyenne dix ans de plus que les époux. De ce fait elles ne sont pas seulement les principales victimes de la perte d'autonomie mais aussi les premières concernées par la prise en charge à domicile alors qu'elles ont un âge relativement avancé (50 à 70 ans).

…hébergées à domicile…

Les établissements d'hébergement pour personnes âgées (EPHA) accueillent essentiellement les personnes les moins autonomes (voir les chiffres des tableaux 1, 2 et 3). En 2002, ils disposent en moyenne de 150 places installées pour 1 000 personnes âgées de 75 ans ou plus, avec cependant de fortes disparités suivant les départements tant en ce qui concerne le nombre de places que la structure des EHPA. Globalement 60 % des places dépendent du secteur public et 40 % du privé. Les maisons de retraites fournissent 63 % des places, les logements-foyers 29 % et les unités de soins de longue durée 13 %. Entre 1996 et 2002 le nombre de places s'est accru de 1 %, mais la population âgée de 75 ans ou plus a augmenté de 3 %[13]. C'est dire que la part des personnes âgées dépendantes hébergées à domicile déjà largement majoritaire (voir tableau 1, 2 et 3) va encore augmenter à l'avenir.

…et prises en charge par des femmes (des proches et/ou des professionnelles).

Selon l'enquête HID 3,2 millions de personnes âgées de 60 ans ou plus, soit plus du quart de l'ensemble de ces personnes, reçoivent une aide en raison d'un handicap ou d'un problème de santé[14]. Parmi les 75 ans et plus la proportion s'élève même à la moitié. Les personnes classées en GIR 1 à 5 sont pratiquement toutes aidées afin de permettre leur maintien à domicile.

13 Annie Mesrine, « Les places dans les établissements d'hébergement pour personnes âgées en 2001-2002 », *Études et résultats,* n° 263, Drees, octobre 2003.

14 Nathalie Dutheil, « Les aides et les aidants des personnes âgées », *Études et résultats,* n° 142, Drees, novembre 2001. Sauf mention contraire, les chiffres qui suivent sont tirés de cette étude.

Tableau 3 Modes d'hébergement des personnes dépendantes âgées de 65 ans et plus en 1991 (en %)

Modes d'hébergement	Personnes ne souffrant pas de dépendance lourde	Personnes ne pouvant pas sortir seules	Personnes devant être aidées pour la toilette ou l'habillage	Personnes confinées au lit ou au fauteuil
À domicile	97,2	90,5	51,8	63,6
En logement-foyer	1,3	2,5	5,1	2,7
En maison de retraite	1,3	5 ,8	35,1	19,4
En hôpital (long séjour)	0,1	0,5	7,6	14,2
En section psychiatrique	0,0	0,4	0,4	0,1
Total (en milliers)	**6 855,0**	**943,5**	**317,3**	**203,8**

Source : Roselyne Kerjosse et Anne Lebeaupin, «Un million et demi de personnes âgées dépendantes», *Données Sociales*, INSEE, 1993, p. 537. Les pourcentages ont été calculés par nos soins sur la base des chiffres arrondis indiqués en référence, ce qui explique que le total puisse ne pas atteindre 100% dans certains cas.

Près de 50 % des personnes aidées ne bénéficient que de l'aide de leur entourage : quand il y a un aidant non professionnel unique, configuration la plus fréquente, c'est une femme dans 71 % des cas; et quand il y a plusieurs aidants non professionnels, ce sont encore des femmes dans près des deux tiers des cas. Parmi les aidants informels, la moitié sont des conjoints et un tiers des enfants.

Et plus de 85 % des aides professionnelles des personnes de plus de 60 ans sont des femmes, principalement des femmes de ménage, des aides-ménagères ou des travailleuses familiales, accessoirement des personnels de santé[15].

Résultats qu'avait déjà établis une enquête préalable de la Caisse Nationale d'Assurance Vieillesse des Travailleurs Salariés (CNAVTS) : selon elle, parmi les aidants principaux des personnes âgées de plus de 75 ans, figuraient une fois sur deux un enfant et un peu plus d'une fois sur dix un bel-enfant (bru ou gendre) et un voisin[16] (voir tableau 4).

15 Catherine GOILLOT et Pierre MORMICHE, « Enquête Handicaps – Incapacités – Dépendance auprès des personnes vivant en domiciles ordinaires en 1999 », *Insee Résultats*, n° 6, série société, septembre 2002, p.252.

16 Claudine ATTIAS-DONFUT, «Dépendance des personnes âgées : pourvoyance familiale et pourvoyance sociale», *Revue Française des Affaires Sociales*, n° 1993/4, p.45.

Tableau 4 Pourcentage des différentes catégories de femmes parmi les aidants principaux des personnes âgées dépendantes hébergées à domicile ou en logement-foyer

Conjoint	Enfant	Bel-enfant	Voisin
67 %	72 %	88 %	70 %

Source : Enquête CNAVTS exploitée par Claudine Attias-Donfut, «Dépendance des personnes âgées : pourvoyance familiale et pourvoyance sociale», *Revue Française des Affaires Sociales*, n° 1993/4, p. 47.s

Ainsi, quelle que soit la catégorie des aidants considérée, les femmes y sont toujours nettement majoritaires. Il faut y voir un nouvel aspect de la division inégalitaire du travail domestique : du fait de leur assignation prioritaire à l'univers domestique, c'est le plus souvent aux femmes qu'échoira le surcroît de travail et les tensions de tous ordres qu'implique une pareille prise en charge. On retrouve ici, particulièrement accentuée, cette disponibilité permanente qui est la marque propre de l'investissement exigé des femmes dans le travail domestique tout au long de leur vie, disponibilité aussi pour le travail compassionnel, et qui les conduit à prendre en charge les personnes dépendantes placées au deux bouts du cycle de vie, les enfants aussi bien que les vieillards. À l'opposé, face à la dépendance de leur épouse, les hommes « délèguent » facilement ce type de travail à l'extérieur : vers la fille, belle-fille, voisine ou à défaut vers la professionnelle, aide-ménagère, auxiliaire de vie ou personnel de santé.

La prise en charge des personnes dépendantes au sein des familles, en premier lieu par les femmes, permet d'expliquer (sinon de justifier) en grande partie le relatif aveuglement et la lenteur des pouvoirs publics français à prendre la mesure de l'ampleur des besoins existants en la matière. L'ampleur des besoins nécessaires, à la fois humains et financiers, a été sous-estimée. Le fardeau continue à peser sur la providence des femmes du fait des défaillances de l'État-providence sur ce terrain. C'est une fois de plus l'assignation aussi impérieuse que silencieuse faite aux femmes d'assurer l'essentiel de cette prise en charge dans le cadre d'un travail domestique gratuit qui les oblige finalement à supporter ce poids à la fois matériel, affectif et psychologique. C'est cette carence des politiques publiques et ce champ aveugle de l'orientation dominante de la sociologie de la famille que nous examinerons brièvement dans les deux sections suivantes.

II BILAN CRITIQUE DES DIFFÉRENTS DISPOSITIFS PUBLICS

Jusqu'à ce jour, l'État-providence n'a pas été capable de faire face durablement au problème grandissant que pose la prise en charge des personnes âgées dépendantes. Les structures d'hébergement collectif (logements-foyers, maisons de retraite, services de soins de longue durée) n'offrent qu'un nombre de place très limité (650 000 fin 1996, soit à peine une place pour sept personnes de 75 ans et plus)[17]. Cette insuffisance conjuguée à l'image négative de l'institution collective (« *l'hospice* ») conduit les intéressés et les familles à privilégier le maintien à domicile[18]. De ce fait, le débat autour de la prise en charge du problème par l'État-providence a surtout tourné autour de la question de l'institution d'une allocation au bénéfice des personnes dépendantes.

La prestation spécifique de dépendance (PSD).

Entre 1991 et 1993, pas moins de cinq projets de lois ont vu le jour à ce sujet, dont aucun n'a abouti. Finalement au 1er janvier 1997, on a instauré provisoirement une prestation spécifique de dépendance (PSD), financée et gérée par les départements, qui a été une première réponse hésitante des pouvoirs publics. Il s'agissait alors d'une prestation différentielle plafonnée à 5 600 F (soit environ 850 €) par mois, réservée aux personnes dépendantes de plus de 60 ans, classées en GIR 1 à 3, dont les revenus mensuels ne dépassaient pas 7 200 francs nets (12 000 F pour un couple) (soit environ respectivement 1 100 € et 1 830 €), pour leur permettre d'avoir recours aux services payants d'une tierce personne destinés à pallier leur propre dépendance[19]. Cette prestation pouvait, sous certaines conditions, être récupérée sur le montant de la succession du bénéficiaire, ce qui ne pou-

17 Chiffre cité par Christelle ALIAGA et Martine NEISS, «La prise en charge des personnes âgées : maintien à domicile ou hébergement collectif», *Données Sociales, INSEE,* 1999, p. 260.

18 Cf. Geneviève FAVROT-LAURENS, « Soins familiaux ou soins professionnels? » in Jean-Claude KAUFMANN (dir.), *Faire ou faire faire? Familles et services,* Rennes, Presses Universitaires de Rennes, 1996.

19 Cf. Pascale BREUIL-GENIER, «Aides aux personnes âgées dépendantes : la famille intervient plus que les professionnels», *Économie et statistique,* n° 316-317, INSEE, 6/7, 1998, p. 42 et sq.

vait qu'inciter les personnes dépendantes ou leurs enfants à ne pas recourir à la prestation au prix d'une mobilisation familiale. De fait, la PSD n'a concerné qu'une minorité de personnes dépendantes : au 31 décembre 2001, date de sa suppression, seules 148 000 personnes en bénéficiaient[20]. Enfin, en l'absence d'un barème national, la mise en œuvre de la PSD, gérée par les conseils généraux, s'est faite de manière très disparate suivant les départements, les niveaux d'implication variant fortement d'une région à une autre[21].

20 Roselyne Kerjosse, « L'allocation personnalisée d'autonomie au 31 mars 2002 », *Études et résultats*, n° 178, Drees, juin 2002.

21 Blanche Le Bihan *et alii*, « La prestation spécifique dépendance à domicile en pratiques dans six départements », *Études et résultats*, n° 64, Drees, mai 2000.

La mise en œuvre de l'allocation personnalisée d'autonomie (APA)

L'allocation personnalisée d'autonomie (APA) est entrée en vigueur le 1er janvier 2002. Elle s'adresse à un public plus large incluant les personnes évaluées en GIR 4. L'établissement d'un barème national vise à mettre fin aux fortes disparités entre départements. Elle ne fait pas l'objet d'un recours sur succession ou donation et n'est pas soumise à conditions de ressources. Ainsi les catégories moyennes ne devaient en principe pas être écartées du bénéfice des allocations, afin de pouvoir faire face à des charges de dépendance très lourdes.

On semblait ainsi devoir s'acheminer vers la reconnaissance de la perte d'autonomie en tant que cinquième « risque » (en sus de la maternité, de la maladie, du chômage et de la vieillesse) et vers le principe de l'universalité de la prestation, quoique les plans d'aide restassent personnalisés. En fait l'allocation personnalisée conserve bien le caractère d'une prestation d'aide sociale, encore renforcée par sa gestion par les conseils généraux et par sa non intégration dans le système de protection sociale. Le montant des plans d'aides sont plafonnés : au 1er janvier 2003, pour les personnes à domicile, il s'établit à 1 106,77 € pour un GIR 1 ; 948,60 € pour un GIR 2 ; 711,50 € pour un GIR 3 ; et 474,33 € pour un GIR 4. Cependant l'allocation personnalisée d'autonomie n'est pas cumulable avec d'autres prestations dont elle prend de facto le relais.

Malgré ces restrictions, lors du seul premier trimestre 2002, le nombre des demandes d'APA a égalé le nombre total des demandes de PSD effectuées entre 1997 et 2001. Le nombre de demandes a dépassé de loin les prévisions : au 30 juin 2003, 1 390 000 dossiers avaient été déposés auprès des conseils généraux (dont deux tiers émanant de personnes vivant à domicile). Le nombre de demandes prend en compte les renouvellements et les révisions. Quand les dossiers sont complets, la décision est favorable dans 83 % des cas. Au 30 juin 2003, 723 000 personnes âgées bénéficiaient de l'APA[22]. La part des bénéficiaire en GIR 4 n'a cessé d'augmenter et atteignait 44 % de l'ensemble fin juin 2003 : près d'un quart de ceux qui vivent en établissement mais plus de la moitié des bénéficiaires à domicile. À la même date, le montant moyen du plan d'aide à domicile s'élevait à 478 € par mois dont 90 % sont consacrés à des aides en personnel. Ce chiffre est en baisse par rapport à septembre 2002, il s'élevait alors à 500 €. Les disparités départementales n'ont pas disparu puisque la proportion de bénéficiaires varie de 1 à 3,3 en métropole et de 1 à 10 dans les départements d'outre-mer[23].

Le coût pour les deux premières années de montée en charge est estimé entre 2,3 à 2,6 milliards d'euros, les départements participant à hauteur de 1,75 milliards d'euros par reconduction de moyens existants et par un effort budgétaire supplémentaire d'environ un peu moins de 0,4 milliards d'euros. À partir de la troisième année le coût devrait s'élever à 3,5 milliards d'euros. Au lieu de prévoir un financement suffisant de cette nouvelle prestation, le gouvernement Raffarin, dans la plus pure logique libérale, a décidé de la réduire drastiquement pour les personnes âgées vivant à domicile; et de la vider en grande partie de son caractère universel et social. Le seuil d'exonération du « ticket modérateur » est abaissé à compter d'avril 2003 de plus d'un tiers, à 623 € au lieu de 949 €, le seuil maximal passe à 2 483 € au lieu de 3 162 € et la partie restant à charge est élevée à 90 % au lieu de 80 %. En outre, l'allocation n'est plus versée à compter du jour de la demande, mais à compter de la notification : en moyenne deux mois d'allocations seront ainsi perdus, mais dans certains départements les délais peuvent atteindre six voire douze mois[24]. Et des me-

22 Roselyne KERJOSSE, « L'allocation personnalisée d'autonomie au 30 juin 2003 », *Études et résultats*, n° 259, Drees, septembre 2003. Le rapport de l'ODAS déjà cité, de janvier 2003, évalue à 770 000 le nombre de bénéficiaire fin 2002 (420 000 à domicile et 350 000 en établissement), chiffre a priori exagéré au vu du rythme de la montée en charge au cours des trois premiers trimestres (respectivement 432 000 dossiers déposés, puis 251 000 et 195 000; et au 30 juin 2003 ce chiffre est loin d'être atteint). Cette surestimation semble avoir eu pour seule fonction de « dramatiser » les enjeux.

23 Id.

24 Martine BELLANGER et Blanche LE BIHAN-YOUINOU, « La mise en œuvre de l'allocation personnalisée d'autonomie dans six départements », *Études et résultats*, n° 264, Drees, octobre 2003.

sures de contrôle des factures seront introduites. Certains responsables réclament encore des mesures supplémentaires (rétablissement du recours sur successions et exclusion des personnes les moins dépendantes) qui ramèneraient définitivement l'APA au rang de l'ex-PSD[25].

Les « femmes providentielles » suppléent aux faiblesses de l'État-providence

Bref, de manière implicite, après quelques hésitations, les responsables de l'État-providence en France continuent à parier sur la famille-providence pour assurer la prise en charge des personnes âgées dépendantes et en premier lieu sur les femmes. Cette tendance se retrouve, il est vrai, à des degrés variables, dans tous les pays européens[26]. Les femmes providentielles[27] sont ainsi appelées à suppléer *in fine* aux faiblesses de l'État-providence dans la mesure où ce sont elles qui sont surtout mobilisées par les solidarités familiales.

III LE DOUBLE CHAMP AVEUGLE DE LA TENDANCE DOMINANTE DE LA SOCIOLOGIE FRANÇAISE DE LA FAMILLE

Par delà les carences des dispositifs publics, il faut incriminer aussi une sorte d'aveuglement de la tendance dominante de la sociologie de la famille, dont les paradigmes et les résultats ont souvent inspiré les décideurs en matière de politique familiale et plus largement de politique sociale. Car la méconnaissance en partie spontanée et en partie délibérée des responsables politiques, à l'égard des problèmes grandissants que pose aux familles la prise en charge des personnes âgées dépendantes et des modalités concrètes de leur solution au sein de l'univers familial, s'est accompagnée mais s'est trouvée aussi à la fois renforcée et légitimée par une égale méconnaissance à cet égard de la part des principaux auteurs faisant référence en matière de sociologie de la famille. Procédant de prémisses individualistes (impliquant une surestimation et survalorisation de l'autonomie individuelle, une tendance à la réduction de l'ensemble des rapports sociaux à des relations interindi-

25 *Le Monde*, 6 février 2003.

26 Blanche LE BIHAN, « La prise en charge des personnes âgées dépendantes en Allemagne, Espagne, France, Italie, Royaume-Uni et Suède : une étude de cas-types », *Études et résultats*, n° 176, Drees, juin 2002. Voir aussi Victor G. RODWIN *et alii*, « Vieillir dans quatre mégalopoles : New York, Londres, Paris, Tokyo », *Études et résultats*, n° 260, Drees, septembre 2003

27 L'expression, judicieuse, est tirée du titre (« Femmes providentielles, enfants et parents à charge ») du numéro 6 de la revue *Travail, genre et sociétés*, 2001.

viduelles conçues sur un mode contractuel, voire une tendance à la psychologisation du social), cette sociologie de la famille a focalisé son attention sur certaines dimensions de la famille nucléaire (notamment le rapport conjugal et le rapport pédagogique) en en négligeant d'autres tout aussi sinon même plus importantes, sans lesquelles la compréhension des premières se trouve faussées.

La thèse de la nucléarisation de la famille occidentale moderne et contemporaine, de la réduction tendancielle de sa structure au noyau composé d'un couple (dont les conjoints se sont librement et mutuellement choisis) et de leurs enfants (en petit nombre et faisant l'objet de tous les soins de leurs parents) est ancienne. Elle figure déjà au centre des analyses développées par Émile Durkheim à la fin du XIXe siècle en ce qui concerne les sociétés européennes[28]. Analysées confirmées, au milieu du siècle suivant, pour la société nord-américaine, par Talcott Parsons[29].

Cette tendance n'est guère discutable en tant que telle. Par contre, focaliser sur elle, comme l'ont fait les principaux représentants actuels de la sociologie de la famille en France (essentiellement François de Singly et Jean-Claude Kaufmann), c'est presque à coup sûr se condamner à occulter le fait que la nucléarisation de la famille et, en son sein, l'autonomisation des individus ne sont possibles que sur fond, d'une part, de la persistance d'un réseau familial large; d'autre part, de l'existence d'un rapport complexe de la famille nucléaire à l'État, qui ne se réduit nullement à une tutelle du second sur la première. Ce qui, du même coup, relativise singulièrement et le caractère nucléaire de la famille contemporaine; et l'individualisme contemporain (au sens de l'affirmation d'une individualité se voulant auto-suffisante, autonome et en définitive auto-référentielle).

Rien ne témoigne mieux de cette occultation que le rétrécissement du champ focal de l'un et l'autre des deux auteurs précités. Sous couvert d'une sociologie de la famille[30], c'est essentiellement une sociologie du couple que François de Singly aura élaborée, depuis les premiers travaux qui lui ont valu de s'imposer comme une figure incontournable dans l'étude de ce champ[31]; jusqu'à ses travaux les plus récents[32].

28 Émile DURKHEIM, «La famille conjugale» (1892), *Textes*, vol. III, Éditions de Minuit, 1975.

29 Talcott PARSONS, «Le système de parenté dans les États-Unis d'aujourd'hui», *Éléments pour une sociologie de l'action*, traduction française, Plon, 1955.

30 François DE SINGLY, *Sociologie de la famille*, Nathan, collection «128», 1993.

31 François DE SINGLY, *Fortune et infortune de la femme mariée*, PUF, collection «Économie en liberté», 1987.

32 François DE SINGLY, *Le soi, le couple et la famille*, Nathan, 1996; François DE SINGLY, *Libres ensemble. L'individualisme dans la vie commune*, Nathan, 2000; François DE SINGLY (dir.), *Être soi parmi les autres. Famille et individualisation*, tome 1, L'Harmattan, 2001; François DE SINGLY (dir.), *Être soi d'un âge à l'autre. Famille et individualisation*, tome 2, L'Harmattan, 2001.

Symptomatiquement d'ailleurs, les seuls travaux portant son nom qui aient abordé les dimensions de l'univers familial occultées par l'orientation sociologique qu'il aura promue sont ceux dont il n'a été que co-directeur : ces dimensions refoulées lui reviennent en quelque sorte par la médiation de collaborations extérieures qui les lui imposent[33]. Quant à Jean-Claude Kaufmann, parti lui aussi d'une sociologie du couple[34], il a vu son champ se restreindre rapidement à une sociologie de l'individu[35].

L'écho considérable de ces analyses, se focalisant sur la nucléarisation de l'univers familial et les interactions individuelles, notamment conjugales, a largement occulté les travaux[36] qui ont pourtant continué à mettre l'accent sur « *l'existence ininterrompue de relations et d'échanges non seulement entre ascendants et descendants, mais aussi au sein de la famille élargie, y compris dans la population urbaine* »[37]. Claudine Attias-Donfut précise que « *dès les années 1950, les études gérontologiques ont montré régulièrement l'importance et la diversité des échanges entre personnes âgées et leurs enfants adultes* ». Elle insiste à juste titre sur « *l'importance des aides de toutes natures qui circulent entre générations* », plus encore que ne laissent paraître les enquêtes « *qui ne reflètent que les aides déclarées, donc perçues* »[38]. Thierry Blöss parle à ce propos d'une « *période de silence sociologique consécutive au retentissement de la thèse fonctionnaliste de Talcott Parsons* »[39]. Ainsi que le remarque encore Claude Martin, « *la sociologie proprement dite semblait effectivement accorder une importance relativement mineure* [au thème des solidarités familiales] *par rapport à l'ensemble des questions soulevées par le couple et son instabilité* »[40].

Ces quelques remarques, qui ne font qu'esquisser le programme d'une réévaluation critique plus complète de cette orientation sociologique, n'en dessinent pas moins déjà la perspective beaucoup plus large dans laquelle nous paraît devoir, à l'avenir, s'inscrire la sociologie de la famille. Celle-ci gagnerait à notre sens à considérer que la famille nucléaire contemporaine se construit à l'entrecroisement de trois ensembles de rapports sociaux fondamentaux qui constituent autant d'axes d'analyse de la famille :

33 François DE SINGLY et Franz SCHULTHEIS (dir.), *Affaires de famille, affaire d'État*, Éditions de l'Est, Jarville-la-Malgrange, 1991; François DE SINGLY et Jacques COMMAILLE, *La question familiale en Europe*, L'Harmattan, 1996; François DE SINGLY *et alii*, *La famille en questions. État de la recherche*, Paris, Syros, 1996.

34 Jean-Claude KAUFMANN, *La trame conjugale. Analyse du couple par son linge, Paris*, Nathan, 1992; Sociologie du couple, PUF, 1993.

35 Jean-Claude KAUFMANN, *Ego. Pour une sociologie de l'individu. Une autre vision de l'homme et de la construction du sujet*, Nathan, 2001

36 On peut mentionner en Grande-Bretagne les travaux de M. YOUNG et P. WILLMOTT; en Belgique ceux de Jean REMY; et en France ceux d'Agnès PITROU, de Louis ROUSSEL, Odile BOURGUIGNON ou plus récemment de Simone PENNEC, de Claudine ATTIAS-DONFUT et de Martine SEGALEN. Voir les références en bibliographie.

37 Claudine ATTIAS-DONFUT, « Solidarités et entraides entre gé-

nérations » in François DE SINGLY *et alii*, *La famille en questions. État de la recherche*, Syros, 1996, p. 170.

38 Claudine ATTIAS-DONFUT, « Solidarités et entraides entre générations » op.cit., p. 174.

39 Thierry BLÖSS, *Les liens de famille. Sociologie des rapports entre générations*, PUF, 1997, p. 57.

40 Claude MARTIN, « Solidarités familiales : débat scientifique, enjeu politique » in Jean-Claude KAUFMANN (dir.), *Faire ou faire faire ? Familles et services*, Rennes, Presses Universitaires de Rennes, 1996.

- *un axe horizontal* : la relation conjugale qui met en jeu les rapports sociaux de sexe dans toutes leurs déterminations; c'est ce seul axe que la tendance dominante de la sociologie française ait exploré jusqu'à présent, réduisant à lui tout l'univers familial;
- *un axe vertical* : les relations enfants/parents/collatéraux /grands-parents qui mettent en jeu les rapports intergénérationnels dans l'ensemble de leurs déterminations également;
- enfin *un axe zénithal* : la mise sous tutelle de la famille par l'État, par l'intermédiaire de laquelle entrent en jeu l'ensemble des rapports sociaux de classes, tels qu'ils déterminent la politique sociale dans son ensemble, la configuration concrète de l'État-providence, et qu'ils sont inversement configurés par cet État.

Alain BIHR et Roland PFEFFERKORN

BIBLIOGRAPHIE

ALIAGA Christelle et NEISS Martine, «La prise en charge des personnes âgées : maintien à domicile ou hébergement collectif», *Données Sociales*, Paris, INSEE, 1999.

ASSOUS Laurence et RALLE Pierre, « La prise en charge de la dépendance des personnes âgées : une comparaison internationale », *Études et résultats*, DREES, n° 74, juillet 2000.

ATTIAS-DONFUT Claudine (dir.), *Les solidarités entre générations : vieillesse, famille, État*, Paris, Nathan, 1995.

ATTIAS-DONFUT Claudine et SEGALEN Martine, *Grands-parents. La famille à travers les générations*, Paris, Odile Jacob, 1998.

ATTIAS-DONFUT Claudine, « Solidarités et entraides entre générations » in François DE SINGLY *et alii*, *La famille en questions. État de la recherche*, Paris, Syros, 1996.

ATTIAS-DONFUT Claudine, «Dépendance des personnes âgée : pourvoyance familiale et pourvoyance sociale», *Revue Française des Affaires Sociales*, n° 1993/4.

BLÖSS Thierry, *Les liens de famille. Sociologie des rapports entre générations*, Paris, PUF, 1997.

BELLANGER Martine et Le BIHAN-YOUINOU Blanche, « La mise en œuvre de l'allocation personnalisée d'autonomie dans six départements », *Études et résultats*, n° 264, DREES, octobre 2003.

BONTOUT Olivier, COLIN Christel et KERJOSSE Roselyne, « Personnes âgées dépendantes et aidants potentiels : une projection à l'horizon 2040 », *Études et résultats*, n° 160, DREES, février 2002.

BREUIL Pascale, « La dépendance des personnes âgées : recours aux proches et aux aides professionnelles », *France, portrait social 1998-1999*, Paris, INSEE, 1999, p. 91-107.

BREUIL-GENIER Pascale, «Aides aux personnes âgées dépendantes : la famille intervient plus que les professionnels», *Économie et statistique*, n° 316-317, INSEE, 6/7, 1998.

CAMBOIN Emmanuelle *et alii*, « Femmes et hommes ne sont pas égaux face au handicap », *Population et Sociétés*, n° 386, janvier 2003.

COLIN Christel et COUTTON Vincent, « Le nombre des personnes âgées dépendantes d'après l'enquête Handicaps-Incapacités-Dépendance », *Études et résultats*, n° 94, DREES, décembre 2000.

COLIN Christel et KERJOSSE Roselyne, « Les différents modes de prise en charge des personnes âgées dépendantes » *in* « Handicap – Incapacité – Dépendance – Premiers travaux d'exploitation de l'enquête HID », *Document de travail*, n° 16, Drees, 2001, p. 29-40.

COZETTE Elisabeth, JOËL Marie-Eve, GRAMAIN Agnès, COLVEZ Alain, « Qui sont les aidants? », *Gérontologie et société*, n° 89, 1999.

Dossiers Solidarité et Santé, n° 1, « Les personnes âgées entre aide à domicile et établissement », janvier-mars 2003.

DURKHEIM Emile, «La famille conjugale» (1892), *Textes*, vol. III, Paris, Éditions de Minuit, 1975.

DUTHEIL Nathalie, « Aides et aidants des adultes, en ménage ordinaire, ayant une responsabilité administrative de leur handicap » in *Premiers résultats d'exploitation de l'enquête HID*, Drees, série Études, n° 16, juillet 2001.

DUTHEIL Nathalie, « Les aidants des adultes handicapés », *Études et résultats*, n° 186, DREES, août 2002.

DUTHEIL Nathalie, « Les aides et les aidants des personnes âgées », *Études et résultats*, n° 142, DREES, novembre 2001.

Économie et statistique, INSEE, n° 337-338, 2000.

Économie et statistique, INSEE, n° 304-305, 4/5,1997

FAVROT-LAURENS Geneviève, « Soins familiaux ou soins professionnels? » in Jean-Claude KAUFMANN (dir.), *Faire ou faire faire? Familles et services*, Rennes, Presses Universitaires de Rennes, 1996.

FLIPO Anne, «Les services de proximité de la vie quotidienne», *INSEE Première*, n° 491, INSEE, 1996.

GALLAND Olivier, *Sociologie de la jeunesse*, Armand Colin, 1997.

GENIER Pascale, « La gestion du risque dépendance : le rôle de la famille, de l'État et du secteur privé », *Économie et statistique*, INSEE, 1-2, 1996.

GOILLOT Catherine et Pierre MORMICHE, « Enquête Handicaps – Incapacités – Dépendance auprès des personnes vivant en domiciles ordinaires en 1999 », *INSEE Résultats*, n° 6, série société, septembre 2002.

KAUFMANN Jean-Claude, *Ego. Pour une sociologie de l'individu. Une autre vision de l'homme et de la construction du sujet*, Paris, Nathan, 2001.

KAUFMANN Jean-Claude, *La trame conjugale. Analyse du couple par son linge*, Paris, Nathan, 1992.

KAUFMANN Jean-Claude, *Sociologie du couple*, Paris, PUF, 1993.

KERJOSSE Roselyne et LEBEAUPIN Anne, «Un million et demi de personnes âgées dépendantes», *Données Sociales,* Paris, INSEE, 1993, p.536-540.

KERJOSSE Roselyne, « L'allocation personnalisée d'autonomie au 31 mars 2002 », *Études et résultats,* n° 178, DREES, juin 2002.

KERJOSSE Roselyne, « L'allocation personnalisée d'autonomie au 30 juin 2003 », *Études et résultats,* n° 259, DREES, septembre 2003.

KESSLER Francis, *La dépendance des personnes âgées : un défi pour le droit de la protection sociale,* Presses universitaires de Strasbourg, Strasbourg,1994.

LE BIHAN Blanche et alii, « La prestation spécifique dépendance à domicile en pratiques dans six départements », *Études et résultats,* n° 64, DREES, mai 2000.

LE BIHAN Blanche, « La prise en charge des personnes âgées dépendantes en Allemagne, Espagne, France, Italie, Royaume-Uni et Suède : une étude de cas-types », *Études et résultats,* n° 176, DREES, juin 2002.

LONG Martine, «La prestation spécifique de dépendance des personnes âgées : en attendant mieux…», *Regards sur l'actualité,* n° 233, La Documentation Française, 1997.

MARTIN Claude, « Solidarités familiales : débat scientifique, enjeu politique » in Jean-Claude Kaufmann (dir.), *Faire ou faire faire? Familles et services,* Rennes, Presses Universitaires de Rennes, 1996.

MARTIN Claude, Les politiques de prise en charge des personnes âgées dépendantes », *Travail, genre et société,* n° 6, 2001.

MESRINE Annie, « Les places dans les établissements d'hébergement pour personnes âgées en 2001-2002 », *Études et résultats,* n° 263, DREES, octobre 2003.

MICHAUDON Hélène, « Les personnes handicapées vieillissantes : une approche à partir de l'enquête HID », *Études et résultats,* DREES, n° 204, décembre 2002.

MORMICHE Pierre et le groupe de projet HID, « Le handicap se conjugue au pluriel », INSEE *Première*, n° 742, 2000.

MORMICHE Pierre, «Les personnes dépendantes en institution», INSEE *Première*, n° 669, août 1999.

ODAS, *Allocation personnalisée d'autonomie : enjeux et perspectives*, Rapport de l'Observatoire National de l'Action Sociale Décentralisée (ODAS), janvier 2003.

PARSONS Talcott, «Le système de parenté dans les États-Unis d'aujourd'hui», *Eléments pour une sociologie de l'action*, traduction française, Paris, Plon, 1955.

PENNEC Simone, « La politique envers les personnes âgées dites dépendantes : providence des femmes et assignation à domicile », *Lien social et Politiques*, n° 47, Rennes, 2002.

PITROU Agnès, « Le soutien familial dans la société urbaine », *Revue française de sociologie*, XVIII, 1977, p. 47-84.

RAVAUD Jean-François et MORMICHE Pierre, « Handicaps et incapacités » in Annette LECLERC et alii, *Les inégalités sociales de santé*, Paris, INSERM, La Découverte, 2000.

REMY Jean, « Persistance de la famille étendue dans un milieu industriel urbain », *Revue française de sociologie*, VIII, 1967, p. 493-505.

Revue française des Affaires sociales, n° 1-2, « Handicaps, incapacités, dépendance », janvier-juin 2003.

Retraite et Sociétés, CNAV, n° 39, « Nouvelles données sur le grand âge : autonomie et dépendance », 2003.

ROBINE Jean-Marie et MORMICHE Pierre, « L'espérance de vie sans incapacités augmente », INSEE *Première*, n° 281, 1993.

RODWIN Victor G. *et alii*, « Vieillir dans quatre mégalopoles : New York, Londres, Paris, Tokyo », *Études et résultats*, n° 260, DREES, septembre 2003

ROUSSEL Louis et BOURGUIGNON Odile, *La famille après le mariage des enfants. Études des relations entre les générations*, Paris, INED, PUF, 1976.

SERMET Catherine, *Evolution de l'état de santé des personnes âgées en France - 1970-1996.* (en collaboration avec E. GRANDJEAN), Questions en santé publique. Paris, CREDES/ Les éditions INSERM, CREDES n° 1214, 1998/03.

SINGLY François de (dir.), *Être soi d'un âge à l'autre. Famille et individualisation, tome 2*, Paris, L'Harmattan, 2001.

SINGLY François de (dir.), *Être soi parmi les autres. Famille et individualisation, tome 1*, Paris, L'Harmattan, 2001.

SINGLY François de *et alii*, *La famille en questions. État de la recherche*, Paris, Syros, 1996.

SINGLY François de et COMMAILLE Jacques, *La question familiale en Europe*, Paris, L'Harmattan, 1996.

SINGLY François de et SCHULTHEIS Franz (dir.), *Affaires de famille, affaire d'État* , Éditions de l'Est, Jarville-la-Malgrange, 1991.

SINGLY François de, *Fortune et infortune des femmes mariées*, Paris, PUF, 4e édition remaniée, 1997 (1re édition : 1987).

SINGLY François de, *Le soi, le couple et la famille*, Paris, Nathan, 1996.

SINGLY François de, *Libres ensemble. L'individualisme dans la vie commune*, Paris, Nathan, 2000.

SINGLY François de, *Sociologie de la famille*, Paris, Nathan, collection «128», 1993.

Travail, genre et sociétés, n° 6, « Femmes providentielles, enfants et parents à charge», 2001.

YOUNG M. et WILLMOTT P., *Family and Kinship in East London*, Londres, Routledge and Kegan Paul (traduction française : *Le village dans la ville*, Paris, CCI, 1985).

Protection juridique des personnes âgées et solidarité intergénérationnelle

L'avenir des tutelles : aspects des lois japonaises du 8 décembre 1999

INTRODUCTION

Le monde vieillit : une étude démographique fait état d'un « *taux de vieillissement global* », qui correspond à la proportion de personnes âgées de plus de 65 ans dans la population totale : il se monte à 6,9 % en 2000 et devrait atteindre 15,9 % en 2050[1]. Le vieillissement va toucher le monde entier, pas seulement les pays les plus anciens mais également les pays asiatiques et africains relativement plus jeunes. En ce qui concerne le Japon, son taux de vieillissement, qui était de 17,4 % en 2000, atteignait déjà 18,5 % en 2002[2]. La rapidité de son vieillissement est frappante. C'était l'un des pays relativement les plus jeunes dans les années 1950 avec un taux de vieillissement de 5 % ; il a commencé à « *vieillir* » en 1970, lorsque la population âgée a dépassé les 7 %, et il a atteint un stade « *âgé* » en 1994, lorsque le pourcentage a doublé. Le Japon a donc vécu ce processus de vieillissement en seulement 24 ans, alors qu'il aura fallu 115 ans à la France, 85 à la Suède, 47 ans au Royaume Uni et 40 ans à l'Allemagne pour en arriver là. Si la population âgée japonaise continue à augmenter à ce rythme au cours des 50 prochaines années, sa proportion dans la population globale va passer à 1 pour 4 (26 %) en 2015 et un pour trois (35,7 %) en 2050.

L'augmentation rapide de la population âgée et de sa longévité potentielle[3] entraîne des changements structurels dans les aides entre générations. Bien que les questions de vieillissement aient attiré l'attention de la législation japonaise, ce n'est que récemment que des mesures ont été prises. Depuis 2000, les programmes de

1 UN, *World Population Prospects*, 2002

2 La population des personnes âgées de 65 ans et plus se monte à 23 630 000, dont 9 960 000 hommes et 13 670 000 femmes ; les personnes âgées de plus de 75 ans s'élèvent à 10 millions en 2002 et leur nombre est en hausse (ministère des Affaires Générales – Sômusho – Japan Population Prospects, 2002).

3 En 2001 on estimait cette longévité à 17,78 années pour les hommes et à 22,68 années pour les femmes de plus de 65 ans.

prise en charge et de soins sont passés de « *mesures* » fournies par les autorités à des « *contrats* » dans le cadre de la protection sociale ; le système public de retraites fait l'objet d'intenses discussions. Le problème est que la détérioration des facultés mentales risque d'empêcher les personnes âgées de prendre leurs propres décisions, ou de gérer leurs pensions de retraite et leurs autres biens. La réforme de 1999 concernant la protection des adultes[4], bien qu'elle ne s'adresse pas spécifiquement aux personnes âgées, a pour but de répondre à ce genre de difficultés.

Les personnes âgées dépendantes (en français dans le texte)[5], qui forment le thème sous-jacent de notre contribution, est une expression dont la définition suscite nuance et ambiguïté. En général le vieillissement est un processus individuel et spécifique qui se développe physiquement et mentalement. L'usage statistique définit les personnes âgées comme des personnes de plus de 65 ans, la génération des retraités et des titulaires d'une pension ; dans la « *Loi sur la santé des personnes âgées* », les personnes assujetties à une assurance médicale ont 70 ans et plus. Cependant, en ce qui concerne la capacité mentale à prendre des décisions et à gérer ses propres biens, il est difficile de tracer une ligne stricte entre les personnes d'âge mûr et les personnes âgées en s'appuyant uniquement sur le critère simple de l'âge. Il faut tenir compte de la nature des affaires à régler et des conditions de vie (membres de la famille, santé et situation patrimoniale).

De plus ce terme semble soulever deux questions fondamentales pour le civiliste : la notion de « *personne* » et le principe d'« *autonomie* » de la personne. Tout d'abord, le droit privé classe traditionnellement les personnes en deux catégories : les mineurs et les adultes. Les personnes âgées, qui ont été chefs de famille, détenteurs de l'autorité et de biens, sont présumées avoir toutes les facultés des « *adultes* ». Dans le cas contraire, elles peuvent être traitées comme des « *malades* » incapables du fait d'une déchéance mentale due à la sénilité. Une telle dichotomie légale, qui s'accompagne de stigmates sociaux, a marginalisé les personnes âgées jusqu'aux réformes récentes[6]. Deuxièmement, le principe du droit civil moderne est que la personne est libre et autonome ; la personne a la capacité de conclure une affaire, d'exercer son droit et de faire face à ses obligations, de se conduire de façon responsable. Le problème est que certaines personnes souffrent d'une absence

4 La réforme de 1999 concernant la protection des adultes se compose de quatre lois du 8 décembre 1999 : la loi modifiant les clauses du code civil (L.1999-149), la loi concernant la procuration durable (Nin-i Kôken) (L.1999-150), la loi adaptant les lois annexes au code civil modifié (L.1999-151) et la loi concernant l'enregistrement de la protection des adultes (L.1999-152). Les nouvelles lois sont entrées en vigueur le 1er avril 2000.

5 Bernard Ennuyer a rendu compte du développement de la catégorie des « *personnes âgées dépendantes* » et des discussions auxquelles elle a donné lieu (*Les malentendus de la dépendance*, 2002). En ce qui concerne l'allocation française de dépendance, c'est la loi du 24 janvier 1997

ou d'une détérioration de cette capacité. Ainsi j'utilise le terme dépendance ici pour indiquer l'incapacité mentale, plutôt que physique (incapacité au sens juridique traditionnelle du terme), de prendre une décision, de comprendre et d'utiliser des informations pertinentes par soi-même et pour son propre bien ; une telle incapacité mentale requiert une action ou une décision par un substitut au nom de la personne concernée. D'un autre côté, nous ne parlerons pas de prise de décision pour des problèmes médicaux ou de soins.

L'objectif principal de la présente contribution est d'examiner les incidences ou intérêts de la réforme législative japonaise de 1999 concernant la protection des adultes dans une société en plein vieillissement. Il arrive souvent que les personnes âgées soient impliquées dans des transactions qui leur sont préjudiciables, qu'elles soient mal conseillées (imprudentes) et qu'elles se fassent exploiter ; ces victimes âgées subissent probablement des pertes plus grandes que d'autres adultes qui s'engagent dans des transactions similaires. Le point de vue défendu ici est que l'approche individualiste du droit civil n'a pas réussi à protéger suffisamment les personnes âgées et que la protection des adultes est un moyen efficace et peu coûteux d'offrir aux personnes âgées une aide pour la conclusion de contrats. La première partie (I) examinera brièvement les instruments juridiques de la loi générale qui traite de la partie « vulnérable » (1) et quelques-unes des implications de chacun des instruments utilisés dans les transactions impliquant des personnes âgées (2). La seconde partie (II) traitera de la réforme japonaise de 1999 de la protection des adultes. Le cadre et les principales caractéristiques des nouvelles lois, à la fois les régimes judiciaires et conventionnels, seront présentés (1) puis les conditions et les problèmes actuels seront décrits (2). J'essaierai de démontrer que la solidarité est l'idée qui sous-tend la protection des adultes. Dans la plupart des cas, c'est la solidarité familiale qui opère dans les relations intergénérationnelles, une analyse approfondie montrant également qu'il existe parfois de graves conflits d'intérêt entre la personne et sa famille ou au sein de la famille qui l'entoure.

(L.1997-60) concernant la prestation spécifique dépendance (PSD) qui a utilisé le terme de « *personnes âgées dépendantes* » dans son texte, tandis que la loi du 20 juillet 2001 (L.2001-647) concernant l'allocation personnelle d'autonomie (APA) emploie l'expression « *personnes âgées dans l'incapacité d'assumer les conséquences du manque ou de la perte d'autonomie* ».

6 Suite à la réforme de 1968 concernant les majeurs protégés, le code civil français prévoit que « Lorsque les facultés mentales sont altérées par une maladie, une infirmité ou un affaiblissement dû à l'âge »

I LA PROTECTION DE LA PARTIE VULNÉRABLE

1. Les mesures légales générales

La règle générale dans les États modernes est la liberté d'action : chacun est libre de faire ce qu'il veut. Cette liberté connaît trois limitations[7]. L'une est la condition économique des ressources de la personne (dépendance économique). Les deux autres sont amenées à limiter les actions légales : les questions de la capacité et de la liberté de contracter. Comme nous l'avons mentionné plus haut, la capacité est la condition préalable à la signature de contrats. Le principe de la liberté de contracter a été modifié lorsque, par exemple, il existe une inégalité excessive entre les pouvoirs de négociation des deux parties.

7 Philippe MALAURIE et Laurent AYNES, Droit civil, 5e éd. (Cujas, 2000), p.37.

La nécessité de protéger la partie contractante vulnérable a été admise dans la loi générale. Se trouvent ainsi successivement prises en compte :

- *l'incapacité comme personne* par les lois n° 149-152 de 1999 qui protègent les adultes frappés d'incapacité;
- *la détérioration du consentement de la personne comme consommateur*, dans le cadre de la loi n° 85 de 1994 sur la responsabilité en matière de produits et la loi n° 61 sur les contrats de consommation de 2000;
- *la dépendance économique et sociale de la personne comme locataire* dans le cadre de la loi régissant les rapports entre propriétaires et locataires; ainsi que dans le cadre de la loi n° 26 de 2001 assurant la protection et la stabilité de la résidence des personnes âgées.

2. Les limites de ces mesures en ce qui concerne les personnes âgées

Bien qu'il existe une panoplie de moyens disponibles pour protéger les parties vulnérables contre des transactions désavantageuses et des exploitations, cela ne suffit pas pour protéger les personnes âgées lors de telles transactions dont elles font souvent l'objet. Faire reconnaître l'incapacité est une procédure formelle lourde à mettre en œuvre ; elle n'a été utilisée que dans des cas exceptionnels où des familles fortunées, dont un membre souffrait de troubles mentaux, devaient procéder à l'aliénation ou la transmission de biens ou de capitaux de famille importants. La protection en tant que consommateur est parfois plus facile d'accès et plus utile que les instruments classiques comme la faute ou l'escroquerie, mais l'inégalité du pouvoir de négociation et la rétention d'information n'arrivent pas à protéger suffisamment les personnes âgées[8]. C'est pourquoi il était important d'introduire le nouvel instrument de protection des adultes.

II LES RÉFORMES DE LA PROTECTION DES ADULTES

Les lois concernant la protection des adultes ont fait l'objet de réformes dans le monde entier. Les premières vagues ont été des mouvements en faveur des droits de l'homme dans les États ayant un système de protection sociale. En 1968, la France a transformé les termes classiques mais discriminants d'« *interdit* » et de « *quasi-interdit* » respectivement en « *tutelle* » et « *curatelle* ». Malgré la création d'une « *sauvegarde de justice* », pour des situations urgentes ou delimitées dans le temps, la structure de base semble être restée inchangée. La deuxième vague de réformes a eu lieu dans les années 1980 et 1990 au Royaume-Uni et dans certains États des États-Unis, en Allemagne et en Autriche, ainsi qu'au Canada, à la fois au Québec et dans les provinces de « *common law* » (droit coutumier). L'objectif principal était de régler efficacement les problèmes d'une société vieillissante ainsi que ce qu'on appelait la « *normalisation* » ou le traitement égal des handicapés mentaux, qu'ils fussent jeunes ou vieux. La loi japonaise, qui présentait exactement les mêmes dispositions d'« *interdit* » et de « *quasi-interdit* » que le Code civil français original, a été réformée en décembre 1999 et la nouvelle loi est entrée en vigueur en avril 2000.

8 Les consommateurs âgés n'ont pas été ciblés comme des parties spécialement vulnérables et les problèmes de clauses abusives peuvent apparaître non seulement dans les contrats de consommation mais également dans les contrats entre professionnels. Voir Jacques GHESTIN et Marcel FONTAINE, *La protection de la partie faible dans les rapports contractuels : comparaisons franco-belges* (LGDJ, 1996).

1. Les nouvelles dispositions judiciaires et conventionnelles

Le nouveau système de protection des adultes incapables consiste en trois niveaux de tutelles juridiques : la tutelle, la curatelle et l'assistance nouvellement instaurée, auxquelles s'ajoute la tutelle contractuelle qui tire son origine des lois anglo-saxonnes (*cf.* tableau 1 et tableau 2).

Tableau 1 Les régimes successifs de protection des majeurs

Type de régime	Situation originelle en France (1804) et au Japon (1898)	Situation en France (depuis 1968)	Situation au Japon (depuis 2000)
Régime Judiciaire			
Restrictions à la capacité	Interdiction	Tutelle	Tutelle *(Kôken)*
	Conseil judiciaire* —	Curatelle Sauvegarde de justice**	Curatelle *(Hosa)* Assistance *(Hojyo)* + Mesure conservatoire
Régime Conventionnel			
	—	—	Procuration perpétuelle *(Nin-i kôken)*

* Dit « quasi-interdiction » dans l'ancien Code civil japonais.
** La sauvegarde de justice est un régime de protection et non d'incapacité (art. 491-2, alinéa 1).

a) La tutelle judiciaire

La tutelle : quand la personne est *durablement incapable* de concevoir ou de prendre des décisions du fait de l'altération de ses facultés mentales, le ou les tuteur(s) ou tutrice(s) la représente(nt) dans toutes les transactions, y compris l'achat et la vente de biens.

La curatelle : quand la personne est excessivement incapable de concevoir et de prendre des décisions, certains contrats dans lesquels la personne se serait engagée sans le conseil de son curateur sont révocables. Le tribunal des affaires familiales peut accorder une procuration pour certaines transactions, en cas de nécessité.

L'assistance : quand la personne est incapable de concevoir ou de prendre des décisions, certains contrats importants – selon les indications du tribunal des affaires familiales – dans lesquels la personne se serait engagée sans le conseil de son assistant sont révocables. Le tribunal des affaires familiales peut également donner procuration à l'assistant. La procédure d'assistance requiert le consentement de la personne.

b) La tutelle contractuelle (ou procuration durable)

La personne nomme son tuteur contractuel qui agira comme son mandataire lorsqu'elle perdra ou commencera à perdre, plus tard, la faculté de prendre des décisions. L'acte est rédigé par un notaire.

Les caractéristiques de cette nouvelle procédure sont les sui-

Tableau 2 Le régime judiciaire japonais actuel de protection des majeurs

Régime juridique DISPOSITIONS	**Tutelle** Articles 7s du Code civil japonais	**Curatelle** Articles 11s du Code civil japonais	**Assistance** Articles 14s du Code civil japonais
1. Conditions a) *Personne protégée pour altération des facultés mentales*	État habituel d'absence de discernement	Insuffisance grave*	Insuffisance
b) *Procédure* • Ouverture des mesures	Décision du juge du tribunal familial		
• Demandeurs	La personne intéressée elle-même; son conjoint; ses parents jusqu'au 4e degré, le tuteur d'un mineur/curateur/assistant/ subrogé-tuteur, etc.; le ministère public, le maire**		A la requête d'autres personnes que l'intéressé, il faut obtenir le consentement de celui-ci (art. 14, alinéa 1)
• Mainlevées en cas de	Cessation des causes (à la demande; procédure parallèle); ouvertures d'autres mesures (par le tribunal)		
• Publicité	Nouveau régime de registre tutélaire***		
2. Organisation Désignation d'au moins un représentant, la tutelle (ou autres) pouvant être déférée à une personne morale	Tuteur	Curateur	Assistant
Surveillance	Subrogé-tuteur + tribunal familial (art. 863)	Subrogé-curateur	Subrogé-assistant
3. Effets sur a) *Gestion des biens/affaires* • Fonctionnement	Représentation générale • gestion compréhensive du patrimoine • avec autorisation du tribunal, disposition des droits relatifs aux locaux à usage d'habitation (art. 859-3) • fixation de la somme annuellement disponible pour l'entretien de la personne protégée	• Conseil/rescision • Représentation sur décision du tribunal et sous condition du consentement de la personne protégée	Sur décision du tribunal et sous condition du consentement de la personne protégée : conseil/rescision et/ou représentation de la personne pour des actes spécifiés
• Actes accomplis par la personne protégée –Actes patrimoniaux	Rescision de tous les actes patrimoniaux, sauf actes usuels	Rescision des actes les plus graves (art. 12, alinéa 1) passé sans le conseil du curateur, sauf actes usuels	Rescision des actes spécifiés passés dans le conseil de l'assistant, sauf actes usuels
–Actes personnels	En principe, non-influence sur les actes personnels (testament en présence de deux médecins dans un intervalle de lucidité selon l'art. 973)		
b) *Direction de la personne protégée*	Obligation de prendre soin de la personne, de veiller sur le malade par respect de la volonté de personne et en considération de son état physique et mental et des circonstances de l'existence (articles 858/ 876-5/876-10)		

* La loi L. 1999-149 a aboli la curatelle en raison de la « prodigalité ».

** Prescrit par les lois d'aide sociale aux personnes âgées et aux handicapés intellectuels ou moraux

*** La loi sur le registre tutélaire (L. 1999-152) l'a substitué à une publicité dans le « Koseki-bo » (actse d'état civil).s

vantes : une gestion plus flexible et sur mesure en fonction des besoins; l'assistance ou la tutelle contractuelle qui commence assez tôt, même si l'état d'altération mentale de la personne n'a pas atteint le niveau de l'incapacité ; des procédures rapides qui peuvent réduirent les coûts; et une publicité de l'enregistrement moins offensante afin d'éviter la stigmatisation sociale.

2. Les effets de la réforme

a) L'effet immédiat des réformes de la loi est que la demande de tutelle légale s'accroît régulièrement. Elle a augmenté de 21 % en 2001 par rapport à l'année précédente (*cf.* le tableau 3). Les caractéristiques de sexe, d'âge et de mode d'hébergement des personnes faisant l'objet d'une mesure de protection légale sont précisées par les tableaux 4 et 5.

Tableau 3 Évolution du nombre de demandes de protection des majeurs devant les tribunaux familiaux au Japon

	Total	Tutelle	Curatelle	Assistance	Procurations en vigueur
2002	**15 151**	12 746	1 521	737	147
2001	**11 088**	9 297	1 043	645	103
2000	**9 007**	7 451	884	621	51
1999	**3 634**	2 963	671	—	—

Tableau 4 Sexe et âge des personnes faisant l'objet d'une mesure de protection

	hommes	femmes
20–59 ans	46,2 %	22,4 %
60–64 ans	8,4 %	5,0 %
65–70 ans	9,4 %	7,0 %
70–79 ans	19,3 %	24,9 %
80 ans et plus	16,7 %	40,7 %

Tableau 5 Modes d'hébergement des personnes faisant l'objet d'une mesure de protection

dans la famille	25,4 %
seul	7,2 %
à l'hôpital	37,9 %
à l'hospice de vieillards	20,2 %
autres	9,3 %

Qui déclenche cette procédure ? La personne elle-même, dans 3,4 % des cas. La plupart des demandes ont été introduites par un conjoint ou des membres de la famille proche. Il est utile de signaler que certaines demandes ont été présentées par les autorités locales, bien que ces cas soient peu nombreux (1,9 %) (*cf.* tableau 6).

Tableau 6 Différents demandeurs de l'ouverture d'une procédure

la personne	3,4 %
époux(se)	14,0 %
père/mère	12,8 %
enfant	37,4 %
frère/sœur	18,7 %
parents (4e degré)	12,8 %
maire	1,9 %

Parmi les tuteurs choisis par les tribunaux, environ 86 % sont des membres de la famille (enfants, frères/sœurs, conjoints, etc.) Le nombre de tuteurs qui ne sont pas de la famille, avocats ou notaires, personnel des services sociaux du secteur public, est en hausse. Des personnes morales ont été retenues dans 47 cas en 2001, contre 13 l'année précédente (*cf.* tableau 7).

Tableau 7 Position du tuteur, du curateur ou de l'assistant nommé par rapport à la personne faisant l'objet de la mesure

époux(se)	12,7 %
père/mère	10,7 %
enfant	30,8 %
frère/sœur	17,2 %
autres parents	12,7 %
avocat	7,0 %
notaire	5,7 %
connaissance	0,7 %
personne morale	0,6 %
autres	1,9 %

Le nombre d'assistances allouées a été plutôt plus faible que prévu depuis 2000. D'après les informations dont on dispose, il semble que quelques personnes âgées qui vivent seules aient rejeté cette possibilité ou aient hésité à l'utiliser. Lorsque le degré d'aliénation mentale est relativement léger, l'assistance ne peut être mise en place sans le consentement des personnes, ce qui veut dire qu'on les laisse seules jusqu'à ce que leur état mental s'aggrave au point qu'on puisse passer à la curatelle. La plupart craignent les coûts de la procédure et les dépenses liées au paiement du tuteur. Il existe d'autres services que l'assistance : des transactions bancaires quotidiennes pour de faibles sommes, la conservation des documents (extraits de banque, titres de propriété, sceaux officiels, etc). Le problème est que le service est destiné à des personnes atteintes de déficience mentale légère et vivant donc chez elles.

Ainsi lorsque leur condition mentale s'aggrave, ou si elles sont hospitalisées, seule la tutelle légale est possible. Il pourrait être intéressant de suggérer d'introduire une procédure souple et légère, semblable à celle qui existe en France (article 499 administrateur).

Comme il existe des décalages entre les services fournis par la tutelle et les besoins, quelques entreprises et organismes privés se sont créés pour combler ces niches légales. Une de ces niches consiste à offrir un contrat pour s'occuper quotidiennement de personnes, par exemple les emmener à l'hôpital, leur fournir une caution pour les frais d'hospitalisation. L'autre consiste en un contrat pour gérer les affaires posthumes, comme les funérailles. Ces services, qui étaient pris en charge dans le temps par des membres de la famille ou, dans certains cas, par des amis, éveillent un grand d'intérêt auprès des personnes vivant dans les agglomérations urbaines.

b) Cependant la société japonaise continue à préférer la solidarité familiale. Même après la mise en place de la tutelle légale, Sunaga doute de l'efficacité du rôle de directeurs pour garantir l'impartialité et la loyauté des tuteurs. Bien que les parents puissent demander au tribunal des affaires familiales de choisir un directeur chargé de contrôler le tuteur, il est rare qu'une telle démarche soit initiée par des parents lointains.

De très nombreuses personnes âgées à la retraite, qui possèdent des économies et jouissent d'une pension, ont enregistré leur procuration en préparation de leur sénilité. Dans la plupart des cas, les bénéficiaires sont l'enfant ou les enfants. La formalité de tutelle contractuelle est considérée comme une protection suffisante contre les abus de pouvoir ou les conflits entre parents.

Les tuteurs de fait représentent dans le pays la solution la plus populaire. Dans les régions agricoles, il n'est pas rare que des personnes de plus de 60 ans choisissent cette solution pour leurs parents de peur de décliner avant ces derniers. Le problème est de savoir si les intérêts de la personne sont garantis au mieux sans intervention du tribunal ou contrôle par un mandataire. L'exploitation peut exister au sein même de la famille : acheter une nouvelle voiture pour conduire le père à l'hôpital, détourner les comptes en banque de la mère pour faire face à une dette, ou pour entamer une succession prématurément. La tutelle judiciaire, comme l'assistance, est considérée comme un dernier ressort en cas de conflit d'intérêts.

CONCLUSION

Les questions de vieillissement auxquelles le Japon va être confronté pendant la première moitié du 21e siècle sont très sérieuses, à la fois par leur envergure et par la rapidité à laquelle elles se développent. La réforme de la loi de 1999 concernant la protection des adultes, qui a marqué un tournant dans la législation civile japonaise, a pour but de faire face au problème du point de vue de la capacité à contracter.

Jusqu'à ce que les lois soient appliquées, en avril 2000, les personnes âgées étaient en situation de faiblesse face à des accords déséquilibrés. *L'incapacité* était une procédure trop formelle et trop lourde, qui était utilisée pour protéger les biens de famille et les commerces plus que les membres de la famille mentalement dérangés. *Le contrôle judiciaire* du consentement déficient, prévu par la loi civile classique ou les lois modernes sur les consommateurs, ne suffisait pas pour les consommateurs âgés. Pour la plupart d'entre eux, la solidarité familiale était le seul système sur lequel ils pouvaient s'appuyer.

Depuis 2000, les lois ont étendu la protection en introduisant deux instruments nouveaux : l'assistance et la tutelle contractuelle. Les demandes sont en hausse constante : les nouveaux régimes sont devenus très populaires dans les cercles de médecins et de travailleurs sociaux. L'alternative entre protection judiciaire et solidarité familiale peut prêter à confusion. Même si la personne choisit la tutelle judiciaire, 85 % des tuteurs nommés sont des membres de la famille. Cependant il faut souligner que le facteur important est devenu l'intérêt de la personne. Je pense que le tuteur est censé servir d'intermédiaire entre la personne et la société. D'un autre côté, il y a encore beaucoup de personnes âgées, surtout dans les zones rurales et dans les zones de pêche, qui continuent à être prises en charge par la famille. Il est intéressant de constater que certaines familles sont plus attentives aux besoins de l'administration et se préparent pour répondre aux questions d'autres membres de la famille sur les biens. Par ailleurs, la tutelle contractuelle pourrait se situer entre les deux extrêmes, si le formalisme nécessaire et la planification libre du donateur pouvaient trouver un terrain d'entente dans un proche avenir.

Quelques mots sur le troisième pilier de la solidarité. Il semble que nombreux soient les gens qui ne bénéficient ni de la protection judiciaire ni de la protection familiale. Pour la plupart de ceux qui vivent seuls chez eux, à l'hôpital ou dans une autre institution, la tutelle judiciaire est encore une machine trop lourde comparée à la taille des biens, alors que certains risquent de se faire exploiter. Je suggérerais donc qu'une administration en charge de la protection sociale, par exemple une fondation publique, pourrait offrir une solution mieux appropriée dans de tels cas.

Rieko YAMASHITA

Traduit de l'anglais par Monique FLASAQUIER

BIBLIOGRAPHIE

BAUER (Michel) et Fossier (Thierry), *Les tutelles : protection juridique et sociale des enfants et des adultes*, 3e édition, ESF, 1999.

CARBONNIER (Jean), *Droit civil : Les personnes*, PUF, 2000.

MALAURIE (Philippe) et AYNÈS (Laurent), *Droit civil 2 : Les personnes, Les incapacités*, 5e édition, Cujas, 2000, p.237-258, 295-337.

MASSIP (Jacques), *Les majeurs protégés* (tome 1: Régime juridique), Répertoire du Notariat Defrénois, 1994.

MASSIP (Jacques), *Les majeurs protégés* (tome 2 : Formules d'application), Répertoire du Notariat Defrénois, 1994.

SASSIER (M.) (sld), *L'avenir des tutelles : analyses, fondements et prospectives*, Dunod, 2000.

SUNAGA (Jun), « Réflexions sur le Projet de Réforme du Droit des Majeurs Protégés au Japon », dans *Le contrat au début du XXIe siècle : études offertes à Jacques Ghestin* LGDJ, 2001 , p.839-863.

TEYSSIÉ (Bernard,) *Droit civil, Les personnes*, 5e édition, Litec, 2000, p.241-305.

VERDIER (Pierre) et BAUER (Michel), *Comment assurer la protection d'un majeur : guide pratique à l'usage des tuteurs familiaux et professionnels*, 4e édition, ESF, 1999.

YAMAGUCHI (Toshio), *Furansu Ho* (Droit Français), Presses Universitaires de Tokyo, 1978, p.478-490.

La réforme du système de retraite en France

Solidarité ou équité intergénérationnelle?

INTRODUCTION

La question de l'avenir du système de retraite français, et plus généralement de la protection sociale, occupe depuis plusieurs années, une place importante dans le débat public [Dupont, Sterdyniak, 2000]. La montée du chômage, le ralentissement de la croissance économique et les perspectives démographiques, ont depuis près de vingt ans, posé la question de la réforme du système de retraite en France. Le problème est tout d'abord d'ordre démographique : la croissance du rapport entre les retraités et les actifs s'explique par l'allongement de la durée de la vie et la baisse de la fécondité. Le problème est ensuite d'ordre économique : l'ampleur des déséquilibres de financement dépend de la situation du marché du travail. Le problème est enfin d'ordre politique : la question des retraites met en jeu, non seulement des intérêts individuels et collectifs, mais aussi les idées qu'une société se fait de l'avenir, comme de la solidarité entre les générations. Le terme de solidarité cristallise assez bien l'ensemble de ces enjeux, même s'il relève aussi d'une certaine rhétorique. Quels sont les critères de justice sociale, qui semblent inspirer les réformes du système de retraite mises à l'ordre du jour par la gestion des contraintes de financement? Telle est la question aujourd'hui explicitement posée.

Il convient de s'interroger, en premier lieu, sur les normes de solidarité que peuvent exprimer les différents systèmes de retraite [Saillard, 1996]. La notion de « *solidarité intergénérationnelle* » se situe au cœur même des systèmes de retraite par répartition dont elle conditionne l'existence. Ces systèmes reposent en effet sur le double principe de la dette et des droits acquis : une génération donnée d'actifs payant la pension des personnes retraitées, et reportant le financement de sa propre retraite sur ses descendants. Cependant, l'arrivée à maturité des régimes de retraite, la persistance d'une croissance économique ralentie, les projections de l'évolution démographique pourraient mettre en péril le financement des retraites, rompant ainsi la chaîne de solidarité. Si l'on ajoute cette idée fort répandue, selon laquelle les retraités jouissent aujourd'hui d'un niveau de vie globalement supérieur à celui des actifs, ce constat pourrait alors engendrer chez ces derniers un sentiment d'injustice. La comparaison des niveaux de vie entre actifs et retraités a ainsi alimenté le débat sur la notion d'« *équité intergénérationnelle* », justifiant aux yeux de certains, une ample réforme de notre système de retraite, dans ses fondements comme dans ses modalités.

Il convient d'examiner, en second lieu, les formes de solidarité que peuvent mettre en œuvre les systèmes de retraite. Le système actuel de « *retraite par répartition* », est fondé sur la solidarité entre les générations, il assure la parité de niveau de vie entre les actifs et les retraités, certes des adaptations sont devenues nécessaires, qui pourraient être d'autant plus facilement mises en œuvre, que la société résoudrait son problème d'emploi [Le Duigou, Toulisse, 1999]. Mais le système est remis en cause, par les partisans de la « *retraite par capitalisation* » qui, amplifiant de façon apocalyptique des problèmes réels, cherchent à semer le doute sur sa pérennité, comme à faire pénétrer la gestion par le marché, dans un domaine que l'on avait choisi jusqu'à présent de gérer socialement. Le système français de protection sociale, contre le « *risque vieillesse* », apparaît comme le lieu de différentes logiques qu'il convient de faire émerger plus clairement, avant de voir comment elles ont progressivement été mises en œuvre dans le passé, et comment elles inspirent les réformes en cours. Une baisse programmée des retraites financées en répartition, en réduisant fortement le taux de remplacement des revenus d'activité, pourrait alors ouvrir un espace pour la promotion des retraites financées en capitalisation, éloignant ainsi tout espoir de voir se développer la solidarité entre les générations.

I SYSTÈME DE RETRAITE ET SOLIDARITÉ INTERGÉNÉRATIONNELLE

Lorsque le Livre blanc sur les retraites, remis au Gouvernement de Michel Rocard en avril 1991, s'est proposé d'expliciter les différentes perspectives ouvertes à la transformation de notre système de retraite, et a fait le « *choix de la solidarité* », il confirmait un choix de principe, celui de la répartition, c'est-à-dire de la solidarité entre générations [C.G.P, 1991]. L'objectif clairement affiché était de « *garantir dans l'équité les retraites de demain* ». Deux principes d'équité devaient alors être respectés par les aménagements proposés du système français : l'équité entre les actifs d'une même génération, et l'équité entre les générations. La solidarité, en quelque sorte, se confondait avec l'équité. Ainsi, après la Seconde Guerre mondiale, la France a construit son système de retraite autour de la répartition, pour des raisons historiques qui tiennent à la quasi-faillite, à cette époque, des régimes par capitalisation d'avant guerre. Depuis sa création, le système de retraite français a bénéficié de la conjonction de facteurs favorables : structure optimale de la population, rythme de croissance économique élevé, faible taux de chômage. Cette situation s'est accompagnée d'une amélioration continue de la législation sociale, dont a bénéficié la population des retraités. La mise en place et l'amélioration des retraites ont ainsi largement permis d'éliminer la vieillesse comme facteur de pauvreté. Dans un contexte de développement du salariat, les retraites constituent un des éléments fondamentaux du « *statut salarial* » [Gaullier, 2003], où la sécurité est assurée par le travail, présent ou passé, et non plus par la seule propriété.

1. Le principe de solidarité intergénérationnelle

Les systèmes de protection sociale peuvent être présentés comme le compromis de deux modèles : le modèle « *bismarckien* » fondé sur l'assurance et le modèle « *beveridgien* » fondé sur la solidarité. Cette distinction, intéressante au plan historique, apparaît aujourd'hui dépassée, lorsqu'on analyse les fondements et les caractéristiques des régimes de retraite. Trois lignes de partage permettent de distinguer les systèmes de retraite : le caractère obligatoire ou non des régimes de retraite, la nature contributive ou non des droits, et leurs modes de financement [Dupuis, El Moudden, 2002]. Concernant plus précisément le mode de financement, deux voies sont possibles : la répartition ou la capitalisation. Dans un système en répartition, les actifs d'aujourd'hui paient pour les inactifs d'aujourd'hui. En contrepartie, les actifs attendent que ce « *contrat social* » soit honoré et que leurs pensions soient payées par la génération d'actifs de demain [Artus, Legros, 1999]. Les systèmes en répartition leur attribuent des droits de tirage sur les ressources futures : une dette implicite du système de retraite se constitue, basée sur le principe de solidarité entre les générations. Les systèmes en capitalisation, en organisant dans le temps le transfert d'une épargne, sont tout à fait étrangers à cette notion de solidarité intergénérationnelle : ils sont souvent rejetés précisément au nom de la solidarité.

C'est en fonction d'une vision de la solidarité entre les générations, que le système de retraite français a été réorganisé puis développé à partir de 1945, et qu'il a été géré jusqu'ici par les partenaires sociaux et les pouvoirs publics. Les régimes de retraite existant avant la guerre ne procédaient pas particulièrement d'un souci d'équité entre les générations : ils répondaient, selon les cas, à une logique de protection contre l'invalidité, de droits acquis en raison des services rendus, ou tout simplement d'épargne. « *Justice* », « *équité* », « *solidarité* », telles sont les valeurs communes indifféremment invoquées, au point que l'équité se confond avec la solidarité entre les générations [Dupeyroux, 1995]. Le financement en répartition, par utilisation immédiate des cotisations des actifs pour payer les retraites, constitue à la fois la solution technique et l'expression même de la solidarité, jouant en faveur des générations âgées ruinées par la guerre et l'inflation, dans un climat de conscience nationale et collective exacerbée par les malheurs subis. C'est ainsi que la mise en place du régime général de la sécurité sociale, comme celle des régimes complémentaires de retraite, développant notre système d'assurance-vieillesse, au lendemain de la Seconde Guerre mondiale, vont tirer toutes les conséquences du principe de solidarité entre les générations.

La solidarité intergénérationnelle permet de faire naître, au sein de la société, une coopération mutuellement avantageuse entre les générations. La perspective d'un « *choc des générations* », souvent complaisamment évoquée, apparaît pour l'instant un peu abstraite. Tout indique une réelle adhésion au principe de solidarité : le système de retraite fait l'objet d'un soutien massif et justifié, de la part de l'opinion, ce qui explique sans doute la difficulté de toute adaptation. La théorie des « *transferts entre générations* » est fondée sur l'hypothèse de la « *réciprocité indirecte* » au sein de la chaîne des générations, privilégiant la translation des obligations de génération en génération [Charpentier, 2000]. La « *réciprocité indirecte* » est au fondement du « *pacte intergénérationnel* », qui transmet droits et devoirs dans la chaîne des générations. Elle est moins risquée dans le sens descendant (on ne donne que après avoir soi-même reçu), que dans le sens ascendant (il faut donner avant de recevoir). On peut certainement y voir une explication de la socialisation des transferts vers les ascendants, qui trouve une application parfaite dans les régimes de retraite par répartition.

Cependant, la notion de solidarité est moins un critère économique et social, qu'un instrument de légitimation de l'action publique, dans l'organisation réelle de la protection sociale. Le système de retraite français s'inscrit à la fois dans une logique « *assurantielle* », où les prestations contributives sont liées pour partie aux montants des cotisations versées; et dans une logique de « *solidarité* », où le financement des prestations non-contributives est assuré par le recours à l'impôt. Cette dualité rejoint celle de l'ensemble du système de protection sociale, et son évolution oscillant entre une logique « *bismarckienne* » de solidarité professionnelle et une logique « *béveridgienne* » de protection sociale universelle. Les difficultés de financement de la protection sociale, depuis une vingtaine d'années, ont fait le succès de cette opposition entre « *assurance* » et « *solidarité* », nullement inscrite à l'origine, dans les principes et le fonctionnement de l'institution [Belorgey,1995]. Dans un secteur, où les ressources provenaient essentiellement des cotisations des salariés, on constate la croissance des financements publics, justifiés par ce qu'on appelle une logique de solidarité nationale. Il faut se garder d'associer, trop naturellement, la protection sociale et la solidarité, et voir sous quelles formes la solidarité a effectivement été mise en œuvre.

2. Le bilan du système de retraite français

Le système de retraite français est aujourd'hui un système universel, ce qui ne veut pas dire qu'il est unifié, mais qu'il couvre l'ensemble de la population. Tel qu'il s'est progressivement construit, ce système met en œuvre plusieurs mécanismes de solidarité. Solidarité entre les générations, puisque ce système fonctionne presque entièrement par répartition, et que les fonds de pension sont quasi-inexistants. Solidarité entre les divers régimes de retraite, pour compenser les variations démographiques, et solidarité à l'intérieur de chaque régime, pour prendre en compte charges de famille et périodes de chômage. Solidarité enfin, avec un régime non contributif, le minimum vieillesse, qui sert de filet de sécurité [Cocheme, Legros, 1995]. Si le système est universel, il n'est pas unifié, et renvoie l'image d'un univers éclaté et fragmenté. Les spécificités de chaque catégorie professionnelle ont conduit à la juxtaposition de régimes multiples, opérant des prélèvements différents, et servant des prestations différentes : on dénombre 26 régimes de base, et une multiplicité de régimes complémentaires. Ce morcellement doit cependant être relativisé, par l'existence de régimes en voie d'extinction, ou par les nombreux actifs dont la carrière chevauche plusieurs régimes.

L'ensemble de ces mécanismes de redistribution conduit à des transferts monétaires considérables entre les individus et les catégories sociales. On estime, en 2002, à environ 12,4 millions le nombre total de retraités et des ayants droit du système de retraite français, les prestations des risques vieillesse-survie, pour la même année, s'élèvent à 192,6 milliards d'euros, soit près de 44 % des dépenses de protection sociale. Au cours des quarante dernières années, la part des dépenses de vieillesse dans la richesse nationale a augmenté de plus de 7 points, passant de 5,4 % du PIB en 1960 à 12,7 % du PIB en 2002 [Chaput, Raynaud, 2003]. La forte hausse du poids des retraites, entre 1960 et 1985, s'explique certes par la revalorisation du niveau relatif des retraites, mais aussi par la hausse du nombre relatif des retraités, en raison de la hausse du chômage et de l'abaissement de l'âge de la retraite. Entre 1985 et 2002, la hausse du poids des retraites a été beaucoup plus faible : le niveau des retraites a tendance à se stabiliser, la progression du chômage est plus faible, l'abaissement de l'âge de la retraite joue moins, en revanche l'évolution démographique devient défavorable. Sur l'ensemble de la période, il faut souligner cependant que le système de retraite a été davantage victime de la dégradation de la situation du marché du travail, que de l'évolution démographique.

Il existe deux façons d'évaluer la situation des retraités : la première consiste à comparer la première retraite au dernier salaire d'activité, ce qui revient à calculer un « *taux de remplacement* », la seconde consiste à comparer l'ensemble des revenus des ménages actifs et retraités, ce qui fournit une indication sur l'indépendance financière des retraités. En 2001, les retraités âgés de 60 ans ou plus percevaient en moyenne, au titre des régimes de base et complémentaires, un montant global de pension brut égal à 1 126 € par mois, selon les résultats issus de l'Echantillon interrégimes de retraités [Coëffic, 2002]. Avec une pension moyenne égale à 78 % du revenu moyen des travailleurs actifs, salariés ou non salariés, le système de retraite français est plus généreux que la moyenne européenne, mais ce niveau moyen de pension ne doit pas cacher l'existence de grandes disparités : la profession exercée, la durée de carrière, le régime complémentaire, sont autant de facteurs qui expliquent ces disparités entre les hommes et les femmes, entre le public et le privé, entre les catégories sociales. Si l'on ne prend pas en compte les revenus du patrimoine, le revenu des ménages de retraités par unité de consommation reste légèrement inférieur à celui des ménages actifs. En revanche, si l'on prend en compte les revenus du patrimoine, le niveau de vie moyen des retraités est aujourd'hui comparable à celui des personnes d'âge actif.

La politique des retraites, menée en France depuis la Seconde Guerre mondiale, a été une pleine réussite, son ambition d'universalité a été atteinte : elle a permis, en quelques décennies, d'augmenter considérablement le niveau de vie des retraités, aujourd'hui comparable à celui des actifs, et de réduire considérablement la pauvreté chez les personnes âgées. Alors que la vieillesse a été longtemps synonyme de pauvreté, la montée en puissance des régimes de retraite par répartition a permis une division par trois du nombre d'allocataires du minimum vieillesse depuis sa création, soit aujourd'hui moins de 9 % des retraités. Le taux de pauvreté monétaire des ménages retraités est passé de 27 % en 1970 à 6 % en 1996 [Nortier, 2003]. Cependant, les écarts de revenus entre retraités demeurent importants, en raison de la diversité des carrières salariales individuelles et des règles spécifiques aux différents régimes. Même si des inégalités devant la retraite demeurent, celle-ci est devenue une promesse d'un nombre significatif d'années « *libérées* » pour le plus grand nombre, du fait de l'augmentation constante de l'espérance de vie à 60 ans. Les régimes de retraite garantissent désormais l'indépendance financière des personnes âgées, ceci témoigne de la réussite du système de retraite par répartition : pacte entre les générations, organisant de larges redistributions, il assure la cohésion sociale, et sa consolidation est un objectif majeur pour la société française.

II SYSTÈME DE RETRAITE ET ÉQUITÉ INTERGÉNÉRATIONNELLE

Lorsque le premier rapport du Conseil d'orientation des retraites, remis au Gouvernement de Lionel Jospin en décembre 2001, explore à son tour les voies et moyens d'une possible réforme des retraites, son objectif clairement affiché est de « *bâtir un contrat social renouvelé entre les générations* » [C.O.R, 2002]. Il ne prétend pas proposer des réformes clés en main, mais élaborer un diagnostic, et préparer les choix à effectuer, relevant de l'État et des partenaires sociaux, lors de négociations ou de décisions futures. Certes, le Conseil préconise que soit réaffirmé solennellement le principe de solidarité : choix de la répartition matérialisant la solidarité entre les générations, choix d'un système où le montant de la pension est en rapport avec les revenus de la vie active, reconnaissance d'un droit au travail indissociable du droit à la retraite. Mais il souligne également que des principes complémentaires, tenant compte d'aspirations ou de contraintes nouvelles, vont devoir être posés : solidité financière du système, égalité de traitement entre cotisants, marges de choix individuels encadrées. Les réformes des régimes de retraite, qui ont longtemps évolué dans le sens d'une amélioration, pour des motifs sociaux, semblent désormais évoluer dans le sens d'une restriction, pour des motifs financiers [Math, 2001]. En effet, on observe une tendance, depuis une dizaine d'années, au gré des réformes entreprises, à introduire plus de « *contributivité* » dans le système de retraite, aux dépens de la solidarité : le risque est alors, pour un système fondé sur le principe de solidarité entre les générations, de se voir progressivement remis en cause, au nom d'un principe d'équité entre les générations.

1. Le principe d'équité intergénérationnelle

La question de l'égalité entre générations apparaît habituellement en situation de crise ou quand des réformes importantes sont nécessaires : on peut noter que ce thème est apparu, en matière de retraite, à l'occasion des réformes qui ont été mises en œuvre, d'abord aux États-Unis, puis dans les pays européens [Vernière, 2002]. Les choix possibles ayant évidemment des impacts nettement différenciés selon les générations, il est important de juger des réformes envisageables, au regard d'un objectif d'équité intergénérationnelle. Traiter des inégalités renvoie toujours à des questions de principes, mais comme il est évident qu'il n'y a pas aujourd'hui de consensus réel sur la notion de justice intergénérationnelle, les éléments de réponse, pour être jugés recevables, doivent, d'un coté, dépasser le scepticisme philosophique découlant de la complexité de la problématique, de l'autre coté, ne pas se limiter à de simples prises de position idéologiques. La description des inégalités de traitement entre générations, en matière de retraite, apparaît d'emblée étroitement tributaire des principes d'égalité et de justice retenus [Masson, 2002]. Le domaine spécifique des retraites n'apparaît souvent pas séparable d'un ensemble plus vaste, comprenant les autres transferts, publics (dépenses publiques, retraites par répartition) et privés (héritages, aides ou donations). L'économie des relations et des transferts intergénérationnels privilégie un domaine d'analyse, celui de la croissance macroéconomique à long terme : le débat concerne alors les effets de ces transferts entre générations, tant sur le niveau de l'activité économique, que sur l'équité entre les générations.

Depuis une vingtaine d'années, dans un contexte de crise de l'économie, la dégradation relative du sort des actifs, notamment des jeunes, et l'amélioration constante du niveau de vie des retraités, combinée à la crise de la protection sociale et aux interrogations sur la viabilité à terme des systèmes de transferts sociaux, ont contribué à la résurgence du thème de l'équité intergénérationnelle. C'est ainsi que le rapport Minc, sur « *la France de l'an 2000* », remis au Gouvernement d'Edouard Balladur en novembre 1994, a pu soutenir que le « *compromis social égalitaire* », possible dans une économie en forte croissance, n'était plus viable dans une société ouverte, et qu'il convenait de trouver un nouveau « *modèle social* », fondé cette fois sur le principe d'équité [Minc, 1994]. Sur les solutions à apporter au problème du financement des retraites par répartition, le rapport tranche en faveur d'une solution de compromis, prenant la forme d'une pérennisation de la répartition, sans plafonnement a priori de ses ressources, accompagnée du développement de la capitalisation et de toutes les formules d'épargne longue, seul moyen d'éviter le développement massif des « *inéquités intergénérationnelles* ». Cette contribution nous semble singulièrement obscurcir le débat, notre pays n'a jamais véritablement vécu sous un modèle égalitaire simple, mais la recherche d'équité ne saurait être celle de droits fondamentaux, ce qui signifierait un repli sur une assistance minimale. Au risque du paradoxe, on peut dire que notre système de retraite, fondé sur une conception de l'équité qui se confondait avec celle de l'égalité, se voit aujourd'hui dénoncé au nom d'une conception nouvelle de l'équité, dissociée de toute idée d'égalité.

La question de l'équité intergénérationnelle a-t-elle un sens? Le versant académique de ce débat porte sur les principes qui permettraient d'établir une norme équitable pour les transferts entre générations [Blanchet, 1998]. Un premier critère est un critère instantané : l'équité entre les générations, dans l'instant, correspondrait à l'égalité ou à la parité des ressources entre les tranches d'âge. Un second critère propose de déborder l'instant présent, en comparant ce que les inactifs du moment reçoivent du système de transferts avec ce qu'ils lui ont donné dans le passé ou auront à lui donner dans le futur : il y a équité lorsque chaque génération reçoit autant, en proportion, que ce qu'elle a donné. Le dernier critère enfin est un critère d'égalitarisme fort : il n'y aurait équité intergénérationnelle que si chaque génération, à chaque âge, bénéficie des mêmes conditions de vie, que les autres générations, aux mêmes âges. Aucun de ces critères n'est satisfaisant, cela impliquerait que chaque génération, œuvrant seulement pour elle-même, doive faire ses comptes, si tant est que de tels comptes soient possibles. La logique de la recherche de l'équité intergénérationnelle a été poussée à son terme le plus radical, par l'estimation de « *comptes par générations* » : ces estimations concluent souvent à la spoliation des générations futures, dans la mesure où elles paieraient des prélèvements nettement supérieurs, à ce que paient les générations contemporaines. Il va sans dire que des critiques méthodologiques dévastatrices peuvent être adressées à ce type de travaux, tant les résultats apparaissent largement prédéterminés par les hypothèses.

Les partisans de l'équité intergénérationnelle vont s'employer à trouver dans ce débat les arguments, qui vont leur permettre de présenter la retraite par capitalisation comme la panacée, pour résoudre les problèmes financiers posés par le vieillissement démographique, aux régimes de retraité par répartition : un tel cadre d'analyse séduit, car il fait appel à l'individualisme, thème dominant de la culture libérale [Barbier, Théret, 2004]. Les retraités ne perçoivent-ils pas des revenus excessifs, qui pèseraient trop lourdement sur les actifs, constat qui justifierait une révision des règles fixant le niveau des pensions? S'agissant de l'équité intergénérationnelle, l'opinion largement répandue, selon laquelle les retraités bénéficieraient d'une situation exagérément privilégiée aux dépens des actifs, doit être fortement nuancée car elle néglige, d'une part la persistance d'une frange de la population retraitée aux revenus très insuffisants, d'autre part l'existence d'une population jeune touchée de plein fouet par la pauvreté et la précarité, bénéficiant précisément de la solidarité intergénérationnelle privée. À l'avenir, dit-on encore, comme il y aura moins d'actifs pour prendre en charge davantage de retraités, et que ces derniers risquent de montrer une certaine détermination à protéger ce qu'ils ont durement gagné, cet antagonisme ne risque-t-il pas de provoquer un véritable conflit intergénérationnel? Une génération pourrait être d'autant plus tentée de dénoncer le pacte implicite de la répartition, qu'elle peut craindre que la génération suivante ne le respecte pas, ce qui justifierait le recours à la capitalisation. À vrai dire, la question importante, concernant ce débat entre protection sociale et équité, est celle de la légitimité à placer la solidarité sur ce terrain, en tournant délibérément le dos à la mutualisation intergénérationnelle des risques.

2. Le financement du système de retraite français

La question des retraites est à l'ordre du jour depuis la fin des années 1980, elle a évolué sur deux plans : celui des rapports officiels et des projets de réforme, celui des mesures prises et des réformes engagées [Charpin, 1999; Teulade; Taddéi, 2000]. Notre système de retraite a fait l'objet de très vifs débats, qui ont porté aussi bien sur le diagnostic de l'avenir des régimes de retraite, que sur les réformes à mettre en œuvre pour assurer leur pérennité. Le constat le plus communément partagé, est celui d'un déséquilibre financier de grande ampleur, à terme rapproché, de nos régimes de retraite. La raison en est une situation démographique particulièrement défavorable : l'accès des classes d'âge nombreuses d'après-guerre à la retraite et l'élévation continue de l'espérance de vie contribuent à une inversion du rapport du nombre de retraités au nombre d'actifs. Or, dans le même temps les entrées sur le marché du travail sont de plus en plus tardives et les retraits d'activité de plus en plus précoces. On entend souvent dire que la question des retraites est en retard de réforme, que les gouvernements successifs n'auraient pas vraiment voulu ou tout simplement pas pu mettre en œuvre. La réalité est bien différente, car les pouvoirs publics français, depuis le début des années 1990, face à cette situation, ont entrepris plusieurs réformes, qui ont profondément modifié la trajectoire des retraites, mais dont on peut penser qu'elles ne suffiront pas à résoudre durablement le problème du financement des retraites.

Compte tenu des projections démographiques réalisées, les régimes de retraite risquent de rencontrer, dans les décennies à venir, de sérieuses difficultés financières. Le Conseil d'orientation des retraites, dans son premier rapport, a mis en évidence ces difficultés, et réalisé des projections financières [C.O.R, 2002]. L'augmentation du nombre des retraités résultera de la conjonction de deux phénomènes : d'une part, l'arrivée à l'âge de la retraite des générations du baby-boom en 2005; d'autre part, l'allongement de la durée de la retraite en raison de l'allongement de l'espérance de vie. Sous l'effet de l'allongement de la vie et de la baisse des naissances, la part des personnes âgées de plus de 60 ans passerait de 20,6 % en 2000 à 33,5 % en 2040, ce qui représente une augmentation de dix millions de personnes. Cette augmentation du nombre des retraités ne sera pas compensée par une augmentation correspondante de la population active, compte tenu de la baisse de la natalité, de l'entrée tardive des jeunes sur le marché du travail, et du retrait précoce d'activité des plus âgés. Ainsi, la proportion de la population âgée de plus de 60 ans, rapportée à la population âgée de 20 à 59 ans, passerait de 40 % en 2000 à 71 % en 2040. En faisant l'hypothèse d'un retour progressif au plein-emploi, comme du maintien des règles actuelles des régimes de retraite, le poids des dépenses de retraite rapporté au PIB, devrait passer de 12,6 % en 2000, à 14,3 % en 2020, et à 16,7 % en 2040, ce qui représenterait à terme une augmentation de près de 4 points de PIB supplémentaires.

Face à ces sombres perspectives, des réformes importantes ont été engagées depuis dix ans, mais qui ne suffiront vraisemblablement pas à assurer l'équilibre à long terme du système de retraite [Greciano, 2002]. La Loi du 22/07/1993, sous le Gouvernement Balladur, a engagé une profonde réforme du Régime général des salariés du secteur privé : allongement de la durée de cotisation à 40 ans, calcul du salaire de référence sur les 25 meilleures années, indexation sur les prix et non plus sur les salaires, ce qui devrait se traduire par une chute du taux de remplacement de 78 % aujourd'hui à 64 % en 2040. Le plan de réforme de la protection sociale, présenté au Parlement le 15/11/1995, par le Gouvernement Juppé, visait la réforme des régimes spéciaux, mais le Gouvernement a dû renoncer, en raison des mouvements sociaux, à l'alignement du secteur public sur le secteur privé. Le rapport Charpin, sur « *l'avenir de nos retraites* », remis au Gouvernement Jospin en 1999, proposait un diagnostic prospectif, ainsi que plusieurs pistes de réflexion : un nouvel allongement de la durée de cotisation, une adaptation des règles d'indexation, la création d'un Fonds de réserve pour les retraites, mais le Gouvernement ne devait pas donner suite. Enfin, le Conseil d'orientation des retraites, créé par un décret du 10/05/2000, qui se veut une structure permanente d'expertise et de concertation, associant parlementaires, partenaires sociaux et représentants de l'État, dans un rapport publié en 2002, se bornait à actualiser les éléments du diagnostic, et à éclairer d'une façon générale les voies d'une réforme à entreprendre, en retenant trois orientations majeures : un nouveau contrat social entre les générations, la fixation d'un niveau garanti de pension, la promotion de l'emploi des plus de 50 ans.

La loi du 21/08/2003, portant réforme des retraites, s'inscrit dans le processus d'adaptation du système de retraite aux nouvelles contraintes démographiques, économiques et financières, entamé depuis une vingtaine d'années [Moreau, 2003]. La réforme trace des perspectives pour les deux décennies à venir : elle repose sur une stratégie précise, préconisée par les instances européennes et par les organisations patronales, mais critiquée par presque toutes les organisations syndicales. Le régime par répartition reste le socle du système, mais son équilibre devra être trouvé par un allongement de la durée de cotisation des actifs. La réforme concerne l'ensemble des régimes de retraite, des salariés comme des non salariés, du secteur public comme du secteur privé, à l'exclusion des régimes spéciaux des grandes entreprises publiques : le régime de la fonction publique est aligné, pour certains aspects, mais pas complètement, sur celui du secteur privé. Par ailleurs, la baisse des taux de remplacement, induite par les réformes des années 1990 n'est pas remise en cause. Aucune garantie n'est donnée sur le niveau futur des retraites, le gouvernement ayant refusé une hausse tendancielle des cotisations sociales. Dans le même temps, les possibilités d'épargne retraite sont étendues, avec la création d'un « plan d'épargne retraite populaire », qui fait d'ores et déjà l'objet d'une intense promotion commerciale de la part des banques [Cornilleau, Sterdyniak, 2003]. Ni la viabilité du système de retraite par répartition, ni sa capacité à assurer une retraite décente, ne sont véritablement garanties par les réformes engagées.

CONCLUSION

On pourrait encore se demander, en guise de conclusion, s'il existe vraiment une bonne méthode pour réformer les retraites. Il n'y a pas de solution simple pour résoudre les difficultés auxquelles vont être confrontés les systèmes de retraite : c'est à la fois une source d'inquiétude et un enjeu majeur pour nos sociétés européennes [Reynaud, 1998]. Les réformes « *paramétriques* », pour préserver l'équilibre financier des régimes, redéfinissent les règles des régimes par répartition : faut-il augmenter les taux de cotisation, ou allonger la durée de cotisation, ou baisser le niveau de pension? Le « *scénario de référence* », établi par les soins du Conseil d'Orientation des Retraites, avance que pour combler le besoin de financement des régimes de retraite en 2040, il faudrait : soit réduire le taux de remplacement à 42 % contre 64 %

actuellement prévu; soit augmenter l'âge de cessation d'activité de 6 ans voire de 9 ans pour rétablir un taux de remplacement de 78 %; soit augmenter de près de 10 points les cotisations sociales ce qui représenterait une hausse de 40 à 50 % [De Foucauld, 2004]. Dans ces conditions, il est évident que la réforme des retraites implique l'utilisation des trois paramètres. La vraie question est le poids respectif de ces paramètres et leur ordre d'utilisation dans le temps. Toute réforme, qui ne reposerait que sur le recours à un seul paramètre, ou encore à deux paramètres sur trois, ne serait pas de nature à satisfaire à l'exigence de solidarité intergénérationnelle.

À ce premier enjeu de la réforme, vient s'articuler celui du débat entre répartition et capitalisation. Pour faire face au vieillissement démographique, il est prêté à la capitalisation des vertus que n'aurait pas la répartition : de meilleurs rendements, la possibilité de faire des réserves, l'amélioration du financement des entreprises. Dans les années 1990, face à l'offensive néo-libérale, présentant les fonds de pension privés et la retraite par capitalisation comme la panacée pour résoudre les problèmes financiers posés par le vieillissement démographique, un débat s'est engagé sur la question du meilleur régime. Tout indique cependant, dans les études des économistes, que la dévalorisation de la répartition, accompagnant le catastrophisme démographique, trouve sa source, non pas dans une moindre rationalité économique, mais dans une préférence idéologique, pour le développement d'un individualisme patrimonial [Concialdi, 1999]. Derrière la promotion de la capitalisation, il s'agit moins d'économie que de politique, moins de choix technique que de préférence sociale, moins de rationalité que de confiance, placée plus volontiers dans des droits de propriété valorisés par le marché, que dans des droits sociaux garantis par les pouvoirs publics. Certains ont évoqué l'idée d'une véritable « *liquidation des retraites* » [Husson, 2003] : car, au fond, le problème n'est peut-être pas tellement de financer les retraites, que de ne plus avoir à les financer, en les faisant sortir, autant que faire se peut, du champ de la protection sociale.

Un dernier enjeu concerne encore la réforme des retraites, il porte cette fois sur la définition des objectifs du système de retraite en termes de « *redistribution* ». Le développement des situations de précarité, l'apparition de carrières marquées par de longues périodes de chômage, conduisent à s'interroger sur les retraites futures : la retraite doit-elle dépendre étroitement de la carrière passée, ou faut-il introduire une dose plus forte de redistribution pour corriger ces aléas? Les politiques menées au cours des quinze dernières années, dans la plupart des pays européens, ont toutes visé la réduction des dépenses publiques de retraite [Palier, 2003]. Un modèle de système de retraite à plusieurs piliers, pour faire face au vieillissement de la population et à l'allongement de la vie, a été élaboré et promu par de nombreuses organisations internationales, puis repris plus récemment par l'Union européenne, lors du sommet européen de Lisbonne en mars 2000. Ces réformes imposent de fait un choix entre toucher des retraites plus basses plus longtemps ou bien travailler plus longtemps pour toucher des retraites plus élevées. Les transformations institutionnelles des systèmes de retraite doivent être resituées dans la « *métamorphose* » en cours de la société salariale [Castel, 1995]. Avec le développement de l'individualisme, il incombe davantage à l'individu de rechercher des sécurités, qui avaient été progressivement prises en charge collectivement par la société salariale. Ainsi, l'actualité récente des réformes du système de retraite en France, illustre parfaitement ce mouvement de restriction du statut collectif au contrat individualisé.

Alain DEGRÉMONT

BIBLIOGRAPHIE

ARTUS (Patrick) et LEGROS (Florence), *Le choix du système de retraite,* Paris, Economica, 1999.

BARBIER (Jean-Claude), THÉRET (Bruno), *Le nouveau système français de protection sociale*, Paris, La Découverte, 2004 (collection Repères)

BELORGEY (Jean-Michel), « Logique de l'assurance, logique de la solidarité », *Droit social,* n° 9/10, 1995, p. 731-733.

BRIET (Raoul), *Perspectives à long terme des retraites,* Paris, La Documentation française, 1995.

Blanchet (Didier), « Mesurer l'équité intergénérationnelle », *Lettre de l'Observatoire des Retraites*, 1998, n° 10, p. 4-9.

Castel (Robert), *Les métamorphoses de la question sociale*, Paris, Fayard, 1995.

CGP (Commissariat Général du Plan), *Livre blanc sur les retraites : garantir dans l'équité les retraites de demain*, Rapport Officiel, Paris, La Documentation Française, 1991.

Chaput (Hélène) et Raynaud (Emile), « Les retraites en 2002 », *Études et résultats*, 2003, n° 272, p. 1-11.

Charpentier (François), *Encyclopédie de la protection sociale*, Paris, Economica, 2000.

Charpin (Jean-Michel), *L'avenir de nos retraites*, Rapport au Premier ministre, Paris, La Documentation française, 1999.

Cochème (Bernard) et Legros (Florence), *Les retraites : genèse, acteurs, enjeux*, Paris, Armand Colin, 1995.

Coeffic (Nicole), « Les montants des retraites perçues en 2001 », *Études et Résultats*, 2002, n° 183, p. 1-11.

Concialdi (Pierre), « Retraites : les enjeux comptables, économiques et politiques », *L'Économie politique*, 1999, n° 3, p. 6-30.

COR (Conseil d'Orientation des Retraites), *Retraites : renouveler le contrat social entre les générations*, Premier Rapport, Paris, La Documentation Française, 2002.

Cornilleau (Gérard) et Sterdyniak (Henri), « La réforme des retraites de 2003 : bilan et perspectives », *Droit social*, 2003, n° 11, p. 932-938.

Dupeyroux (Jean-Jacques), « 1945-1995 : quelle solidarité? », *Droit social*, 1995, n° 9/10, p. 713-717.

Dupont (Gaël) et Sterdyniak (Henri), *Quel avenir pour nos retraites*, Paris, La Découverte, 2000, (Coll. Repères).

Dupuis (Jean-Marc) et El Moudden (Claire), *Économie des retraites*, Paris, Economica, 2002.

Foucauld de (Jean-Baptiste), « Réflexions sur la réforme des retraites », *Droit social*, 2004, n° 4, p. 396-407.

GAULLIER (Xavier), *Le temps des retraites, les mutations de la société salariale,* Paris, Seuil, 2003.

GRECIANO (Pierre-Alain), *Les retraites en France, quel avenir,* Paris, La Documentation Française, 2002.

HUSSON (Michel), *Les casseurs de l'État social,* Paris, La Découverte, 2003.

KHALFA (Pierre) et CHANU (Pierre-Yves), *Les retraites au péril du libéralisme,* Paris, Syllepse, 2002.

LE DUIGOU (Jean-Christophe) et Toulisse (Jean-Marie), *L'avenir des retraites,* Paris, Les Éditions de l'Atelier, 1999.

MASSON (André), « Économie des transferts entre générations », p. 241-256, in AGLIETTA (Michel) et BLANCHET (Didier) et HÉRAN (François), *Démographie et économie,* Rapport du CAE, n° 35, Paris, La Documentation française, 2002.

MATH (Antoine), « Quel avenir pour les retraites par répartition en Europe? », *Revue de l'I.R.E.S.*, 2001, n° 36, p. 3-59.

MINC (Alain), *La France de l'an 2000,* Paris, Odile Jacob/La Documentation Française, 1994.

MOREAU (Yannick), « La réforme des retraites du 21/08/2003 », *Droit social,* 2003, n° 11, p. 909-916.

NORTIER (Frédérique), (2003), « Le succès de la répartition », *Alternatives Economiques,* 2003, Hors-Série, n° 55, p. 34-35.

PALIER (Bruno), (2003), *La réforme des retraites*, Paris, Puf, 2003, (Coll. sQue-sais-je).

REYNAUD (Emmanuel), *Les retraites dans l'Union européenne,* Paris, L'Harmattan,1998.

SAILLARD (Yves), « Solidarité et retraites », p. 123-138, in Euzeby (Chantal) et Euzeby (Alain), *Les solidarités : fondements et défis,* Paris, Economica, 1996.

TADDEI (Dominique), *Retraites choisies et progressives,* Rapport du CAE, n° 21, Paris, La Documentation française, 2000.

TEULADE (René), *L'avenir des systèmes de retraite,* Avis et Rapports du CES, Paris, Éditions du Journal Officiel, 2000.

VERNIERE (Laurent), « Panorama des réformes des systèmes de retraite à l'étranger », *Questions retraite,* 2002, Hors-Série, p. 1-83.

Achevé d'imprimer par Corlet Numérique - 14110 Condé-sur-Noireau
N° d'Imprimeur : 22960 - Dépôt légal : mars 2005 - *Imprimé en France*